第2版

破産法の理論・実務と書式

消費者破産編

個人再生実務研究会 編

発行 民事法研究会

第2版はしがき

　平成17年1月1日から新破産法が施行されましたが、同年12月に刊行された本書は好評を博したようで在庫が僅少となりました。
　ところで、自然人の自己破産新受件数は、平成15年の24万2357件をピークに、毎年1割強の減少傾向が続いていますが、それでも平成18年（2006年）は16万5932件であり、21年前の昭和60年（1985年）の自己破産件数1万6306件の約10倍という異常な数字を示しています。
　自己破産件数の減少傾向の原因は定かではありませんが、最近の複数の最高裁判決を受けて、貸金業者に対する利息制限法超過支払分の過払金返還請求が以前に比べるとしやすくなったことが影響しているのではないか等の意見もあります。しかし、一方、平成13年4月から施行された個人再生手続の利用が毎年2万6000件を超える状況にあり、また、内閣に設けられた多重債務者対策本部が平成19年4月20日に決定した「多重債務問題改善プログラム」でも「200万人を超える多重債務者」の存在を指摘していますので、多重債務現象が解消に向かっているというようなことでは決してありません。
　新破産法の施行後2年半が経過し、各地の裁判所の運用もある程度固まってきたようです。しかし、たとえば、多重債務者が自己破産手続を利用してフレッシュ・スタートをするための自由財産の拡張基準や同時廃止として扱う基準についての運用の変化、特に過払金返還請求との関係等、まだまだ重要な問題が山積している状態にあります。
　そこで、できるだけ最近の情報を取り入れて本書を改訂することとしました。
　少し触れましたが、平成18年の貸金業規制法の改正等を受けて政府に設けられた多重債務者対策本部が、2010年までに全国約500の市町村に相談窓口を整備することを柱とする行動計画を決定しその準備を進めているとの報道もあります。これら行政機関における相談窓口の充実等と相まって、多重債務者問題の深刻な現状が早期に打開され真に健全な市民社会が実現すること

第2版はしがき

が喫緊の課題となっています。そして、破産法の果たす役割に期待されるところは極めて大きいと思います。金融庁が自治体の相談窓口用に平成19年7月に作成した「多重債務者相談マニュアル」でも破産法の利用が選択肢の一つとして取り上げられていますので、相談窓口の人や相談者等が一人でも多くこの制度の理解者になって頂きたいものです。

本書の執筆者は消費者問題にも造詣が深く、破産手続の申立代理人や破産管財人等として多数の経験を積んでいるメンバーばかりですので、実務上も大いに役立つのではないかと思っております。

この改訂版が引き続き多重債務者救済のバイブルの1冊となることを期待します。

平成19年10月

編者を代表して　　小　松　陽　一　郎

はしがき

　80年以上も前の1922年（大正11年）に制定された破産法が、ようやく全面改正され、平成17年1月1日から施行されました。

　旧破産法時代は債権者申立てによる破産事件主流の時代が長く続き、自己破産は20年ほど前の1981年（昭和56年）までは年間3000件を超えることはなかったのですが、消費者信用取引の飛躍的拡大に伴ういわば病理現象としての自己破産事件はその後激増し続け、自然人の自己破産の新受件数は、平成14年に21万4660件、平成15年には24万2357件に達し、全破産事件の95％以上がこの個人破産で占められています。平成16年は21万4102件と前年より約1割強減少して推移しましたが、それでも平成14年レベルですから、まさに20年間で70倍以上にも膨れあがっていることになります。激増する破産事件に対応するには、旧破産法では使い勝手の悪さなどがあったのも当然のことでしょう。

　新破産法の提案理由は、「社会経済情勢の変化とこれに伴う破産事件の著しい増加にかんがみ、破産事件の迅速化及び合理化を図るとともにその実効性及び公正さを確保するため、債権の調査及びその確定の手続、配当手続等の簡素合理化、管轄裁判所の拡大、破産手続開始前の債務者の財産の保全のための制度の拡充等の措置を講ずるとともに、破産手続における各種の債権の優先順位の見直し、破産財団に属しない財産の範囲の拡張、否認制度の整備等の措置を講ずる等の必要がある。これが、この法律案を提出する理由である」とされました。まさに、手続の簡素合理化・透明化を目指したもので、特に個人の多重債務者との関係では、自由財産の範囲拡張が目立ちます。また倒産実体法の見直しや、整備法により他の倒産法の改正もなされました。

　しかし、新破産法の理解とそのスムーズな運用を少しでも早く実現し定着させることが喫緊の課題です。特に消費者破産といわれる膨大な数の自然人の自己破産が存在していますので、新破産法は消費者にとって難しすぎて利用しづらいという事態になれば大変です。平成17年（4ヵ月間）は前年比約

はしがき

2割減で推移しているようですが、利用しづらい結果でないことを願います。

　そこで、本書では、消費者破産と個人の小規模な事業者を主たる対象として構成しました。法人破産と個人事業者破産については、本書の姉妹編である『新破産法の理論・実務と書式〔事業者破産編〕』で扱っていますのであわせてご利用ください。

　本書では、破産事件の大部分を占める「個人破産」に大きくシフトして、同時廃止申立ても含め、多重債務者からの相談を受けた段階から、多重債務処理手続の選択→申立準備→自己破産の申立て→破産手続開始決定・同時廃止決定→免責という流れに重点をおいて解説することとしました。また、少額管財・小規模管財等としてかなりの裁判所で行われていた簡易な管財手続の実務も新法下で実施されていますので、開始決定後の手続等・管財業務・債権届と債権調査・配当手続・倒産実体法・罰則等の手続についても消費者破産に関係の深い部分はある程度紹介するようにしています。

　このように、主として多重債務状態にある消費者から相談を受けた弁護士等が時間の流れに沿って新破産法をより理解しやすいように、書式を中心に据えて解説を試みました。債権調査や配当手続、倒産実体法、罰則等については、前記の〔事業者破産編〕に大部分を譲っていますのでご参照ください。

　なお、たとえば、自由財産拡張の申立てができるといわれても実際にはどのようにすればよいのかわかりにくいでしょうから、大阪地裁や東京地裁で運用されている書式、さらには福岡地裁や名古屋地裁等の書式の一部も紹介しておきます。今後、これらの書式や運用について若干の修正があると思われますし、各地によってもこれらと異なる取扱いが行われる可能性がありますので、この点はお含みください。なお、執筆者側で独自に作成した参考書式も一部ありますので、この点もご了承ください。

　本書の執筆者は、消費者問題にも詳しく、また、大阪地裁で以前から運用されてきた簡易・迅速・透明な管財手続（「B管財」と呼ばれていたもので今は「一般管財」と称されています）や新法下の破産手続も経験している弁護士です。この簡易な手続は、東京地裁から始まった少額管財手続が源ですが、

各地で行われているこれら簡易な管財手続ともかなりの共通点があります。さらに、執筆者は新破産法の具体的な運用について大阪地裁破産部とのワーキングチームに属して研究をしてきた者ばかりです。

そして、新破産法の運用は、これら簡易な管財手続を基本にしながらそれをいわばバージョンアップしたものと考えることが可能なのです。

新破産法の制定に際し、衆参両院の法務委員会で附帯決議がなされました。特に自己破産手続を利用する消費者側に関係するものとして、衆議院法務委員会の附帯決議の中に、「免責手続については、本法が債務者について経済生活の再生の機会の確保を図ることを目的としていることに鑑み、債務者保護の観点から適正な運用が行われるよう周知に努めること」という部分があります。

また、参議院法務委員会の附帯決議の中に、「本法の趣旨、内容、民事再生法及び会社更生法との相違等について、関係団体をはじめ広く国民に周知徹底するよう努めること」、「債務者の生活再建に資するとの視点に基づく自由財産の拡張の裁判については、事案に応じて、自動車等も含めた多様な物件が対象となり得る柔軟かつ機動的な制度である旨を周知徹底すること」、「個人破産件数が極めて多い状況にかんがみ、その破産手続が適正に行われるための法的支援が受けられるよう、法律扶助関係予算の大幅な増額を図ること」、「破産者に対する資格制限については、それぞれの制度の趣旨を踏まえつつ、破産者の経済生活の再生の機会を確保する観点も考慮し、必要な見直しについて検討すること」、「新しい破産手続が適正かつ迅速に運用されるよう、裁判所の人的・物的体制の一層の整備に努めること」等があります。

本書がこれらの附帯決議の趣旨も踏まえて新破産法施行後のスムーズな運用と消費者破産の利用を促進する一助となることを念願したいと思います。

次頁の表は、多重債務者に関連する民事事件の年間新受件数推移を示しています（平成7～16年・全国）。最近の右肩下がりの傾斜が、新破産法の利用等による多重債務者の減少を反映することを祈りたいと思います。

なお、本書の編集に尽力していただいた民事法研究会の田中敦司氏、神谷

はしがき

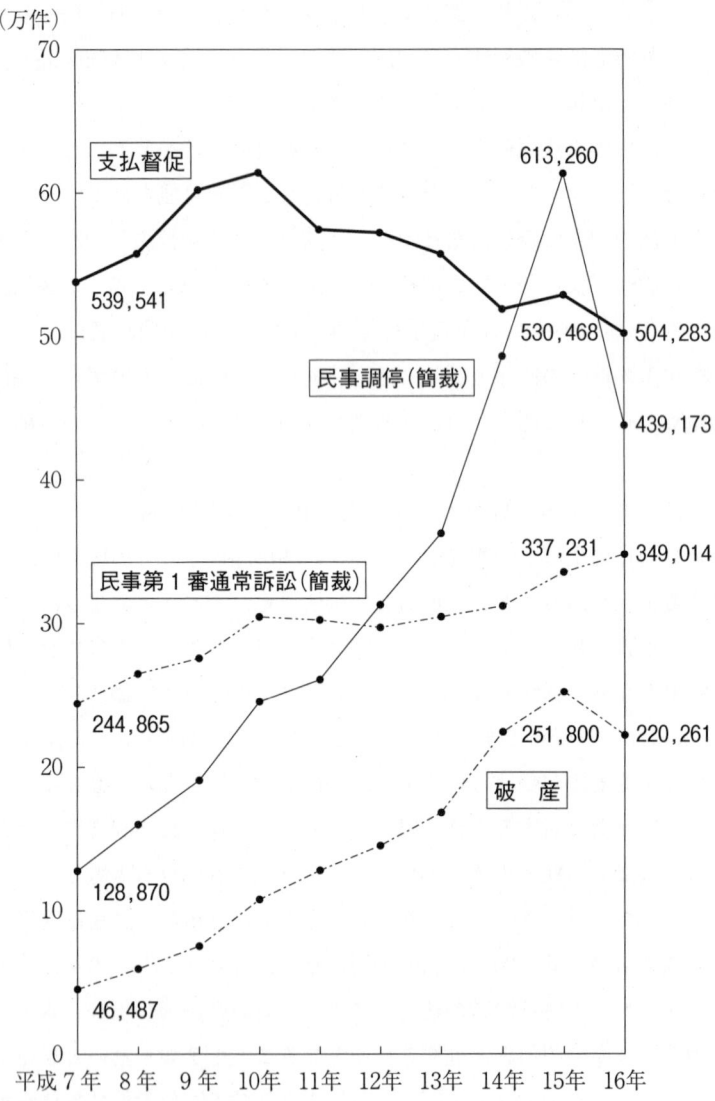

雄介氏をはじめとする関係者各位に感謝します。

　平成17年12月

編者を代表して　小　松　陽一郎

第1章　手続選択

I　各制度の意義・メリット・デメリット …… 2

1　自己破産 …… 2
　(1)　意　義 …… 2
　(2)　メリット …… 2
　(3)　デメリット …… 2
　(4)　申立てにかかる費用 …… 3

2　個人再生 …… 3
　(1)　意　義 …… 3
　(2)　メリット …… 4
　(3)　デメリット …… 5
　(4)　申立てにかかる費用 …… 5

3　特定調停 …… 5
　(1)　意　義 …… 5
　(2)　メリット …… 5
　(3)　デメリット …… 5
　(4)　申立てにかかる費用 …… 6

4　任意整理 …… 6
　(1)　意　義 …… 6
　(2)　メリット …… 6
　(3)　デメリット …… 6

目 次

- **II 免責に問題がある場合の手続選択** ……………………8
  - 1 免責不許可が明らかな場合の破産の申立て ……………8
  - 2 免責不許可事由が存する場合の破産の申立て …………8
  - 3 免責観察型手続 ……………………………………………9
  - 4 免責不許可が明らかな場合の他の手続の選択 …………9

- **III 保証人がある場合の手続選択** …………………………10
  - 1 免責の効果 ………………………………………………10
  - 2 保証債務が多額の場合の手続選択 ……………………10

- **IV 住宅保持のための手続選択** ……………………………12
  - 1 通常の場合 ………………………………………………12
  - 2 例外的な場合 ……………………………………………12
  - 3 住宅を保持していくための手続 ………………………12
    - (1) 任意整理 ……………………………………………12
    - (2) 個人再生 ……………………………………………13

第2章 消費者破産の申立て

- **I 破産手続開始の原因（支払不能）** ………………………16

- **II 破産申立ての準備** …………………………………………18
  - 1 準備する資料 ……………………………………………18
    - (1) 債務に関する資料 …………………………………18

【書式1】　受任通知書……………………………………………19
　　　【書式2】　債権調査票……………………………………………20
　　(2)　財産に関する資料………………………………………………21
　　(3)　収入および支出に関する資料…………………………………21
　　(4)　その他の資料……………………………………………………22
　2　費　　用………………………………………………………………23

III　申立て……………………………………………………………24

　1　管轄の選択……………………………………………………………24
　　(1)　原則的土地管轄…………………………………………………24
　　(2)　補充的土地管轄…………………………………………………24
　　(3)　一定の関係がある複数の債務者が破産を申し立てる場合
　　　　の管轄………………………………………………………………24
　2　申立書の作成(1)──同時廃止事件…………………………………25
　　　【書式3】　破産申立書（同時廃止用）〔大阪地裁〕……………26
　　　【書式4】　標準資料一覧表……………………………………27
　　　【書式5】　債権者一覧表（一般用）……………………………36
　　　【書式6】　債権者一覧表（公租公課用）………………………38
　　　【書式7】　債権調査票……………………………………………38
　　　【書式8】　債権調査に関する上申書……………………………40
　　　【書式9】　財産目録………………………………………………41
　　　【書式10】　報告書…………………………………………………45
　　　【書式11】　家計収支表……………………………………………51
　　　【書式12】　事業に関する報告書…………………………………53
　　　【書式13】　破産同時廃止申立てチェックリスト………………55
　　　【書式14】　破産手続開始・免責許可申立書〔東京地裁〕……67
　　　【書式15】　資産目録………………………………………………68
　　　【書式16】　陳述書…………………………………………………73

目 次

　　【書式17】　債権者一覧表···79
　　【書式18】　家計全体の状況···83
　3　申立書の作成(2)——管財事件··84
　　(1)　破産申立書（自然人・管財事件用）·······································84
　　(2)　管財補充報告書···85
　　(3)　報告書···87
　　(4)　家計収支表···90
　　(5)　添付目録（自然人用）···90
　　(6)　資産および負債一覧表（自然人用）·······································90
　　(7)　債権者一覧表···91
　　(8)　被課税公租公課チェック表···92
　　(9)　財産目録···93
　　(10)　処分済財産等一覧表···95
　　(11)　リース物件等一覧表···95
　　(12)　係属中の訴訟等一覧表···95
　　(13)　申立て直前の処分行為等一覧表···95
　　(14)　疎明資料目録（自然人用）···96
　　(15)　管財人引継資料一覧表（自然人用）·······································96
　　【書式19】　自然人用破産申立書について〔大阪地裁〕（抜粋）·················97
　　【書式20】　破産申立書（自然人・管財事件用）〔大阪地裁〕·················98
　　【書式21】　管財補充報告書〔大阪地裁〕·····································100
　　【書式22】　報告書〔大阪地裁〕···104
　　【書式23】　家計収支表···110
　　【書式24】　添付目録（自然人用）···112
　　【書式25】　資産および負債一覧表（自然人用）·······························114
　　【書式26】　債権者一覧表···115
　　【書式27】　被課税公租公課チェック表·······································123
　　【書式28】　財産目録（管財事件用）···124

【書式29】	リース物件等一覧表	141
【書式30】	係属中の訴訟等一覧表	142
【書式31】	申立直前の処分行為等一覧表	143
【書式32】	疎明資料目録（自然人用）	144
【書式33】	管財人引継資料一覧表（自然人用）	144
（資料1）	管財事件の手続費用について	146

第3章　自由財産

Ⅰ　自由財産と自由財産拡張手続の意義 150

1　自由財産の意義・必要性 150
2　法定の自由財産 150
　(1)　破産手続開始決定後の原因により発生した財産（新得財産） 150
　(2)　金銭（現金）99万円 151
　(3)　金銭以外の差押禁止財産 151
3　自由財産拡張制度の導入の経緯・必要性 153

Ⅱ　同時廃止の運用 155

1　各裁判所により異なる運用 155
2　大阪地裁における運用 155
3　東京地裁における運用 156
4　全国の裁判所における運用 157

Ⅲ　自由財産拡張手続の流れと運用 159

1　自由財産拡張申立て 159

【書式34】　自由財産拡張申立書〔大阪地裁〕……………………160
　2　自由財産拡張に関する基準……………………………………161
　　(1)　破産管財人の意見聴取……………………………………161
　　【書式35】　自由財産拡張に関する意見書……………………162
　　(2)　裁判所の基準………………………………………………163
　　（資料2-1）自由財産拡張制度の運用基準〔大阪地裁〕……………164
　　（資料2-2）破産事件における過払金の取扱いの運用基準の要旨
　　　　　　〔大阪地裁〕………………………………………………166
　　（資料3）破産手続における債務者財産の換価に関する基準
　　　　　　〔東京地裁〕………………………………………………167
　　(3)　各基準における各財産項目………………………………169
　　【書式36】　自由財産拡張にかかる自動車受領書……………171
　3　破産管財人の判断と自由財産拡張手続の流れ………………172
　　(1)　破産者の申立てと破産管財人の意見が一致する場合………173
　　(2)　破産者の申立てと破産管財人の意見が一致しない場合……173
　　〈図1〉　自由財産拡張手続のフローチャート……………………175
　4　自由財産拡張に関する決定……………………………………176
　　(1)　自由財産拡張に関する決定の時期…………………………176
　　(2)　不服申立方法………………………………………………177
　5　自由財産拡張と破産財団からの放棄との関係………………177

第4章　管財手続

I　管財手続の流れ……………………………………180
　1　破産管財手続の基本的構造……………………………………180

2　破産管財手続の運用の流れ …………………………………………180
3　大阪地裁の運用モデル …………………………………………………181
　〈図2〉　一般モデルの流れ …………………………………………182
　〈図3〉　個人モデルの流れ …………………………………………183
　〈図4〉　一般モデルのフローチャート ……………………………184
　〈図5〉　個別モデルのフローチャート ……………………………185
4　大阪地裁における手続の運用の流れの特徴 …………………………186
　(1)　共通した手続の運用の流れ ……………………………………186
　(2)　一般モデルと個別モデルの相違点 ……………………………186
　(3)　個別モデルの対象事件 …………………………………………187
　(4)　柔軟な運用 ………………………………………………………188

II　開始決定と破産者への効果 …………………………………………189

1　破産手続開始決定と破産管財人の業務 ………………………………189
　(1)　はじめに …………………………………………………………189
　(2)　破産手続開始決定前の破産管財人候補者の業務 ……………189
　(3)　破産手続開始決定と同時決定事項 ……………………………189
　【書式37】　破産手続開始等の決定（一般モデル期日型・自然人用）
　　　　　　〔大阪地裁〕 ………………………………………………190
　(4)　破産手続開始決定直後の破産管財人の業務 …………………192
　【書式38】　破産手続開始等の通知書（一般モデル期日型・自然人
　　　　　　用）〔大阪地裁〕 …………………………………………192
　【書式39】　破産債権届出書〔大阪地裁〕 …………………………194
　【書式40】　労働債権等届出書（従業員用）〔大阪地裁〕 ………196
　【書式41】　破産債権の届出の方法等について（期日型用）〔大阪地
　　　　　　裁〕 …………………………………………………………197
　【書式42】　「ご連絡」文（配当予定用）〔大阪地裁〕 ……………200
　【書式43】　「ご連絡」文（留保型用）〔大阪地裁〕 ………………201

【書式44】　届出書〔大阪地裁〕……………………………………203
　　　【書式45】　執行裁判所への届出書〔大阪地裁〕…………………204
　　　【書式46】　債権執行終了上申書〔大阪地裁〕……………………205
　2　破産者に対する効果……………………………………………………206
　　(1)　はじめに………………………………………………………………206
　　(2)　破産者等の義務……………………………………………………207
　　　【書式47】　住所変更許可申請書……………………………………208
　　(3)　郵便物等の回送嘱託………………………………………………209
　　(4)　破産財団に属する財産の引渡命令………………………………210

Ⅲ　債権者集会……………………………………………………………211

　1　債権者集会の種類………………………………………………………211
　　(1)　分　類………………………………………………………………211
　　(2)　財産状況報告集会…………………………………………………211
　　(3)　任務終了計算報告集会……………………………………………211
　　(4)　廃止意見聴取集会…………………………………………………211
　　(5)　その他の一般的な債権者集会……………………………………212
　　(6)　集会と同時に開催される期日……………………………………212
　　(7)　多様な選択肢………………………………………………………212
　2　財産状況報告集会の事前準備…………………………………………212
　　(1)　債権者集会打合せメモ……………………………………………213
　　　【書式48】　債権者集会打合せメモ〔大阪地裁〕…………………213
　　　【書式49】　債権者集会打合せメモ〔東京地裁〕…………………215
　　(2)　財産目録……………………………………………………………216
　　　【書式50】　財産目録〔大阪地裁〕…………………………………216
　　　【書式51】　財産目録〔東京地裁〕…………………………………217
　　　【書式52】　財産目録〔名古屋地裁〕………………………………218
　　　【書式53】　財産状況報告書〔福岡地裁〕…………………………219

(3)　収支計算書･････････････････････････････････････222
　　　【書式54】　収支計算書〔大阪地裁〕･････････････222
　　　【書式55】　収支計算書〔東京地裁〕･････････････223
　　(4)　高価品保管口座通帳写し･････････････････････224
　　(5)　業務要点報告書･････････････････････････････224
　　　【書式56】　業務要点報告書〔大阪地裁〕･････････224
　　　【書式57】　破産法157条の報告書〔東京地裁〕････226
　　(6)　免責に関する意見書･････････････････････････226
　　(7)　自由財産拡張に関する意見書･････････････････226
　　(8)　破産債権者表（債権調査を行う場合）･････････227
　　　【書式58】　破産債権者表（個別）〔大阪地裁〕･･･228
　　　【書式59】　配当表（破産債権者──一体型）〔大阪地裁〕････230
　3　財産状況報告集会の開催･･･････････････････････････232
　　(1)　出席者･････････････････････････････････････232
　　(2)　必要的決議事項の廃止･･･････････････････････232
　　(3)　財産状況の報告･････････････････････････････232
　　(4)　口頭の放棄許可･････････････････････････････233
　　(5)　債権調査の結果発表･････････････････････････233
　　(6)　異時廃止決定･･･････････････････････････････233
　　(7)　続行する場合の取扱い･･･････････････････････233

IV　換価作業･･234

　1　はじめに･･･234
　2　許可が必要な行為と不要な行為･････････････････････234
　　(1)　裁判所の許可を要する行為･･･････････････････234
　　(2)　許可不要行為の定め･････････････････････････234
　　(3)　許可不要行為と許可申請･････････････････････234
　3　換価の際の注意事項･･･････････････････････････････235

目 次

- (1) 現　金 …………………………………………………………………235
- (2) 預貯金 …………………………………………………………………235
  - 【書式60】 ご依頼兼ご照会・回答書（金融機関用）……………236
- (3) 受取手形・小切手 ……………………………………………………238
- (4) 売掛金 …………………………………………………………………238
  - 【書式61】 売掛金請求書・回答書 …………………………………238
- (5) 在庫商品・仕掛品・原材料 …………………………………………240
- (6) 貸付金 …………………………………………………………………240
- (7) 不動産 …………………………………………………………………241
  - 【書式62】 別除権者の意向照会書・回答書〔福岡地裁〕………242
  - 【書式63】 不動産売却等許可申請書①〔大阪地裁〕……………244
  - 【書式64】 不動産売却等許可申請書②〔大阪地裁〕……………245
  - 【書式65】 不動産売却等許可証明申請書〔大阪地裁〕…………246
  - 【書式66】 不動産売却等許可申立書〔東京地裁〕………………247
  - 【書式67】 放棄許可申請書〔福岡地裁〕…………………………250
  - 【書式68】 通知書（不動産放棄予定）〔福岡地裁〕………………251
  - 【書式69】 通知書（不動産を放棄した旨）〔福岡地裁〕…………252
- (8) 機械・工具類 …………………………………………………………252
- (9) 什器備品・家財道具 …………………………………………………253
- (10) 自動車 …………………………………………………………………253
  - 【書式70】 自動車廃車許可申請書〔福岡地裁〕…………………254
- (11) 電話加入権 ……………………………………………………………255
- (12) 有価証券 ………………………………………………………………255
- (13) 保証金等 ………………………………………………………………256
- (14) 保険解約返戻金 ………………………………………………………256
  - 【書式71】 御依頼兼御照会・回答書（保険会社用）……………257
- (15) 退職金 …………………………………………………………………258
- (16) ゴルフ会員権 …………………………………………………………258

(17)　貸金業者に対する過払金返還請求権 …………………………259
　(18)　貸金庫内の財産 ……………………………………………260
　(19)　租税の申告義務 ……………………………………………260

V　倒産実体法 …………………………………………………261

1　はじめに …………………………………………………261
2　双方未履行の双務契約 …………………………………261
3　継続的給付を目的とする双務契約 ……………………262
4　雇用契約 …………………………………………………263
5　賃貸借契約 ………………………………………………263
　(1)　賃借人破産の場合 …………………………………………263
　(2)　賃貸人破産の場合 …………………………………………265
6　請負契約 …………………………………………………268
　(1)　注文者破産の場合 …………………………………………268
　(2)　請負人破産の場合 …………………………………………269
7　取戻権 ……………………………………………………270
　(1)　取戻権の取扱い ……………………………………………270
　(2)　一般の取戻権 ………………………………………………270
　(3)　特別の取戻権 ………………………………………………270
　(4)　譲渡担保の取戻禁止規定の削除 …………………………271
　(5)　リース物件の取扱い ………………………………………271
　(6)　ローン支払い中の物件の場合 ……………………………271
8　別除権 ……………………………………………………272
　(1)　破産管財人の別除権者への関与 …………………………272
　(2)　別除権者の破産手続への関与 ……………………………273
　(3)　別除権の目的財産の任意売却 ……………………………273
9　否認権 ……………………………………………………274
　(1)　改正のポイント ……………………………………………274

(2)　住宅ローンを組んでいる不動産の売却……………………275
　　(3)　対価的均衡を欠く代物弁済をした場合…………………275
　　(4)　一部の債権者のみに弁済した場合………………………275
　　(5)　否認に関する経過措置……………………………………275
　10　相殺権………………………………………………………275
　　(1)　相殺禁止の範囲拡張………………………………………275
　　(2)　破産管財人の催告権………………………………………276
　　(3)　破産管財人による相殺……………………………………276
　　(4)　相殺の禁止に関する経過措置……………………………276

VI　破産手続の終了……………………………………………277

　1　破産手続の終了の種類……………………………………277
　2　同時廃止決定………………………………………………277
　3　異時廃止決定………………………………………………278
　　【書式72】　破産手続廃止の申立書〔大阪地裁〕……………279
　　【書式73】　廃止決定証明申請書〔大阪地裁〕………………279
　4　終結決定……………………………………………………280
　　【書式74】　任務終了による計算報告のための債権者集会の
　　　　　　　招集申立書〔大阪地裁〕………………………280
　　【書式75】　任務終了の計算報告書〔大阪地裁〕……………281

第5章　免　責

I　免責許可申立て……………………………………………284

　1　はじめに……………………………………………………284

2	みなし申立て	284
3	債権者名簿の提出	285
4	個別失効の禁止	286
	(1) 新設規定の趣旨	286
	(2) 個別執行中止の効力	287
	【書式76】 執行中止用上申書〔大阪地裁〕	287
	【書式77】 強制執行手続中止上申書〔福岡地裁〕	288
	【書式78】 強制執行取消上申書〔福岡地裁〕	289

II 免責許可申立て後の手続 …… 290

1	免責審尋期日	290
2	意見申述に関する変更	290
3	破産管財人による免責不許可事由等の調査	292
	(1) 免責不許可事由等の調査時期	292
	(2) 破産管財人による調査対象の拡張	293
	【書式79】 免責に関する意見書〔大阪地裁〕	293
	【書式80】 免責調査報告書〔名古屋地裁〕	294
	(3) 破産者および意見申述人に対する意見聴取の廃止	295
4	破産者の調査協力義務	296
5	免責許可決定の時期	296
	【書式81】 免責確定用証明申請書〔福岡地裁〕	297

III 免責不許可事由 …… 298

1	財産隠匿行為等	298
2	債務負担・廉価処分	298
3	偏頗行為	299
4	浪費等	299
5	詐　術	299

19

	6	帳簿隠匿行為等	299
	7	虚偽の債権者名簿を提出等	300
	8	説明拒否行為等	300
	9	職務妨害行為等	300
	10	再度の免責申立て	301
	11	義務違反行為	301

IV 非免責債権 ……303

1 非免責債権の拡大 …… 303
2 生命・身体に対する侵害行為による損害賠償請求権の非免責化 …… 303
3 養育費等の非免責化 …… 303
4 非免責債権の種類 …… 304
　(1) 租税等の請求権 …… 304
　(2) 破産者が悪意で加えた不法行為に基づく損害賠償請求権 …… 304
　(3) 破産者が故意または重大な過失により加えた人の生命または身体を害する不法行為に基づく損害賠償請求権 …… 304
　(4) 夫婦間の協力および扶助の義務、婚姻から生ずる費用の分担の義務、子の監護に関する義務、親族間の扶養義務、および以上の義務に類する契約に基づく義務に係る請求権 …… 305
　(5) 雇用関係に基づいて生じた使用人の請求権および使用人の預り金の返還請求権 …… 305
　(6) 破産者が知りながら債権者名簿に記載しなかった請求権（ただし破産手続開始決定があったことを知っていた債権者の請求権は除く） …… 305
　(7) 罰金等の請求権 …… 306
5 個人再生における非免責債権の取扱い …… 306

V 免責観察型 … 307

1 コンセプト … 307
2 対象事件 … 307
3 予納金 … 308
4 運　用 … 308
  (1) 上申書の提出 … 308
  (2) 引継予納金を超える積立ての要否の判断等 … 308
  (3) 家計収支表の受領、破産者との面談 … 309
  【書式82】　上申書（免責観察型用） … 309

第6章　復　権

I 復権の意義 … 312

II 復権の手続 … 315

1 当然復権 … 315
  (1) 免責許可の決定が確定したとき … 315
  (2) 債権者の同意による破産手続開始の決定が確定したとき … 315
  (3) 再生計画認可の決定が確定したとき … 315
  (4) 破産者が、破産手続開始の以後、法265条の罪（詐欺破産罪）について有罪の確定判決を受けることなく10年を経過したとき … 316
2 申立てによる復権 … 316
  (1) 復権の申立て … 316

目 次

　　　【書式83】　復権の申立書 …………………………………………317
　　(2)　債権者の意見申述 ……………………………………………317
　　　【書式84】　復権に対する意見陳述書 …………………………318

Ⅲ　復権の効果 ………………………………………………………319

第7章　罰　則

Ⅰ　罰則規定の改正 ……………………………………………………322
　1　破産手続罪 …………………………………………………………322
　　(1)　破産管財人等の特別背任罪 …………………………………322
　　(2)　破産者などの協力義務に関する罰 …………………………322
　2　破産実質罪 …………………………………………………………324
　　(1)　詐欺破産罪 ……………………………………………………324
　　(2)　特定の債権者に対する担保の供与等の罪 …………………326
　　(3)　業務および財産の状況に関する物件の消滅等の罪 ………326
　　(4)　過怠破産罪における浪費などによる罪の削除 ……………326
　　(5)　目　的 …………………………………………………………326
　3　その他 ………………………………………………………………327
　　(1)　監守居住制限違反罪の削除 …………………………………327
　　(2)　自首による任意的減免規定の削除 …………………………327
　　(3)　罰則の内容 ……………………………………………………328
　　(4)　両罰規定 ………………………………………………………328
　　(5)　整備法 …………………………………………………………328

II 説明義務違反 …………………………………………… 329

 1 説明義務の明定 ………………………………………… 329
 2 説明義務違反 …………………………………………… 330
 3 破産管財人の調査権限 ………………………………… 330
 4 説明および検査拒絶の罪 ……………………………… 331

III 面会強請等 ……………………………………………… 332

 1 趣　旨 …………………………………………………… 332
 2 主体・客体 ……………………………………………… 332
 3 目　的 …………………………………………………… 333
 4 行　為 …………………………………………………… 333
 5 具体的事例 ……………………………………………… 334

●巻末資料●　同時廃止および自由財産拡張基準全国調査の結果 ……… 338
・執筆者一覧 …………………………………………………………… 408

凡　例

凡　例

《法令》

〔表記〕　　　〔正式名〕

法　　　　破産法（平成16年6月2日法律第75号）（平成17年1月1日施行）

旧法　　　破産法（大正11年4月25日法律第71号、廃止）

規則　　　破産規則（平成16年10月6日最高裁判所規則第14号）

会更　　　会社更生法

貸金　　　貸金業法（平成18年12月20日法律第115号により「貸金業の規制等に関する法律」から名称変更）
　　　　　※本文の条文は、平成19年12月施行予定（平成18年法律第115号附則1条柱書）のものによる。

出資法　　出資の受入れ、預り金及び金利等の取締りに関する法律

民　　　　民法

民再　　　民事再生法

民執　　　民事執行法

民執令　　民事執行法施行令

民訴　　　民事訴訟法

民調　　　民事調停法

第1章

手続選択

第1章　手続選択

I　各制度の意義・メリット・デメリット

1　自己破産

(1)　意　義

　債務者が有する総財産を強制的にお金に換え、各債権者の債権額に応じて公平に比例弁済を行う手続である。ただし破産手続を進める費用もない状態であれば、破産手続は破産手続開始決定と同時に廃止し、換価手続や配当手続は行わない（同時廃止）。免責不許可事由がなければ、非免責債権を除くすべての債務につき免責を受けることができる。根拠法は破産法である。

　ちなみに平成18年度の全国の自然人の自己破産新受件数は、16万5932件であった。

(2)　メリット

　自己破産の基本は換価、配当であるが、現実には、自己破産事件のうち90％を超える事件が同時廃止事件として運用されている。

　同時廃止事件とは、差押禁止財産を除いて、換価容易な資産がたとえば20万円を超えない場合の、破産手続を進めても債権者への配当の可能性もない事件をいい、裁判所は破産開始決定をすると同時に破産手続を終了させる決定（破産廃止決定）をするもので、開始決定と同時に廃止決定をすることから、「同時廃止」という。

　メリットという表現は妥当ではないかもしれないが、同時廃止の破産者は、支払不能で資産もないので、時価で20万円以下の財産は、そのまま保持できるし、破産手続開始決定以後に自らが得た給料等の財産（新得財産）は、債権者に配当することなく自らが保持できる。

(3)　デメリット

　職業制限と信用情報機関への登録がある。

　破産手続中は、各法律で次の職業制限（欠格事由）がされている。

証券会社外務員、旅行業者、商品取引所会員、宅地建物取引業者、建設業者、不動産鑑定士、土地家屋調査士、生命保険募集人、有価証券投資顧問業者、質屋、警備業者、風俗営業、弁護士、司法書士、公認会計士、税理士、弁理士、公証人等

　もう一つは、銀行系、クレジット系、サラ金系の各信用情報機関に登録される（いわゆるブラックリスト）ことであるが、普通は7年間通常の金融機関からは借入れができなくなる。

　それ以外には、選挙権や被選挙権に影響しないし、戸籍、住民票にも記載されない。もちろん、破産は個人の問題なので、家族には影響はない。

　なお、保証人に対しては免責の効果は及ばない（法253条2項）。

　また、旧法では、同時廃止による破産手続終了後も、免責決定確定までの間給料等の差押えがされるというデメリットがあったが、現行法では、破産手続開始決定によって債権者の個別執行が禁止されることになり（法42条1項）、このデメリットは解消された。

(4) **申立てにかかる費用**

　費用には、予納金、郵券などの裁判所の費用と弁護士費用とがかかる。

　裁判所が破産管財人を選任する場合は、最低20万円の予納金が必要で、印紙郵券代として別に約2万円必要となる。事件の内容によって予納金が50万円必要な場合もある。

　弁護士費用は、事件の内容により一概にいえないが、複雑な事件では、30万円ないし50万円くらいは必要であろう。

　同時廃止事件であれば、裁判所の費用は、3万円以下であるし、弁護士費用も、通常は30万円くらいである。

2　個人再生

(1) **意　義**

　法律で決められた最低弁済額以上の弁済を原則3年間続ければ、残債権が免責される手続である。免責不許可事由はないが、非免責債権の規定がある

(民再229条3項)。根拠法は、民事再生法である。

個人再生には、小規模個人再生と給与所得者等再生とがある。

住宅資金貸付債権に関する特則もあり、条件を満たせば、住宅ローンを払い続けて、住宅を守ることもできる。

ちなみに、平成18年度の全国の個人再生手続新受件数は、2万6113件であった。

(イ) 小規模個人再生

手続開始の要件は、将来において継続的にまたは反復して収入を得る見込みがあることと、再生債権総額5000万円以下であることである。

債務者から再生計画案を提出し、過半数の不賛成がないこと、清算価値保障原則（今破産した場合の配当よりも多く弁済すること）等の認可要件を満たせば、裁判所により再生計画案が認可される。

弁済最低額は、基準債権総額が、100万円未満の場合はその金額、100万円以上500万円以下の場合は100万円であり、500万円を超え1500万円以下の場合は債権額の5分の1、1500万円を超え3000万円以下の場合は300万円、3000万円を超える場合は、債権額の10分の1となる（民再231条2項3号・4号）。

債務者が再生計画案に従って、3年間返済すれば、残額が免責される。

(ロ) 給与取得者等再生

清算価値保障原則、最低弁済額の要件は小規模個人再生と同じであるが（民再241条2項5号）、さらに弁済額の基準に債務者の可処分所得要件が加味される。2年間分の可処分所得以上の弁済額を定める必要がある。

給与またはこれに類する定期的な収入を得る見込みがある者であって、かつ、その額の変動の幅が小さいと見込まれるものが、清算価値保障原則、計画弁済総額要件を満たせば、裁判所が計画を認可する。そして、再生計画について債権者の決議の手続が不要である。

(2) メリット

免責不許可事由がないので、破産手続では免責されない人も、この手続で

は、再生計画どおりに弁済したときには、再生債権が非免責債権でその債権者の同意がない場合を除き、残額につき免責される。

また、破産手続のように職業制限がないので、現在に制限される職業に就いている人も、退職せずに、弁済、免責を得ることができる。

(3) デメリット

破産手続は固定主義をとっており、破産手続開始決定前の財産だけを債権者の配当に充てるのであるが、個人再生では、弁済金額に満ちるまで、新得財産で分割弁済に充てていくことになる。

(4) 申立てにかかる費用

裁判所の費用その他実費が約3万円ないし4万円、簡単な事案では、弁護士費用は約30万円である。

3 特定調停

(1) 意 義

債務を整理する調停手続である。簡易裁判所の全調停事件の約85％を占めている。各債務額につき利息制限法による引き直した計算金額の支払いをする（大阪簡裁では調停成立以降は利息・遅延損害金は付加しない）が、支払方法には、分割または一括がある。根拠法は、特定債務等の調整の促進のための特定調停に関する法律である。

ちなみに平成17年度の全国の特定調停新受件数は25万9267件である。

(2) メリット

調停委員がイニシアチブをとって債務を整理してくれるので、弁護士を依頼しないでも本人で申し立てることが容易である。

また担保を立てないで、強制執行の停止を申し立てることもできる。

(3) デメリット

調停なので、各相手方債権者が出頭に応じ、かつ、おのおのと合意に至らなければ、事件は解決しない。調停に代わる決定（民調17条）の制度もあるが、当事者が異議を述べれば効力は生じない。

現実には、多くの債権者が出頭に応じない。その場合、調停委員が電話で債権者と話をし、合意に至ったときに17条決定をすることが多いようである。

また、調停が成立した場合、その調停調書は、判決と同じく債務名義となり、返済が遅れた場合には、強制執行を受けることがある。

(4) 申立てにかかる費用

通常の調停と同じで、債務額によって手数料が変わるが、負債額が1000万円以下ならば3万円までである。

4　任意整理

(1) 意　義

弁護士が法的手続をとらないで、直接各債権者と示談交渉するシステムである。受任通知を送付し、各債権者から取引の履歴の開示を受けて、これを利息制限法による引直計算をし、その計算後の金額を基準にして債務者の支払能力を鑑みて、分割または一括での支払いについて各債権者と示談成立をさせて支払っていく。

日本弁護士連合会の任意整理の基準によれば、弁護士の受任通知の到達以降の利息、損害金は付加しない。また、短期の分割または一括支払いの場合には、早期解決の利益、支払能力等の理由から前記の計算額を減額することが一般的である。

(2) メリット

各地の弁護士会では、多重債務者の救済の目的から、この任意整理の弁護士費用を通常の示談交渉の費用よりも減額していることが多く、たとえば大阪弁護士会法律相談センターで、債権者が3名以上の場合1社につき2万円以下、債権者が2名以内の場合は5万円以下と定めている。したがって、債権者数が少なければ、弁護士費用が安価となる。

破産手続における破産者の職業制限等のような制限はない。

(3) デメリット

破産法、民事再生法等で規定されている強制執行の停止等の効力はない。

弁護士からの受任通知の到達によって、貸金業法21条1項9号により取立行為は禁止されているが、債権者が訴訟を提起したり、仮差押えをしたりすることは止められない。
　また各債権者と個別に合意に達しなければ示談できないので、非協力的な債権者とはいつまで経っても事件が終了しないことになる。

II　免責に問題がある場合の手続選択

1　免責不許可が明らかな場合の破産の申立て

　法248条1項に規定されているように、破産手続開始の申立てをした場合、免責許可の申立ては、「することができる」とされており、必ず申し立てなければならないものではない。
　同条4項では、新たに、破産手続開始決定の申立てをした場合、免責許可の申立てをしたものとみなす（みなし申立て）と規定されたが、反対の意思表示をして、みなし申立てを否定することもできる。
　以上のとおり、みなし申立ての規定が新設はされたが、基本的には、破産手続開始の申立てと免責許可の申立ては別であり、免責不許可が明らかな者でも破産手続開始の申立てはできる。

2　免責不許可事由が存する場合の破産の申立て

　破産者に免責不許可事由が少しでも存すれば、すべて免責不許可決定が出されるわけではない。
　これまでも運用で認められてきたが、法252条2項は、明文で裁量免責を規定した。裁判所は、破産手続開始の決定に至った経緯その他いっさいの事情を考慮して免責許可が相当であると認めるときは、免責不許可事由がある場合にも、免責許可の決定がすることができる。
　したがって、免責不許可事由が認められてもその程度が低い場合や、免責不許可事由に該当する行為を行うに至った事情に同情すべき事情があった場合等で、裁量免責が得られそうな場合には、破産手続開始の申立ては意味がある。

3　免責観察型手続

　法には具体的な規定がないが、大阪地裁では、これまで運用において、同時廃止申立てがなされた事件で、免責不許可事由が存し、裁量免責も困難な事件を管財事件に誘導し、管財人が破産者の経済的再生に向けた取組みを観察するという運用を行ってきた。
　管財事件の予納金が準備できていない場合には、新得財産で予納金を積み立てる方法をとり、また、毎月、家計簿、家計収支を管財人事務所へ持参し、生活状況をチェックさせたうえで、積立状況、生活状況に問題がなければ、管財人の意見に基づいて裁判所が裁量免責する運用上の制度である。

4　免責不許可が明らかな場合の他の手続の選択

　2、3に記載したような、裁量免責の可能性のない債務者の場合でも、1に記載したように、法的には免責許可の申立てをしないで、破産手続開始の申立てをすることができる。しかし、個人の債務者にとっては、全く根本的な解決にはならない。
　そこで、免責不許可が明らかな債務者の場合には、免責不許可事由という概念のない個人再生か、または任意整理を検討するが、すでに支払不能状態なので、一般的には、任意整理で支払っていくことは困難である。
　個人再生であれば、総債務額の5分の1以上（基準債権総額が3000万円を超える場合は10分1以上）を3年間（5年まで延長可）で支払えば（清算価値保障原則および給与所得者等再生においては可処分所要件を満たしたうえで）、残債務額が免責されるので、これらの手続を選択することになろう。

III　保証人がある場合の手続選択

1　免責の効果

　破産手続における破産、免責の効果は、前記のとおり、当該債務者にしか及ばないので、保証人には免責の効果はない（法253条2項）。保証人が、配偶者であっても、他人であっても結論は同じである（逆に配偶者であっても、保証人でなければ責任はない）。この点は、個人再生においても同じである。

2　保証債務が多額の場合の手続選択

　上記のところから、保証債務が少額であれば、本人は破産し、保証人は保証債務を任意整理で処理できるが、もし保証債務が多額で、しかも保証人が家計が同じである配偶者であれば、本人が破産免責を得ても保証人は責任追及を受けるので、保証人分を支払っていかねばならない。つまり、本人だけが破産しても実際上あまり意味がないことになる。

　そこで、配偶者が保証人である場合に、一般的にとられる選択は、①配偶者も本人と同時に破産手続開始の申立てをする。②本人は破産するが、配偶者の保証債務については個人再生、または任意整理をする。③本人と配偶者と同時に任意整理をするの三つである。考え方としては、次のようになろう。

① 　保証債務が多額であって、配偶者の収入・資産を勘案した場合に支払不能で、配偶者が破産手続開始を申し立てるにあたり、特に障害がない場合は、同時に破産申立てを選択するであろう。破産法では、夫が事業者で事業所と自宅との裁判管轄が異なるときでも、夫婦であれば一方の破産事件が係属している地方裁判所に、配偶者の破産手続開始の申立てができるようになっている（法5条7項3号）。

② 　保証人が支払不能とはいえない場合や、配偶者が破産手続開始を申し立てることに障害がある場合は、配偶者につき個人再生または任意整理

を選択する。

③　任意整理の場合は、法的手続ではないので、個人主義も必ずしも厳格ではなく、弁護士が債権者と交渉する際に、夫婦二人をまとめて任意整理することも十分可能である。夫婦二人の収入・支出を勘案して、支払いが可能であれば、主債務、保証債務をまとめて任意整理する。

なお、本人が破産申立てをすることを通知した場合、早速、債権者が保証人に対し、請求してくる事例が多いので、厳しい取立てを回避するには、この通知を出す段階で、保証人である配偶者についての方針を相談して決めておかねばならない。

Ⅳ 住宅保持のための手続選択

1 通常の場合

　破産手続は、債務者が有する総財産を強制的に換価し、各債権者の債権額に応じて公平に比例弁済を行う手続であるので、管財人が債務者所有の住宅も売却して財団に金員を組み入れて、配当の原資にすることが基本であり、その場合、債務者は当然住宅を失う。

2 例外的な場合

　明らかにオーバーローンの場合（多くの裁判所では、被担保債権額が住宅の価値の1.5倍を超えているとき）は、同時廃止になることもあり、その場合、管財人が就かないので、管財人が住宅を売却するということはない。しかし、担保権者が申し立てた競売手続の中で落札されれば（簡単に落札されないこともある）、住宅を失うことになる。

　また住宅を保持するため、破産手続の外で住宅ローンだけを支払っていくということは、当然偏頗弁済になり、免責不許可事由に該当するので（法252条1項3号）、そのようなことはできず、やはり住宅を失う。

　残る方法としては、破産管財手続の中で、破産財団に属さない破産開始決定後の財産で、管財人から住宅を任意で購入する方法が考えられるが、時期的に限界のある破産手続の中で買い取る必要があり、一括の代金支払いが条件になるので、通常は、身内等の大きな協力がなければ不可能である。

3 住宅を保持していくための手続

(1) 任意整理

　住宅を保持していくための手続の一つとして、任意整理が考えられる。一般債権者については利息制限法で引き直して支払額を減額し、毎月支払える

金額で分割で支払っていくという和解をしたうえで、住宅ローン債権者との間も、その支払方法について減額する住宅ローンの組直し合意が必要である。

(2) **個人再生**

住宅を保持するため用意された手続として、「住宅資金貸付債権に関する特例」を利用した個人再生がある。

住宅ローン債権のうち、一定の要件を満たすものを「住宅資金貸付債権」とよび、債務者が再生計画内で「住宅資金特別条項」を定めた場合には、融資時に定められた返済計画を修正して、債権者が住宅ローン以外の返済を継続することを可能にしているので、この返済の継続をしながら、住宅を確保することが可能である。

第2章

消費者破産の申立て

第2章 消費者破産の申立て

I 破産手続開始の原因（支払不能）

　自然人において、破産手続が開始されるためには、その者が支払不能でなければならない（法15条1項）。

　支払不能とは、債務者が、支払能力を欠くために、その債務のうち弁済期にあるものにつき、一般的かつ継続的に弁済することができない状態をいう（法2条11項）。

　そして、消費者破産の場合、平成12年7月に出資法における貸金業者の場合の上限金利が年29.2％（出資法5条2項）に引き下げられる以前（上限金利は年40.004％）には、大手サラ金やクレジット会社も含めた平均金利は30％前後であったから、平均的なサラリーマンの場合の場合、サラ金やクレジット会社から400万円の借入れがあれば、もはや支払不能であると考えられていた（たとえば、澤井裕ほか『カードトラブルハンドブック』27頁、クレジット・カード研究会編著『Q&Aカード破産解決法』89頁）。なぜなら、400万円の借金について年30％の金利を支払うと、毎月10万円を返済しても金利の支払いにしかならず、したがって借金はいっこうに減らないし、永遠になくならないからである。

　もちろん、将来支払うべき利息について、法律上は利息制限法の上限金利までで足りるのであるが、債務者個人において、利息制限法を援用することは容易ではないし、サラ金も応じるはずがない。仮に利率を年18％に引き下げる交渉が成功したとしても、毎月6万円は利息として取られてしまうから、元金はあまり減らない。

　そして、上限金利が29.2％に引き下げられた現在に至っても、サラ金の貸出金利は25％ないし29.2％であるから、平均的なサラリーマンならば、サラ金やクレジット会社から400万円の借入れがあれば支払不能と考えてよい。

　なお、以上は、平均的なサラリーマンを念頭においた場合であって、無職や収入がわずかな場合には、400万円以下の借入れであっても、支払不能で

あることもある。また、一方高収入の債務者の場合には、400万円程度の借入れでは支払不能であるとはいえない場合もある。

II　破産申立ての準備

1　準備する資料

そこで、破産の申立てをするためには、債務者が支払不能にあるかどうかの判断をするための資料を準備する必要がある。

(1)　債務に関する資料

まず債務の状況を調査しなければならないから、債務に関する状況がわかる資料を準備する必要がある。そこで、もし、債務者において手元に請求書や利用明細書などのサラ金・クレジット会社との間の債務の残額がわかる資料があればそれを準備する必要がある。また、弁護士に破産申立てを依頼する場合には、弁護士においても債権調査（【書式2】　債権調査票）をするので、弁護士が債権者に対し、通知（【書式1】　受任通知書）を発送できるための資料が必要となる。そして、通常は債務者が実際に借入れをしている支店に通知を発送するので、その支店の住所がわかる資料を準備する必要がある。

弁護士が発送するこの受任通知は、債権者から債務者への個別請求を阻止させ、債務者を経済的な窮状から救済するという意義も非常に重要である。

弁護士に自己破産の申立てを依頼したいと思って相談に訪れた債務者は、たいてい、サラ金等への支払いが遅滞していて、その結果、サラ金等から厳しい取立てを受けていることが多い。このため、債務者本人はもちろん家族も疲弊してしまっているケースが大半である。

しかし、債権者すなわちサラ金やクレジット会社が、債務者がその処理を弁護士等に委任した、または、その処理のために自己破産等の裁判手続をとった旨の通知を受領したときは、直接債務者に請求することが禁止されている（貸金21条1項9号）。

【書式１】 受任通知書

債権者各位

破産事件受任通知書

　　　　　債務者の表示　　（住所）　大阪市○区○○町○丁目○番○号
　　　　　　　　　　　　　（氏名）　○　○　○　○
　　　　　　　　　　　　　　　　　（昭和○年○月○日生）

冠省
　さて，当職は，債務者○○○○の代理人として貴社に対し，次のとおり通知致します。
　債務者は，貴社らからの借入等によって，貴社をはじめ○社に対し約○○万円の債務を負っております。そして，今日まで，返済に努めてきましたが，債務者は，ついに資金繰りに窮し債務の返済をすることができなくなり，自己破産の申立てを余儀無くされました。
　つきましては，今後裁判所によって進められる破産手続にご協力くださいますようお願い申し上げます。
　そこで，正確な負債状況把握のため，同封の債権調査票に必要事項をご記載の上，貴社と債務者との借用書又は契約書の写しと伴に，当職までご送付下さいますようお願い申し上げます。ご送付なき場合は，債務者主張金額にて破産申立てを致しますので，その点ご了承下さい。また，裁判所の指示により利息制限法による引き直し計算書を提出する必要がある場合もありますので，**利息制限法の制限利率を超過する貸付を現に行われ，または過去に行われていた貸付業者**につきましては，あわせて**上記計算書（ご送付が困難な場合には契約当初からの取引履歴）**をご送付下さい。
　尚，本件は，当職がその一切を受任しておりますので，債務者に対する直接の支払請求はお控え下さい。万一，信用毀損，威迫等の言動があった場合には，断固たる措置をとる所存ですので念のため申し添えます。
　最後に，貴社には誠にご迷惑をおかけすることになりますが，債務者の窮状をご賢察くださり，ご協力のほどお願いする次第です。
草々

　　　　平成○年○月○日

第2章 消費者破産の申立て

```
                    大阪市北区西天満○丁目○番○号
                              △△ビル×階
                    ○○法律事務所
                             TEL 00-0000-000
                             FAX 00-0000-000
                      ○○○○代理人
                         弁護士 ○  ○  ○  ○  印
```

【書式2】 債権調査票

※当てはまる□に，✓点を入れて下さい。必ず，この書式で御回答願います。
＊印の欄は弁護士が記入します。

裁判所提出用書式

債権者番号 ＿＿＿＿＿ ＊

弁護士 ＿＿＿＿＿＿＿ 殿＊

債 権 調 査 票

債務者氏名 ＿＿＿＿＿＿＿＿＿＿ ＊ （屋号又は旧姓）＿＿＿＿＿＿＿＿ ＊

1 債務者に対する債権
   □有（以下の項目へ）   □無（平成　年　月　日完済）
     ↓

(1)債権の種類
   □ 貸付金， □ 立替金， □ 売掛金， □ 保証
   □ その他（　　　　　　　　　　　　　　　　　　　）

(2)債務者の地位
   □ 主債務者（保証人 □有：氏名＿＿＿＿＿＿＿＿ □無 ）
   □ 保証人　（主債務者　：氏名＿＿＿＿＿＿＿＿＿）

(3)取引内容
   ① 最初の借入れ等　平成　年　月　日　　　　円
   ② 最後の借入れ等　平成　年　月　日　　　　円
   ③ 最後の返済　　　平成　年　月　日　　　　円

(4)債権残高（回答日現在）

```
    ① 残 元 金　　＿＿＿＿＿＿＿円
    ② 利　　息　　＿＿＿＿＿＿＿円
    ③ 遅延損害金　　＿＿＿＿＿＿＿円
    ④ 合　　計　　＿＿＿＿＿＿＿円
  2 債務者の破産又は免責に関する意見
    □特に意見はない。
    □以下の意見がある（下の空欄に具体的事実をお書き下さい）。

       平成　　年　　月　　日
          御住所　＿＿＿＿＿＿＿＿＿＿＿＿＿＿＿＿＿
          お名前・貴社名　＿＿＿＿＿＿＿＿＿＿＿＿印
                担当者名　＿＿＿＿＿＿＿＿＿＿＿
                電話番号（　　　　　）　　―
                ＦＡＸ番号（　　　　　）　　―
```

（注）
　＊のうち，弁護士名，債務者氏名，屋号又は旧姓は受任通知の発送前に記入しておく。

(2) 財産に関する資料

　次に、財産に関する資料の準備がある。財産があれば、支払不能の状態でないこともあるので、債務者の財産状況を知るための資料が必要となる。具体的には、預金通帳、保険証券、退職金に関する資料、車検証等、株式等有価証券に関する資料等が必要となる。

　住居についての資料については、所有不動産がある場合には、その登記簿謄本、固定資産評価証明書が必要であり、賃貸住宅の場合には、敷金・保証金に関する資料として賃貸借契約書が必要となる。

　また、過去2年間に20万円以上の価値がある財産を処分した場合には、その資料（売買契約書等）が必要となる。

(3) 収入および支出に関する資料

　さらに、財産がなくとも、高額の収入があれば、前述のとおり支払不能と

はならず、債務を返済することができる場合があるので、収入に関する資料が必要となる。具体的には給与明細、源泉徴収票を準備する必要がある。なお、個人事業者の場合には、収入に関する資料として確定申告の控え（過去3年間）が必要となる。

そして、実際に弁済が可能かどうかは家計の状況を調査しなくてはならないので、配偶者、収入のある同居人においても同様の資料が必要となる。

また、支出の状況も調査する必要があるので、光熱費等の支払いの領収証（自動引落しの場合には、その引落しの通帳）が必要となる。

特に、規則において、破産手続開始の申立ての日前1カ月間の家計収支表の提出が必要となったので（規則14条3項4号イ）、収入・支出に関する資料も準備する必要がある。

(4) その他の資料

その他には、戸籍謄本、住民票（家族全員の記載があり、省略のないもの）が必要となる。住所が住民票の記載と異なる場合には、現住居の賃貸借契約書、賃貸人作成の居住証明書等住所の認定ができる資料が必要となる。

また税金の滞納がある場合には、請求書・督促状等の資料が必要となる。

さらに、個人事業者で従業員を雇っている場合には、その従業員に関する資料が必要となる。具体的には、賃金台帳、解雇している場合には、解雇通知・その受領書が必要となる。売掛金、在庫商品、機械・工具類、什器備品（リース物件に関する資料も含む）が存在する場合には、これらの資料が必要となる。また、事務所・工場等に関する資料（賃借している場合には、賃貸借契約書、自己所有の場合には、不動産登記簿謄本・固定資産税評価証明書）が必要となる。

なお、大阪地裁では、これらの資料は、現に事業を営んでいる者もしくは申立て前6カ月前まで事業を継続していた者において必要とされるので、廃業してすでに6カ月以上経過している場合には必要とされない。

2 費　用

　破産を申し立てるには費用が必要である。弁護士に破産申立てを依頼する場合には、弁護士費用が30万円ほど必要となる。裁判所に納める予納金が大阪地裁では1万290円で、印紙代が1500円（全国共通）かかる。裁判所に納める郵便切手は、裁判所によって異なる。以上の費用に消費税・諸費用とあわせると35万円ほど準備する必要がある。

　なお、上記は同時廃止事件となった場合の基準であり、免責に問題がある場合（大阪地裁では免責観察型と呼称している）や財産の調査が必要とされる等の理由で管財事件とされた場合には、大阪地裁においては、さらに破産管財人に引き継ぐ現金（以下、「引継予納金」という）が20万円加算される（この引継予納金方式については、東京地裁においては、平成16年改正前から実施されていた）。

　個人事業者で現在事業を継続している場合には、管財事件になる可能性が高く、管財事件となれば、大阪地裁では、①における弁護士費用（管財事件となれば弁護士費用は50万円くらいになると思われる）のほかに、前記のとおり引継予納金が最低でも20万円必要とされ、さらに、債権者の数、売掛金の回収状況、従業員の数、賃貸物件の明渡状況等により、引継予納金が50万円とされる場合もある（後掲・〔資料1〕参照）。

　もっとも、個人事業者といってもいろいろな形態があり、自宅の1室を事務所として、一人で事業を行い、特に什器備品もなく、在庫商品も皆無であって、売掛金も全くない場合もある。その場合には、管財事件として管財人に財産の調査・換価などを行わせる必要もなく、その費用もないのが実情であろうから、同時廃止事件となり、費用も弁護士費用と諸経費等だけで済むこともある。

　そして、事業廃止後6ヵ月以上経過している場合には、原則として同時廃止事件として扱われるので、費用としては弁護士費用と諸費用をあわせて35万円ほどになる。

Ⅲ 申立て

1 管轄の選択

　破産事件の管轄に関して、旧法においては、原則的土地管轄および補充的土地管轄が定められているだけであり、複数の債務者間の人的関係、あるいは、債務の共通性等に着目した管轄は特に定められていなかった。現行法では、原則的な管轄に加えて、一定の関係にある債務者が同時に破産申立てをする場合の管轄が認められた。また、迅速かつ適正な事件処理の要請に応える形で、いわゆる大型破産事件の管轄についても特則が設けられた。

　このように、現行法下では管轄に関する選択の幅が広がったので、複数の債務者に関し破産申立てをする場合には、管轄の選択に注意を要する。

(1) **原則的土地管轄**（法5条1項）

① 　債務者が営業者であるとき　　その主たる営業所の所在地を管轄する地方裁判所

② 　債務者が営業者で外国に主たる営業所を有するとき　　日本における主たる営業所の所在地を管轄する地方裁判所

③ 　債務者が営業者でないときまたは営業所を有しないとき　　債務者の普通裁判籍（住居所など。民訴4条参照）所在地を管轄する地方裁判所

　なお、主たる営業所とは、通常は登記簿上の本店ということになるが、登記簿上の本店と実質上の本店が一致しない場合（たとえば、本店を移転しているにもかかわらず、登記を変更していない場合など）は、原則として実質上の本店が主たる営業所となると解される。

(2) **補充的土地管轄**（法5条2項）

　原則的土地管轄がない場合には、債務者の財産所在地を管轄する地方裁判所に補充的管轄が認められる。

(3) **一定の関係がある複数の債務者が破産を申し立てる場合の管轄**

後記①ないし⑤に関して、いずれか一方について破産手続が係属中であるときは、他方の破産手続について、先行する破産事件の裁判所にも管轄が認められる。

① 親会社（法人）と子会社（親会社等が総株主の議決権の過半数または総社員の議決権の過半数を有する株式会社または有限会社）（法5条3項・4項）、親会社と連結子会社（法5条5項）
② 法人とその代表者（法5条6項）
③ 相互に連帯債務者の関係にある個人（法5条7項1号）
④ 相互に主たる債務者と保証人の関係にある個人（法5条7項2号）
⑤ 夫婦（法5条7項3号）

なお、管轄を異にする二つの事件を一方の事件を管轄する裁判所に対して同時に申立てすることも可能である（同時といっても、事件受理・係属の関係では、どちらか一方が先行するため）。

また、前述のとおり大規模事件についても破産法の改正により競合管轄の規定がなされたが、消費者破産では問題にならないので、ここでは割愛する。

2　申立書の作成(1)――同時廃止事件

同時廃止事件については、各裁判所において定型の書式が用意されているのがほとんどであり、その書式の記入要領を参考にして記載をすれば足りる。

ここでは、大阪地裁における同時廃止事件の書式（【書式3】〜【書式13】）。および東京地裁における申立書の書式（同時廃止・管財事件共通。【書式14】〜【書式18】）を掲載しておく。

なお、本書掲載の同時廃止事件の申立書式は、弁護士が代理人として申し立てる場合の書式であり、本人申立て（司法書士関与の場合も含む）の場合は、この書式とは異なる書式を使用しなくてはならないことに注意を要する。

第2章 消費者破産の申立て

【書式3】 破産申立書（同時廃止用）〔大阪地裁〕

平成○年○月○日

印　紙
(1500円)

破　産　申　立　書（同時廃止用）

大阪地方裁判所　☑第6民事部　御中
　　　　　　　　□　　　　支部

　　　　申立代理人弁護士（担当）　　　○　○　○　○　　㊞
　　　　送達場所(事務所)〒000-0000　大阪市○区○○町○丁目○番○号
　　　　Tel（06）0000-0000　　Fax（06）0000-0000

申立人氏名　　　大　阪　次　郎　　（旧姓）　　　　　　（旧姓で借り入れた場合）
年　　齢　　（37歳）　（大・㊅45年8月17日生）
本籍・国籍　☑戸籍謄本記載のとおり　□国籍＿＿＿＿＿＿＿＿＿＿＿＿＿
住　居　所　☑住民票記載のとおり　　□外国人登録原票記載事項証明書のとおり
　　　　　　□〒＿＿＿＿＿＿＿＿＿＿＿＿＿＿＿＿　（住民票と異なる場合）
連　絡　先　（○○○）○○○-○○○○

申　立　て　の　趣　旨

1　申立人につき破産手続を開始する。
2　本件破産手続を廃止する。

申　立　て　の　理　由

　申立人は，債権者一覧表記載のとおり，債権者10人に対し，金3,500,000円の債務（うち，保証債務と住宅ローンを除く債務額は，金3,100,000円である。）を負担しているが，財産目録記載のとおり，支払不能状態にある。また，破産財団を構成すべき財産がほとんどなく，破産手続の費用を支弁するに足りない。

参　考　事　項

1　現在個人事業者であるか（□当・☑否）
　　　その店名・屋号等　＿＿＿＿＿＿＿＿＿＿＿＿＿＿＿＿＿＿＿＿＿
　　　その事業所所在地　＿＿＿＿＿＿＿＿＿＿＿＿＿＿＿＿＿＿＿＿＿
2　現在法人の代表者であるか（□当・☑否）その法人の破産申立て（□有・☑無）
3　生活保護を受給しているか（□有・☑無）
4　申立前7年内に個人再生事件の認可決定が確定したことがあるか　（□有・☑無）
5　申立前7年内に破産免責決定が確定したことがあるか（□有・☑無）

印　紙	郵　券	（支部申立ての場合）	受領印
1500円	円	800円	

【書式4】　標準資料一覧表

〈記号の見方〉

　★…原本を提出していただくもの　◎…必ず収集していただくもの

　△…特に指示があるまでは収集不要なもの

　○…確認事項欄の項目（＊の付いてないもの）に当てはまる場合，収集が必要なもの

　＊…提出書類が適当かどうかに関わる項目（必ず当該条件に当てはまる書類を収集してください。）

〈注意事項〉

※収集必要な資料で網掛けのものは，必ず申立時に提出してください。

※提出資料は，「標準資料一覧表」を確認のうえ，同表に従った書類を提出してください。

※欄外，「確認事項」欄及び「提出の有無」欄の□は，申立代理人において，チェックしてください。

※「提出の有無」欄について，提出時にない資料は，提出の要否にかかわらず，必ず「□無」にチェックしてください。

第2章 消費者破産の申立て

標準資料一覧表

申立人（ 大阪次郎 ）　　　　　　　　　　申立代理人　○○○○　印

□委任状　□債権者一覧表　□財産目録　□報告書（□事業に関する報告書）　□チェックリスト

	標準資料	本人	配偶者	同居親子	確認事項	提出の有無
1	戸籍謄本（又は外国人登録原票記載事項証明書）★	◎			☑3か月以内のもの＊ □申立人が外国籍	☑有　□無
	住民票★	◎			☑3か月以内のもの＊ □世帯全員の記載（省略のないもの）＊	☑有　□無
	賃貸借契約書（又は住宅使用許可書），居住証明書等	○	△	△	□住所が住民票と相違	□有　☑無
	商業登記簿謄本	○		△	□会社代表者	□有　☑無
2	債権調査票	◎			☑6か月以内のもの＊	☑有　□無
	債権調査に関する上申書				☑回答ない債権者あり	☑有　□無
3	再生計画及び弁済計画表				□7年以内に個人再生認可確定	□有　☑無
4	預貯金通帳・証書	◎	○	△	☑申立前2週間以内に記帳＊ ☑表紙と過去1年分の写し＊	☑有　□無
		○			☑給与振込用口座の通帳あり	☑有　□無
		○			☑クレジットカード用引落口座の通帳あり	☑有　□無
		○			☑光熱費引落用口座の通帳（第三者名義含む）あり	☑有　□無
	金融機関の取引明細書	○	○	△	□通帳の破棄又は一括記帳あり	□有　☑無
5	保険（共済）証券（又は契約書）	○	△	△	☑保険に加入（申立人が契約者）	☑収集済み
	解約返戻金（見込）額証明書	○	△	△		☑収集済み
6	退職金（見込）額証明書	○	△	△	☑勤続5年以上	□収集済み
	退職金支給規程及び計算書	○	△	△	☑証明書の収集が困難	☑収集済み
7	不動産登記簿謄本（共同担保目録も含む）★	○	○	○	□現在又は過去2年以内に不動産を（□申立人，□配偶者，□同居親子）が所有	□有　☑無
	固定資産評価証明書★	○	△	△		□有　☑無
	抵当権の被担保債権残額が分かる書類	○	△	△		□有　☑無
	不動産の評価に関する書類	○	△	△	□被担保債権残額が，評価証明書の額の1.5倍以下	□有　☑無

28

	不動産を処分した際の契約書等	○	△	△	□過去2年以内に処分	□収集済み
8	車検証（又は登録事項証明書）	○	○	○	☑自動車を保有（保有者：　　）	☑有　□無
	自動車の評価に関する書類	○	△	△	□初年度登録から7年以内又は新車価格が300万円以上	□有　☑無
9	所得証明書（源泉徴収票等）	◎	△	△	☑直近2年分(省略のないもの)＊	☑有　□無
	給与明細書	○	○	△	☑給与を受給 ☑直近2か月分＊	☑有　□無
	生活保護受給証明書	○	○	△	□生活保護を受給	□有　☑無
	公的年金受給証明書	○	○	△	□公的年金を受給	□有　☑無
	失業保険受給証明書	○	○	△	□失業保険を受給	□有　☑無
10	確定申告書（直近2期分）	○	△	△	□事業者（現在又は申立前6か月）	□有　☑無
	元帳（又は金銭収支）	○	△	△		□収集済み
	決算書（又は貸借対照表・損益計算書）	○	△	△		□収集済み
11	診断書	○	△	△	□病気が破産原因，又は現在病気療養中	□有　☑無

標準資料一覧表について

―標準資料の収集・提出の手引―

　標準資料一覧表は，破産同時廃止申立てチェックリストの場合と異なり，□については，該当する項目のみにチェック（レ点又は■を入れる）をしてください。

【収集・提出について】
1　委任状，債権者一覧表，財産目録，報告書，破産同時廃止申立てチェックリスト
　(1)　添付の有無を確認し，欄外上部の□にチェックした上，申立時に提出してください。
　(2)　事業に関する報告書は，現在個人事業者である場合，又は申立前6か月以内に個人事業者であった場合には，必ず提出してください。
2　標準資料

第2章　消費者破産の申立て

(1) 収集の要否

「◎」…必ず収集してください。

「○」…「確認事項」に該当する場合に収集してください。

「△」…特に指示があるまでは収集不要です。

(2) 提出の要否

網掛けのもの（なお，○印の書類は，確認事項欄に該当し，収集が必要な場合に限る）を，「提出の有無」欄の□にチェックした上，申立時に提出してください。その他の書類は，指示があれば提出してください。表に記載のない書類についても提出を求めることがあります。

「★」…原本を提出してください。

「＊」…提出する書類が不適当なものでないかを確認していただくための項目ですので，必ずチェックしてください。

【各書類について】

1　戸籍謄本，住民票，賃貸借契約書，商業登記簿謄本

(1) 戸籍謄本は，3か月以内に取得したもの（→「確認事項」欄の□にチェックする）を提出してください。

申立人が外国籍の場合（→「確認事項」欄の□にチェックする），外国人登録原票記載事項証明書を提出してください。この場合も，3か月以内に取得したもの（→「確認事項」欄の□にチェックする）が必要です。

(2) 住民票は，①3か月以内に取得し，②世帯全員の記載があるもので本籍，続柄に省略のないもの（→「確認事項」欄の□にチェックする）を提出してください。

《注意！》

続柄欄や本籍欄が省略されたものが提出される例が散見されます。

(3) 申立人の住所が住民票の記載と異なる場合（→「確認事項」欄の□にチェックする），現住居の賃貸借契約書（公営住宅の場合は，住居使用許可書。社宅，寮の場合は，それが分かる資料。），賃貸人作成の居住証明書等，住所の認定ができるだけの資料を提出してください。

《例えば…》

友人の賃借マンションに無償で住んでいるようなときは，その友人名義の賃貸借契約書と同人作成の居住証明書を提出してください。

(4)　申立人が会社代表者の場合（→「確認事項」欄の□にチェックする），当該会社の商業登記簿謄本（3か月以内のもの）を提出してください。
2　債権調査票等
　(1)　裁判所提出用書式の債権調査票により回答があったものは，すべて提出してください（この場合，契約書等の債権資料を別途提出いただく必要はありません。）。ただし，申立前6か月以内に回答があったもの（→「確認事項」欄の□にチェックする）でお願いします。
　　　債権者独自の書式で回答された場合は，その提出もやむを得ませんが，できるだけ裁判所提出用書式によって回答がされるよう，御配慮ください。
　　《例えば…》
　　　　6か月を2,3日程度徒過した回答書の場合でも取り直す必要があるかという質問がよくあります。最終的には裁判官の判断ですが，できるだけ6か月以内のものを提出していただくよう，お願いします。
　(2)　回答がない債権者について（→「確認事項」欄の□にチェックする），「債権調査に関する上申書」を提出してください。
　(3)　すべての債権者について，債権調査票又は債権調査に関する上申書が提出されているかを十分確認した上，「提出の有無」欄をチェックするようお願いします。
3　再生計画及び弁済計画表
　　　申立前7年内に個人再生手続を利用して認可決定が確定したことがある場合（→「確認事項」欄の□にチェックする），再生計画及び弁済計画表を提出してください。
4　預貯金通帳・証書等
　(1)　預貯金通帳は，①申立前2週間以内に，②表紙部分（裏表紙も含む）及び過去1年内の取引部分を記帳し（→「確認事項」欄の□にチェックする），写し（取引のない定期部分も含む）を提出してください。
　　《注意!!》
　　　　定期預金部分のコピーを忘れてしまう例が非常に多いです。
　(2)　①給与振込用，②クレジットカードの利用代金引落用，③光熱費引落用（第三者名義を含む）の各口座がある場合（→「確認事項」欄の□にチェックする），それらの通帳等の写し（取引のない定期部分も含む）も提出し

てください。この場合も、(1)に記載したとおり、①申立前2週間以内に、②表紙部分（裏表紙も含む）及び過去1年内の取引部分を記帳し（→「確認事項」欄の□にチェックする）た写し（取引のない定期部分も含む）が必要です。

　《注意!!》

　　「給与振込用の専用口座の通帳の有無を確認するのですか？」という質問を受けることがあります。これは、給与振込等に利用している通帳という意味で、専用口座という趣旨ではありません。通帳の提出もれを避けるために確認していただくものです。

(3) 通帳を破棄した場合や一括記帳がある場合（→「確認事項」欄の□にチェックする）、取引明細書を提出してください。

5　保険（共済）証券，解約返戻金（見込）額が分かる書類

(1) 申立人が保険に加入している場合（→「確認事項」欄の□にチェックする）に収集してください。

(2) 解約返戻金の見込額についての証明書を収集してください。ただし、自動車保険，府民共済保険については、収集不要です。

　《注意!!》

　　これらの書類は、申立段階では提出不要ですが、裁判所が必要と判断したときには提出を求めることがあります。保険への加入が判明している場合は必ず収集するようにお願いします。

　　解約返戻金に関する証明書は、申立前3か月以内に発行されたものを収集するようにしてください。

6　退職金（見込）額が分かる書類等

(1) 勤続5年以上の場合（→「確認事項」欄の□にチェックする），勤務先の退職金（見込）額証明書（支給がない場合はその旨を記載したもの）を収集してください。

　　この証明書は、現在の勤務先だけが対象になっているのではありません。申立前2年間の勤務先が対象になりますので（その間に退職金を受領した可能性があるからです。）、注意してください。

(2) (1)の書類の収集が困難である場合（→「確認事項」欄の□にチェックする），退職金支給規程と計算書を収集してください。

(3) (1)及び(2)の書類の収集ができない場合には，収集できない理由及び退職金支給の有無に関する説明を記載した書面を別途作成・提出していただく場合があります。

7 不動産登記簿謄本等
(1) 申立人が，不動産を所有又は過去2年以内に所有していた場合（→「確認事項」欄の□にチェックする）は不動産登記簿謄本，固定資産評価証明書，抵当権の被担保債権残額が分かる書類を提出してください。共同担保が設定されている場合は，共同担保目録も提出してください。

申立人の配偶者又は同居の親子が，不動産を所有又は過去2年以内に所有していた場合（→「確認事項」欄の□にチェックする）は不動産登記簿謄本を提出してください。

また，申立人が不動産を相続したが遺産分割協議が調っていないなどの理由で不動産の登記が被相続人のままになっている場合は，当該不動産の登記簿謄本とともに，被相続人の戸籍謄本，相続関係図を提出してください。

《注意!!》
建物又は土地の片方のみを所有するような場合でも，借地権価格等を算定するために他方（敷地又は建物）の登記簿謄本と固定資産評価証明書も併せて提出してください。

(2) 被担保債権残額が，固定資産評価証明書による不動産の評価額の1.5倍を超えていない場合（→「確認事項」欄の□にチェックする），複数業者の査定書等，不動産の評価に関する書類を提出してください。

(3) 過去2年以内に所有不動産を処分した場合（→「確認事項」欄の□にチェックする），処分に係る契約書及び処分によって取得した代金の使途に関する領収書を収集してください。

8 車検証（又は登録事項証明書）等
(1) 申立人が自動車を保有している場合（→「確認事項」欄の□にチェックする），車検証（添付できない場合には，登録事項証明書）を提出してください。

(2) 保有している自動車が初年度登録から7年以内の場合又は新車時の車両本体価格が300万円以上の場合（→「確認事項」欄の□にチェックする），業者の査定書，レッドブックのコピー（該当箇所にアンダーラインを引い

てください。）等，車両の時価評価額が分かる資料を提出してください。
9 所得証明書，給与明細書，生活保護・公的年金・失業保険各受給証明書
 (1) 所得証明書
  ① 直近2年度分（→「確認事項」欄の□にチェックする）を提出してください。
  ② 所得証明書として，源泉徴収票，源泉徴収票がない場合は課税証明書（市区町村発行のもので基礎控除，保険料控除等の記載のあるもの），源泉徴収をされていない自営業者のような場合は確定申告書を提出してください。
  ③ 直近2年分とは，申し立てる年度の1年前と2年前の年度のものをいいます。
    《例えば…》
      平成13年は給与所得があり，平成14年は無職の人が，平成15年6月に申立てをする場合には，平成13年の源泉徴収票と平成14年の課税証明書を提出してください。ただし，課税証明書は，通常6月以降でないと前年度の所得が反映された所得証明書が発行されませんので，源泉徴収票と所得証明書の組合せで提出する場合は，年度が重ならないように注意してください。
    《注意!!》
      所得がない場合に何も提出されない例が非常に多いです。しかし，その場合であっても，課税証明書等を提出するようにしてください。また生活保護を受給している場合でも同様です。
 (2) 給与明細書
    申立人が給与を受給している場合（→「確認事項」欄の□にチェックする），直近2か月分の給与明細書を提出してください。
    なお，この給与明細書は，給与振込用口座の通帳写しを提出している場合であっても提出が必要です。
 (3) 生活保護・公的年金・失業保険
    申立人が生活保護・公的年金・失業保険を受給している場合（→「確認事項」欄の□にチェックする）は，それぞれの受給証明書（又はそれに代わる公文書）を提出してください。
10 元帳，確定申告書，決算書等

(1) 現在個人事業者である，又は申立前6か月以内に個人事業者であった場合(→「確認事項」欄の□にチェックする)，申立直前2期分の確定申告書を提出してください。

(2) 申立直前2年分の元帳（又は金銭収支表），決算書（又は貸借対照表・損益計算書）については，提出は不要ですが，収集は必ずしてください。

11 診断書

(1) 申立人の精神的又は身体的な障害が破産に至る主要な要因である場合，又は申立人が現在，病気療養中である場合（→「確認事項」欄の□にチェックする)，提出してください。

―――――― 申立時における各書類の提出方法について（お願い）――――――

次の順番に整理して提出してください（受付時間の短縮化を図り，各申立代理人の時間的負担を緩和する趣旨ですので，是非とも御協力ください。)。

```
1  申立書
   委任状
2  標準資料一覧表……「①」と書いた付箋等を書類の右横に貼ってください。
   標準資料一覧表の番号1の各書類（戸籍謄本等）
3  債権者一覧表………「②」と書いた付箋等を書類の右横に貼ってください。
   標準資料一覧表の番号2，3の各書類（債権調査票，再生計画等）
4  財産目録……………「③」と書いた付箋等を書類の右横に貼ってください。
   標準資料一覧表の番号4～8の各書類（預貯金通帳等）
5  報告書………………「④」と書いた付箋等を書類の右横に貼ってください。
   家計収支表
   事業に関する報告書
   標準資料一覧表の番号9～11の各書類（所得証明書等）
6  チェックリスト……「⑤」と書いた付箋等を書類の右横に貼ってください。
```

第2章 消費者破産の申立て

[書式5] 債権者一覧表（一般用）

債権者一覧表

番号	債権者名	住所	現在の債務額（円）	借入・購入等の日	使途	備考	調査票	意見
1	㈱○○ローン	〒○○○-○○○○ ○○市○○町○○○○	850,000円	H11.3.1～H．．	□住宅ローン □購入 ☑生活費 ☑返済 □飲食交際遊興費 □保証 □その他		☑有	□有
2	㈱○○銀行	〒○○○-○○○○ ○○市○○町○○○○	650,000円	H11.6.1～H19.6.1	□住宅ローン □購入 ☑生活費 ☑返済 □飲食交際遊興費 □保証 □その他		☑有	□有
3	㈱○○信販	〒○○○-○○○○ ○○市○○町○○○○	200,000円	H11.9.1～H．．	□住宅ローン ☑購入 □生活費 □返済 □飲食交際遊興費 □保証 □その他	車 150万円 H11.9.1購入、自宅保管 所有権留保付	☑有	□有
4	○○○○株式会社	〒○○○-○○○○ ○○市○○町○○○○	400,000円	H13.4.1～H．．	□住宅ローン □購入 □生活費 □返済 □飲食交際遊興費 ☑保証 □その他	主債務者奈良武夫（義父）	☑有	□有
5	○○信販㈱	〒○○○-○○○○ ○○市○○町○○○○	200,000円	H14.6.1～H．．	□住宅ローン ☑購入 □生活費 □返済 □飲食交際遊興費 □保証 □その他	生活用品	☑有	□有
6	㈱○○○○	〒○○○-○○○○ ○○市○○町○○○○	300,000円	H14.6.1～H19.6.1	□住宅ローン □購入 ☑生活費 ☑返済 □飲食交際遊興費 □保証 □その他		☑有	□有
7	㈲ローンズ○○	〒○○○-○○○○ ○○市○○町○○○○	200,000円	H14.6.1～H19.5.1	□住宅ローン □購入 ☑生活費 ☑返済 □飲食交際遊興費 □保証 □その他		☑有	□有
8	○○商事㈱	〒○○○-○○○○ ○○市○○町○○○○	200,000円	H15.6.4～H19.6.4	□住宅ローン □購入 ☑生活費 ☑返済 □飲食交際遊興費 □保証 □その他		☑有	□有
9	㈱○○ファイナンス	〒○○○-○○○○ ○○市○○町○○○○	300,000円	H15.8.8～H19.6.1	□住宅ローン □購入 ☑生活費 ☑返済 □飲食交際遊興費 □保証 □その他		☑有	□有

III 申立て

10	ローン○○	〒000-0000 ○○市○○町○○○○	200,000円	H16.12.1 ～ H19.6.1	□住宅ローン □購入 ☑生活費 ☑返済 □飲食交際遊興費 □保証 □その他	☑有
11		〒	円	H ． ． ～ H ． ．	□住宅ローン □購入 □生活費 □返済 □飲食交際遊興費 □保証 □その他	□有
12		〒	円	H ． ． ～ H ． ．	□住宅ローン □購入 □生活費 □返済 □飲食交際遊興費 □保証 □その他	□有
13		〒	円	H ． ． ～ H ． ．	□住宅ローン □購入 □生活費 □返済 □飲食交際遊興費 □保証 □その他	□有
14		〒	円	H ． ． ～ H ． ．	□住宅ローン □購入 □生活費 □返済 □飲食交際遊興費 □保証 □その他	□有
15		〒	円	H ． ． ～ H ． ．	□住宅ローン □購入 □生活費 □返済 □飲食交際遊興費 □保証 □その他	□有
16		〒	円	H ． ． ～ H ． ．	□住宅ローン □購入 □生活費 □返済 □飲食交際遊興費 □保証 □その他	□有

備考欄の記載方法
1 「債権者名」欄が個人の場合は、申立人との関係を記載する。
2 「使途」欄が、
(1) 「購入」の場合は、物品名、購入金額、所有権留保付の場合は、所有権留保付その物品の現状（自宅保管、買入れ、売却）を記載する。「所有権留保付○○返還済」、「所有権留保付○○売却済・売却先○○（株）」と記載する。
(2) 「保証」の場合は、主債務者名を、申立人との関係を記載する。
(3) 「その他」の場合は、具体的内容を記載する。
(4) 下記金額欄の住宅ローン及び保証債務の金額が「0円」でも「0」の記載をしてください。
(5) 備考欄右側の債権調査票欄は、債権調査票のみでなく債権残高を示す資料があれば、「有」にチェックしてください。

債権者数名　10名　債務総額　3,500,000円　住宅ローンと保証債務を除いた額　3,100,000円
（うち住宅ローン　0円、保証債務　400,000円）

37

第2章 消費者破産の申立て

【書式6】 債権者一覧表（公租公課用）

債権者一覧表（公租公課用）

種　　種	類滞納額(円)	年　度	納　付　先
所　得　税	円		
住　民　税	円		
固定資産税	円		
事　業　税	円		
国民健康保険料	円		
年　　金	円		
自 動 車 税	円		（登録番号　　　　　　　）
相　続　税	円		
	円		
	円		
	円		
	円		
	円		
合　　計	円		

【書式7】 債権調査票

※当てはまる□に，レ点を入れて下さい。必ず，この書式で御回答願います。
＊印の欄は弁護士が記入します。

裁判所提出用書式

　　　　　　　　　　　　　　　　　　　　　　　　債権者番号　　　　　　　＊

弁護士　　　　　　　　　殿＊

　　　　　　　　　　債　権　調　査　票

債務者氏名　　　　　　　　　　　　＊　（屋号又は旧姓）　　　　　　　　　　＊

38

Ⅲ 申立て

1 債務者に対する債権
　　□有（以下の項目へ）　　　　□無（平成　年　月　日完済）
　　　　↓
　(1) 債権の種類
　　　□　貸付金　□　立替金　□　売掛金　□　保証
　　　□　その他（　　　　　　　　　　　　　　　　）
　(2) 債務者の地位
　　　□　主債務者（保証人　□有：氏名　　　　　　　□無　）
　　　□　保証人　（主債務者　：氏名　　　　　　　）
　(3) 取引内容
　　　①　最初の借入れ等　　平成　年　月　日　　　　　　円
　　　②　最後の借入れ等　　平成　年　月　日　　　　　　円
　　　③　最後の返済　　　　平成　年　月　日　　　　　　円
　(4) 債権残高（回答日現在）
　　　①　残　元　金　　　　　　　　円
　　　②　利　　　息　　　　　　　　円
　　　③　遅延損害金　　　　　　　　円
　　　④　合　　　計　　　　　　　　円

2 債務者の破産又は免責に関する意見
　　□　特に意見はない。
　　□　以下のとおり意見がある（下の空欄に具体的事実をお書きください）。

　　　　平成　年　月　日
　　　　　　　御住所
　　　　　　　お名前・貴社名　　　　　　　　　　　　印
　　　　　　　　　　担当者名
　　　　　　　　　　電話番号（　　　）　　―
　　　　　　　　　　FAX番号（　　　）　　―

【書式8】 債権調査に関する上申書

平成○年○月○日

債権調査に関する上申書

大阪地方裁判所　☑第6民事部
　　　　　　　　□　　　　支部　御中

　　　　　　　　　　申立代理人　○　○　○　○　印

　下記の各債権者についても，債権調査票による債権調査を行いましたが，書面による回答がなかったため，下記のとおり上申します。

記

番号	債権者名	債務額等を確定した方法（複数選択可）	
7	㈲ローンズ○○	☑契約書，請求書等の確認 ☑申立人からの聴取	□債権者からの電話等による聴取 □その他（　　　　　　）
		□契約書，請求書等の確認 □申立人からの聴取	□債権者からの電話等による聴取 □その他（　　　　　　）
		□契約書，請求書等の確認 □申立人からの聴取	□債権者からの電話等による聴取 □その他（　　　　　　）
		□契約書，請求書等の確認 □申立人からの聴取	□債権者からの電話等による聴取 □その他（　　　　　　）
		□契約書，請求書等の確認 □申立人からの聴取	□債権者からの電話等による聴取 □その他（　　　　　　）
		□契約書，請求書等の確認 □申立人からの聴取	□債権者からの電話等による聴取 □その他（　　　　　　）
		□契約書，請求書等の確認 □申立人からの聴取	□債権者からの電話等による聴取 □その他（　　　　　　）
		□契約書，請求書等の確認 □申立人からの聴取	□債権者からの電話等による聴取 □その他（　　　　　　）
		□契約書，請求書等の確認 □申立人からの聴取	□債権者からの電話等による聴取 □その他（　　　　　　）
		□契約書，請求書等の確認 □申立人からの聴取	□債権者からの電話等による聴取 □その他（　　　　　　）
		□契約書，請求書等の確認 □申立人からの聴取	□債権者からの電話等による聴取 □その他（　　　　　　）

III 申立て

	□契約書，請求書等の確認 □申立人からの聴取	□債権者からの電話等による聴取 □その他（　　　　　　　　　　）
	□契約書，請求書等の確認 □申立人からの聴取	□債権者からの電話等による聴取 □その他（　　　　　　　　　　）
	□契約書，請求書等の確認 □申立人からの聴取	□債権者からの電話等による聴取 □その他（　　　　　　　　　　）
	□契約書，請求書等の確認 □申立人からの聴取	□債権者からの電話等による聴取 □その他（　　　　　　　　　　）

【書式9】 財産目録

財 産 目 録

1　現　金（5万円以上）　　　　　　　　　　　　　【□有　☑無】
　　金額（　　　　　　円）　　□申立代理人において保管
　　　　　　　　　　　　　　　□

2　預貯金（銀行以外の金融機関に対するものを含む）　【☑有　□無】

金融機関名／支店名	口　座　番　号	残　高(円)	記　帳　日	一括記載の有無
○○銀行○○支店	普通○○○○○	4,500円	○月 ○日	□有 ☑無
郵便局	通常○○○-○○	2,000円	○月 ○日	□有 ☑無
		円	月 日	□有 □無
		円	月 日	□有 □無
		円	月 日	□有 □無
合　　計		6,500円		

3　保　険（生命保険，火災保険，自動車保険等）　　【☑有　□無】

保険会社名	契約日	解約の有無(2年内)
証券番号	契約者	解約返戻(予定)金(円)
保険の種類	月額保険料(円/月)	使　　途
○○生命	16年3月1日	□解約済み(H ． ．) □失効 ☑未解約
○○○○○	申立人	150,000円
☑生命保険 □	8,000円/月	□生活費 □返済 □申立費用 □その他
	年　月　日	□解約済み(H ． ．) □失効 □未解約

41

			円
□生命保険 □		円/月	□生活費 □返済 □申立費用 □その他
	年　　月　　日	□解約済み（H．．）□失効 □未解約
			円
□生命保険 □		円/月	□生活費 □返済 □申立費用 □その他
	年　　月　　日	□解約済み（H．．）□失効 □未解約
			円
□生命保険 □		円/月	□生活費 □返済 □申立費用 □その他
	年　　月　　日	□解約済み（H．．）□失効 □未解約
			円
□生命保険 □		円/月	□生活費 □返済 □申立費用 □その他
	年　　月　　日	□解約済み（H．．）□失効 □未解約
			円
□生命保険 □		円/月	□生活費 □返済 □申立費用 □その他
解約返戻金（未解約分）合計			150,000円

4　積立金等（社内積立て，財形貯蓄等）　　　　　【□有　☑無】

種　　類	開始時期	積立総額(円)
	年　　月	
	年　　月	
	年　　月	

5　賃借保証金・敷金（自宅，作業場，駐車場等，申立人本人名義で賃借している土地建物等に関する差入保証金）　　　【☑有　□無】

賃借物件	契約の始期	差入金額(円)	返戻金(円)	滞納額(円)
自　宅	9年6月	600,000	200,000	0
	年　　月			

6　貸付金，求償金等　　　　　　　　　　　　　　【□有　☑無】

債務者名	債権金額(円)	時期	回収見込み	回収できない理由
		年　　月	□有　□無	
		年　　月	□有　□無	
		年　　月	□有　□無	

Ⅲ 申立て

7 退職金（過去5年以上勤務していた場合）　　　　【☑有　□無】

会社名(雇用主)	金　額（円）	支給日等（2年以内）
㈱○　○　○	1,500,000	□平成　　年　　月　　日受領 ☑受領未了

8 不動産（土地・建物）　　　　　　　　　　　　　【□有　☑無】

種　　類	所　在　地	登記名義	持　　分
□土地　□建物 □マンション		□本人 □	□全部 □　　分の
□土地　□建物 □マンション		□本人 □	□全部 □　　分の
□土地　□建物 □マンション		□本人 □	□全部 □　　分の

☆ローン超過計算書

$$\frac{\text{抵当権の被担保債権の残債務額}\ (\qquad\text{円})}{\text{固定資産評価証明書の額（借地権の額も合算）}\ (\qquad\text{円})} = \boxed{\qquad}$$

上記の数字が1.5倍以内の場合
　　査定書での評価額は（　　　　　　円）である。

9 自動車　　　　　　　　　　　　　　　　　　　　【☑有　□無】

車　名	年式	取得時期・価格	時価(円)	所有権留保
○○○○	H10	11年9月 150万円	0	☑有(☑返還予定)
		年　　月 　　万円		□有(□返還予定)

10 9以外の動産（貴金属，着物，電器製品等）で，申立時において10万円以上の価値があるもの　　　　　　　　　　　　　　　　　　【□有　☑無】

品　　名	取得時期	評価額(円)	所有権留保
	年　　月		□有　□無
	年　　月		□有　□無
	年　　月		□有　□無

43

11　1～10以外の財産（株式，会員権等）で，申立時において10万円以上の価値があるもの　　　　　　　　　　　　　　　　　　　【□有　☑無】

財　産　の　内　容	取得時期	評価額(円)
	年　　　月	
	年　　　月	
	年　　　月	

12　過去2年以内に処分した財産（退職金，不動産，自動車，離婚に伴う財産分与，贈与等で，20万円以上の価値のあるもの，但し，保険は3に記載する）　　　　　　　　　　　　　　　　　　　　　　　　【□有　☑無】

財産の種類	処分時期	処分額(円)	使　途	相手方
	年　　月			
	年　　月			
	年　　月			
	年　　月			
	年　　月			

13　支払不能になっていることを知りながら，一部の債権者に本旨弁済した債務　　　　　　　　　　　　　　　　　　　　　　　　　　　　【□有　☑無】

時　　期	相手方の氏名等	弁済額(円)
年　　月		
年　　月		

14　その他，近日中に取得することが見込まれる財産（交通事故の損害賠償金，財産分与等）　　　　　　　　　　　　　　　　　　　【□有　☑無】

財産の種類	相手方の氏名等	金額(円)

【書式10】 報告書

平成〇年〇月〇日

報　告　書

大阪地方裁判所　☑第６民事部
　　　　　　　　□　　　支部　御中

　　調査した結果は，以下のとおりである。
　　　　　　　　　申立代理人　弁護士　〇〇〇〇　印
　　この報告書の内容は，事実と相違ありません。
　　　　　　　　　申　立　人　大　阪　次　郎　印

第１　申立人の経歴等

１　職歴（現在から申立ての７年前まで）

就業期間	種　　　別	平均月収
就業先（会社名等）	地位・業務の内容(円)	(円)
10年４月～　現　在 〇〇建設㈱	☑勤め　□パート等　□自営　□法人代表者 □無職　　建設業・営業	300,000
年　月～　年　月	□勤め　□パート等　□自営　□法人代表者 □無職	
年　月～　年　月	□勤め　□パート等　□自営　□法人代表者 □無職	
年　月～　年　月	□勤め　□パート等　□自営　□法人代表者 □無職	
年　月～　年　月	□勤め　□パート等　□自営　□法人代表者 □無職	
年　月～　年　月	□勤め　□パート等　□自営　□法人代表者 □無職	
年　月～　年　月	□勤め　□パート等　□自営　□法人代表者 □無職	
年　月～　年　月	□勤め　□パート等　□自営　□法人代表者 □無職	

2 結婚，離婚歴等

時　　期	相手方の氏名	事　　　　由
平成9年6月	銭　良　花　子	☑結婚 □離婚 □内縁 □内縁解消 □死別
年　　月		□結婚 □離婚 □内縁 □内縁解消 □死別
年　　月		□結婚 □離婚 □内縁 □内縁解消 □死別
年　　月		□結婚 □離婚 □内縁 □内縁解消 □死別

3 同居者並びに別居の親及び子の状況

氏　　　名	続柄	年齢	職業・学年	同居・別居	平均月収(円)
大　阪　花　子	妻	39	無　職	☑同 □別	0
太　郎	長男	10	小学4年生	☑同 □別	0
				□同 □別	
				□同 □別	
				□同 □別	
				□同 □別	

4 現在の住居の状況（居住する家屋の形態等）
☑民間賃貸住宅（賃借人＝申立人）
□公営住宅（賃借人＝申立人）
□持ち家（□一戸建・□マンション）（所有者＝申立人）
□申立人以外の者（氏名　　　　　　　，申立人との関係　　　　　　　）
　の（□所有・□賃借）の家屋（無償で居住）
□その他　　　　　　　　　　　　　　　　　　　　

5 家計の状況
　別添家計収支表のとおり

第2 破産申立てに至った事情（債務増大の経緯及び支払ができなくなった事情）

1 多額の借金（以下，特に断らない限り，ここでいう借金には，連帯保証による債務やクレジットカード利用による債務なども含む。）をした理由は，次のとおりである（複数選択可）。
　　☑生活費不足
　　□住宅ローン

□教育費
　　　□浪費等（飲食・飲酒，投資・投機，商品購入，ギャンブル等）
　　　□事業（店）の経営破綻（ネットワークビジネス・マルチ商法等の破綻も含む。）
　　　□他人（会社，知人等）の債務保証
　　　☑その他　仕事上の接待費の立替　　　　　　　　　　　　　　　　

2　借金を返済できなくなったきっかけは，次のとおりである（複数選択可）。
　　　☑収入以上の返済金額
　　　□解雇
　　　☑給料の減額
　　　□病気等による入院
　　　□その他　　　　　　　

3　支払不能になった時期は，平成19年6月ころであり，そのころの月々の約定返済額は，計200,000円である。

4　具体的事情（生活費不足の場合には，当時の月収と，1か月あたりの生活費及び債務弁済月額等をなるべく具体的に記載してください。）

年月日	内容

第2章 消費者破産の申立て

```
-----------------------------------
-----------------------------------

-----------------------------------
```

第3 免責不許可事由に関する報告

1 浪費等（当時の資産・収入に見合わない過大な支出又は賭博その他の射倖行為をしたことの有無 破産法252条1項4号関係）
【□有 ☑無】

	内　容	時　　期	回数・品名等	金　額　等
□	飲　食 飲　酒 (概ね1回2万円以上のもの)	年　　月 ～ 　　年　　月	回／月 (多い月で　　回)	円／月 (多い月で　　円) 合計　　　　円
□	投資・投機及びネットワークビジネス・マルチ商法等	年　　月 ～ 　　年　　月	□不動産 □株式 □商品取引 □その他（　　）	合計　　　　円 損をした額　　　円
		年　　月 ～ 　　年　　月	□不動産 □株式 □商品取引 □その他（　　）	
□	商品購入 (自動車,電器製品,貴金属,衣服,等)(過去3年間購入価格10万円以上)	年　　月	品名	円 (現在ある場所)
		年　　月	品名	円 (現在ある場所)
		年　　月	品名	円 (現在ある場所)
		年　　月	品名	円 (現在ある場所)
□	ギャンブル			
	□パチンコ 　パチスロ	年　　月 ～ 　　年　　月	回／月 (多い月で　　回)	円 (多い月で　　円)

III 申立て

				合計　　　　円
□競馬 □競輪 □競艇	年　月 ～ 　年　月	回／月 （多い月で　回）	（多い月で　円） 合計	円 円 円
□その他 (麻雀,宝くじ等)	年　月 ～ 　年　月	回／月 （多い月で　回）	（多い月で　円） 合計	円 円 円
□ その他	年　月 ～ 　年　月	回／月 （多い月で　回）	（多い月で　円） 合計	円 円 円

2　廉価処分（信用取引によって商品を購入し著しく不利益な条件で処分したことの有無　破産法252条1項2号関係）　　　　　【□有　☑無】

品　名	購入時期	購入価格	処分時期	処分価格

3　偏頗行為（支払不能になっていることを知りながら，一部の債権者に偏頗的な行為（非本旨弁済等）をしたことの有無　破産法252条1項3号関係）　　　　　　　　　　　　　　　　　　　　　　　　【□有　☑無】

時　期	相手の氏名等	非本旨弁済額
		円
		円

4　詐術（破産申立前1年内に他人の名前を勝手に使ったり，生年月日，住所，負債額及び信用状態等について誤信させて，借金をしたり信用取引をしたことの有無　破産法252条1項5号関係）　　　　　【□有　☑無】

時　期	相手の氏名等	金　額	詐術の態様
		円	
		円	
		円	

49

5　過去の免責等に関する状況（破産法252条1項10号関係）
　①　申立前7年内に破産免責手続を利用して免責の決定が確定したこと
　　　　　　　　　　　　　　　　　　　　　　　　　　　【□有　☑無】
　　＿＿＿＿地方裁判所＿＿＿＿＿＿支部
　　平成＿＿＿＿年(ｱ)第＿＿＿＿＿＿号・平成＿＿＿＿年(ﾓ)第＿＿＿＿＿＿号
　　免責決定確定日　平成＿＿＿＿年＿＿＿＿月＿＿＿＿日
　②ア　申立前7年内に給与所得者等再生手続を利用して、再生計画に定められた弁済を終了したこと　　　　　　　　　　　　　　【□有　☑無】
　　イ　申立前7年内に個人再生手続を利用したが、再生計画の遂行が極めて困難となり、免責の決定を受けたこと　　　　　　　　【□有　☑無】
　　＿＿＿＿地方裁判所＿＿＿＿＿＿支部　　平成＿＿＿年（再　）第＿＿＿＿＿＿号
　　再生計画認可決定確定日　平成＿＿＿年＿＿＿月＿＿＿日
　　（イの場合のみ)平成＿＿＿年(ﾓ)第＿＿＿＿＿＿号

6　その他破産法所定の免責不許可事由に該当する行為の有無　【□有　☑無】
　　その具体的行為
　　＿＿＿＿＿＿＿＿＿＿＿＿＿＿＿＿＿＿＿＿＿＿＿＿＿＿＿＿＿＿＿＿＿＿
　　＿＿＿＿＿＿＿＿＿＿＿＿＿＿＿＿＿＿＿＿＿＿＿＿＿＿＿＿＿＿＿＿＿＿
　　＿＿＿＿＿＿＿＿＿＿＿＿＿＿＿＿＿＿＿＿＿＿＿＿＿＿＿＿＿＿＿＿＿＿
　　＿＿＿＿＿＿＿＿＿＿＿＿＿＿＿＿＿＿＿＿＿＿＿＿＿＿＿＿＿＿＿＿＿＿
　　＿＿＿＿＿＿＿＿＿＿＿＿＿＿＿＿＿＿＿＿＿＿＿＿＿＿＿＿＿＿＿＿＿＿

7　上記1から6に記載した場合であっても、免責不許可事由に該当しない、または、裁量により免責され得る事情の有無　　　　【□有　☑無】
　　その具体的事由
　　＿＿＿＿＿＿＿＿＿＿＿＿＿＿＿＿＿＿＿＿＿＿＿＿＿＿＿＿＿＿＿＿＿＿
　　＿＿＿＿＿＿＿＿＿＿＿＿＿＿＿＿＿＿＿＿＿＿＿＿＿＿＿＿＿＿＿＿＿＿
　　＿＿＿＿＿＿＿＿＿＿＿＿＿＿＿＿＿＿＿＿＿＿＿＿＿＿＿＿＿＿＿＿＿＿
　　＿＿＿＿＿＿＿＿＿＿＿＿＿＿＿＿＿＿＿＿＿＿＿＿＿＿＿＿＿＿＿＿＿＿
　　＿＿＿＿＿＿＿＿＿＿＿＿＿＿＿＿＿＿＿＿＿＿＿＿＿＿＿＿＿＿＿＿＿＿

8 債権調査票に具体的事実を指摘した意見の記載があったときは，それに対する反論（債権者一覧表の債権者番号・債権者名を特定して記載してください。）

【書式11】 家計収支表

家 計 収 支 表

(単位：円)

	申立前2か月分→	19年7月分	19年8月分
	前月からの繰越		17,000
	給　与（申立人分）	300,000	300,000
	給　与（配偶者分）		
	給　与（　　　　　分）		
	自営収入（申立人分）		
	自営収入（　　　　　分）		

収入	年　金（申立人分）		
	年　金（　　　　分）		
	雇用保険（　　　　分）		
	生活保護（　　　　分）		
	児童（扶養）手当		
	援　助（　　　から）		
	借入れ（　　　　）		
	その他（　　　　）		
	その他（　　　　）		
	合　　計	300,000	317,100
支出	住居費（家賃，地代）	100,000	100,000
	駐車場代（車名義：申立人）	20,000	20,000
	食　費	80,000	80,000
	嗜好品代	10,000	10,000
	外食費	10,000	10,000
	電気代	8,000	8,000
	ガス代	8,000	8,000
	水道代	10,000	
	電話料金（携帯電話代含む）	10,000	10,000
	新聞代	3,900	3,900
	国民健康保険料（国民年金）		
	保険料（任意加入）	8,000	8,000
	ガソリン代（車名義：申立人）	10,000	10,000
	交通費		
	医療費		
	被服費	5,000	
	教育費		
	交際費（　　　　）		
	娯楽費（　　　　）		
	債務返済実額（申立人分）		

債務返済実額（同居者分）		
その他（　　　　　　）		
その他（　　　　　　）		
翌月への繰越	17,100	49,200
合　　計	300,000	317,100

【書式12】　事業に関する報告書

```
                                平成　　年　　月　　日

              事業に関する報告書

                □第6民事部
   大阪地方裁判所                 御中
                □　　　　支部


                   申立代理人印　＿＿＿＿＿＿＿＿＿＿　印


 1  事業名称                              【□有　□無】
     その店名・屋号
 2  事業所所在地（□自宅兼店舗である。）
    ＿＿＿＿＿＿＿＿＿＿＿＿＿＿＿＿＿＿＿＿＿＿＿＿＿＿＿＿＿＿
 3  事業用賃借物件（営業所，店舗，倉庫）の有無   【□有　□無】
     その物件での賃料の滞納の有無              【□有　□無】
       その滞納賃料　＿＿＿＿＿＿か月分　合計＿＿＿＿＿＿円
       その明渡しの有無                    【□有　□無】
 4  具体的な事業の内容
    ＿＿＿＿＿＿＿＿＿＿＿＿＿＿＿＿＿＿＿＿＿＿＿＿＿＿＿＿＿＿
    ＿＿＿＿＿＿＿＿＿＿＿＿＿＿＿＿＿＿＿＿＿＿＿＿＿＿＿＿＿＿
 5  事業期間
     昭和・平成　　年　　月～昭和・平成　　年　　月
     現時点での事業の継続の有無               【□有　□無】
 6  過去3年間の年度別の営業状況
```

第2章　消費者破産の申立て

年度(平成)	売上(年間)	経費(年間)	従業員数
	円	円	人
	円	円	人
	円	円	人

7　事業用の資産（□事業用設備・機械，□什器備品，□車両，□在庫，□その他）の有無　　　　　　　　　　　　　　　　　　【□有　□無】
　　　その評価額　　　　　　　　　　　　合計＿＿＿＿＿＿＿円

8　廃業時（営業を継続している場合には現在）の従業員の有無
　　　　　　　　　　　　　　　　　　　　　　　　　　【□有　□無】
　　　その従業員に対する未払賃金の有無　　　　　【□有　□無】
　　　その未払賃金の合計額・未払の期間
　　　＿＿＿＿＿＿＿＿＿＿＿＿＿＿＿＿＿＿＿＿＿＿＿＿＿＿

9　公租公課（税金や社会保険料）の滞納の有無　　【□有　□無】
　　　その滞納額　　　　　　　　　　　　合計＿＿＿＿＿＿＿円

10　売掛金等（事業により生じ，現在までに回収していない債権）の有無
　　　　　　　　　　　　　　　　　　　　　　　　　　【□有　□無】

相手の名前	金額(円)	時　期	回収見込み	回収できない理由
		年　月	□有　□無	
		年　月	□有　□無	
		年　月	□有　□無	

【書式13】 破産同時廃止申立てチェックリスト

平成○○年○○月○○日

破産同時廃止申立てチェックリスト

大阪地方裁判所　☑第6民事部
　　　　　　　　□　　　　支部　御中

　　　　　　　　　　　　　申立代理人　○　○　○　○　印

【チェックリストの利用方法について】
　このチェックリストは，申立書等の作成に当たり，これを使用して申立人と打合せをし，各項目をチェック（確認・調査・検討）することにより，申立代理人が申立書等を正確に作成する便宜を図るためのものです。
　各チェック項目は，申立書等を作成する際に，申立代理人として最低限チェックしていただきたい事項を列挙したものですので，申立書等の完成時には，必要な項目のすべてにチェックがされているようにお願いします。なお，「～場合」との条件を付したチェック項目（一文字分段落下げがされている。）については，その場合に当てはまるときのみチェックしてください。もっとも，チェック項目にない事項でも，事案に応じて必要と思われるものは，申立代理人において確認・調査・検討していただく必要があります。
　以上の趣旨を御理解いただき，このチェックリストの□及び□にチェック（レ点又は■）を入れ，申立書等とともに提出されるようお願いします。

破産申立書の記載

　破産申立書（1枚のもの）の作成に当たり，誤解等が生じる事項をチェック項目として列挙しましたので，必ず確認するようにしてください。

申立人氏名，年齢，本籍・国籍，住居所，連絡先
☑以下の点を確認して申立人氏名，年齢，本籍・国籍，住居所，連絡先を記載した。
　　☑旧姓で借入れをしたことがないか
　　　　□ある場合，旧姓を所定の欄に記載したか

申立ての理由・参考事項

☑以下の点を確認して申立ての理由，参考事項を記載した。

　☑「申立ての理由」欄について，収集した債権資料を基に債権者の人数及び総債務額を確認したか（この場合，公租公課については，人数及び総債務額に算入しません。）

負債関係の調査（債権者一覧表）

　債権者一覧表は，現在の債務者の債務額等を知るための基本的な資料です。各項目の内容に従って慎重にチェック（確認・調査・検討）してください。

「住所」・「債権者名」欄

☑以下の点を確認して「住所」・「債権者名」を記載した。

　☑貸付日の古いものから順に記載されているか

　☑例えば，勤務先からの借入れ，家賃の滞納分，親族からの借入れ，保証債務等を失念していないか

　☑申立費用を借入れで調達していないか（しているときは，債権者として忘れずに記載してください。）

「借入・購入等の日」，「現在の債務額」欄

☑以下の点を確認して「借入・購入等の日」，「現在の債務額」を記載した。

　☑債権調査票等の記載と一致しているか

　☑借入れを継続的に行ってきた債権者はないか（あるときは，最初と最後の取引年月日（購入日や借入日。最後の返済日や代位弁済日のことではありません。）を記載してください。）

　☑債権調査票等から正確な年月日や金額が判明しない貸付けはないか（あるときは，申立人からの聴取に基づいて，分かる範囲で記載してください。）。

　☐再生計画認可決定が確定したものの，当初予定していた支払が困難な状況に陥り，認可決定が取り消されないまま破産申立てに至った場合

　　☐権利変更後の債権額から再生計画に基づいて弁済した金額を控除した額を記載したか（再生計画認可決定が確定したものの，後に再生計画が取り消された場合には，権利変更前の債権額から再生計画に基づいて弁済した金額を控除した額を記載してください。）

「使途」欄

例えば,「使途」欄には「生活費」又は「返済」と記載されているが,実際には,ギャンブルによって生活費や返済資金が不足したために借入れをしたことが,審尋の結果判明する例が少なくありません(この場合,使途は「飲食交際遊興費」としてください。)。使途の記載は,財産や免責不許可事由の有無を判断する上で大変重要ですので,このようなことのないよう,選択項目の各使途の意義(以下に記載)や各チェック項目の内容を踏まえて,正確に「使途欄」を選択してください。(重複選択可)

☑以下の点を確認して「使途」を選択した。

「住宅ローン」
＝住宅を購入するために資金の借入れをした場合

「購入」
＝自動車,電気製品,貴金属,衣服,健康製品等の高価品の購入のために借入れをした場合(生活必需品の購入は除く。)
　☑債権調査票に立替金の記載はないか(記載があるときは,通常「購入」であることが多いので注意してください。)
　☑契約書やカード利用明細書等の債権資料から「購入」がうかがわれないか(例えば,「オートローン」,「電気製品のローン」等の記載)

「飲食交際遊興費」
　☑カード利用明細書等から「飲食交際遊興費」がうかがわれないか(例えば,ラウンジやエステティックサロンの利用代金の記載)

「返済」
＝主に返済のために借入れをした場合
　☑借入額の大部分が,他の債務の元金・利息の返済に充てられているか

「生活費」
＝住宅ローン・購入・飲食交際遊興費・返済以外の理由で,生活を維持するために借入れをした場合

「保証」
＝他人の債務の保証をした場合
　☑債権調査票に「保証」の記載はないか

「備考」欄
☑以下の点を確認して「備考」に記載した。

☑「債権者名」欄が法人ではなく個人になっていないか
　　□個人の場合，申立人との関係を記載したか（例えば，金融業者，友人，使用者等）
☑使途を確認し，備考欄の記載の要否を検討したか
　使途欄の
　　☑「購入」がチェックされている場合，物品名，購入金額，購入日及びその物品の現状（自宅保管，質入れ，売却）を記載したか
　　　☑所有権留保付きである場合，「所有権留保付○○返還済」，「所有権留保付○○売却済・売却先○○㈱」などと記載したか
　　☑「保証」がチェックされている場合，主債務者名を，申立人との関係とともに記載したか
　　☑「その他」がチェックされている場合，その具体的内容を記載したか
　□再生計画認可決定が確定したものの，当初予定していた支払が困難な状況に陥り，破産申立てに至った場合
　　□備考欄に再生計画により権利変更された旨を注記したか

「調査票」「意見」欄
☑以下の点を確認して，「調査票」，「意見」の有無をチェックした。
　☑債権調査票（裁判所提出用書式でない場合も）による回答があった全債権者について，「債権調査」欄の「□有」をチェックしたか
　☑債権調査票上，具体的な事実を指摘した意見が記載されていないか
　　□そのような意見がある場合，当該債権者について，「意見」欄の「□有」をチェックしたか（併せて，報告書の8項に反論を記載するようにしてください。）

財産関係の調査（財産目録）

　財産目録は，債務者の財産状態や破産財団を構成すべき財産の有無を判断するための重要な資料です。各チェック項目は，<u>各財産の存在をうかがわせる事情や財産を確認するために必要な調査方法</u>でありながら，見落とされたり，懈怠されていることが少なくないものですから，忘れずにチェックしてください。

現金（5万円以上）
☑現金の有無につき，以下の項目を検討し，「財産目録」1に記載した。

☐家計収支表に５万円以上の剰余（収入と支出の合計額の差）がないか
☐通帳に一度に５０万円以上の引き出し（申立前６か月以内）の記載がないか
☐申立前６か月以内に一度に５０万円以上の現金を受領していないか（退職金や解雇予告手当等を受給している場合（労働者健康福祉機構の立替払も含む。）には，使途を十分に確認してください。）

預貯金（銀行以外の金融機関に対するものを含む。）
☐預貯金の有無につき，以下の項目を検討し，「財産目録」２に記載した。
　☐標準資料一覧表所定の通帳の有無を確認したか
　☐普通預金通帳に定期預金への積立ての記載がないか（定期預金通帳を確認し，その残高を記載してください。なお，通帳の写しの提出に当たっては，定期預金部分のコピーも忘れずに付けてください。）
　☐なお，通帳は２週間以内に記帳したものか，また，一括記載がある場合には取引明細書を取り寄せたか

保険（生命保険，火災保険，自動車保険等）
☐現在，過去を問わず，保険契約を締結していないか等につき，以下の項目を検討し，「財産目録」３に記載した。
　☐通帳に保険料の引き落としの記載はないか，家計収支表に保険料の支払いの記載がないか
　☐通帳記載の引き落としの金額・口数と生命保険証書・返戻金証明書等の金額・口数が一致しているか
　☐確定申告書の控え，源泉徴収票又は給与明細書に「生命保険料控除」の記載はないか
☐失効・解約した保険も含めて，解約返戻金の調査をしたか
　　☐継続中の保険がある場合
　　　☐保険証書の解約返戻金に関する定めを確認したか
　　　☐保険会社から，これに関する証明書等の交付を受けたか（ただし，保険の種類等から返戻金がないことが明らかな場合は不要です。）
　　　☐申立前２年以内に保険を解約していないか（しているときは，解約返戻金の使途を所定の欄にチェックしてください。）

積立金等（社内積立て，財形貯蓄等）

☑積立金等がないかにつき，以下の項目を検討し，「財産目録」4に記載した。
　　☑給与明細書に「社内積立て」，「財形貯蓄」等の記載はないか
　　☑通帳に積立金の引き落としの記載はないか（互助会等の積立てが判明する場合があります。）

賃借保証金・敷金
☑賃借保証金等がないかにつき，以下の項目を検討し，「財産目録」5に記載した。
　　☑自宅，作業場，駐車場等を申立人本人名義で賃借していないか（賃借している場合には必ず賃貸借契約書等を確認してください。）

貸付金，求償金等
☑貸付金等がないかにつき，以下の項目を検討し，「財産目録」6に記載した。
　　☑会社に対し事業資金を貸し付けていないか（会社代表者，その親族，従業員等の場合は特に注意してください。個人事業者の売掛金については事業に関する報告書に記載してください。）
　　☐ある場合，回収見込み等を具体的に調査したか
　　☑保証債務を履行していないか（しているときは，求償金の回収可能性について調査してください。）

退職金
☑退職金がないかにつき，以下の項目を検討し，「財産目録」7に記載した。
　　☑5年以上勤務歴はないか（なお，申立前2年以内に退職金を受領していたときは，受領年月日を所定の欄に記載してください。未受領のときは，次の点を確認し，見込額を記載してください。）
　　　　☑ある場合，退職金見込額（0円の場合も）の証明書の提出を勤務先に求めたか
　　　　☑上記証明書の収集が困難である場合，就業規則（退職金支給規程）を収集し，その内容を確認したか
　　　　☑上記いずれの書類も収集できなかった場合，退職金支給に係る，勤務先の従来からの実情を，勤務先や申立人等に確認したか

不動産
☑不動産の所有につき，以下の項目を検討し，「財産目録」8に記載した。
　　☑債権者一覧表に「住宅ローン」の記載はないか

☑相続している不動産はないか（あるときは，登記名義のいかんを問わず，目録に記載してください。遺産分割協議を行っている場合でも，その旨の登記がないときは同様です。）
☐借地上建物の評価額の算定に当たって敷地利用権の価格（敷地の固定資産評価証明書の額の5割以上）を考慮したか（考慮しないまま評価額が記載されている場合がありますので注意してください。）

自動車
☑自動車の所有につき，以下の項目を検討し，「財産目録」9に記載した。
　☑家計収支に駐車場代やガソリン代の支出の記載はないか
　☑通帳に自動車の損害保険料や日本自動車連盟（JAF）の会費の引き落としの記載はないか
　☑車検証又は登録事項証明書を確認したか（初年度登録から7年以内の場合又は新車時の車両本体価格が300万円以上の場合は，査定書を収集し，その金額を「時価」欄に記載してください。）

その他の動産（申立時10万円以上）
☑他の動産の所有につき，以下の項目を検討し，「財産目録」10に記載した。
　☑債権者一覧表に動産の「購入」の記載はないか
　☑家財保険や動産保険に加入していないか

その他の財産（申立時10万円以上）
☑他の財産が所有につき，以下の項目を検討し，「財産目録」11に記載した。
　☑株取引，先物取引をしていたか（該当するときには，預入証拠金や担保株式等がないかを確認してください。）
　☑給与明細書に「社員持株会」の控除はないか
　☑ゴルフ会員権・リゾート会員権等をもっていないか

過去2年以内の財産処分（20万円以上）
☑過去2年以内の財産処分があるかにつき，以下の項目を検討し，「財産目録」12に記載した。
　☑保険の契約者貸付けを受けていないか
　☑退職金を受領していないか（しているときは，「処分時期」に受領時期，「処分額」に受領金額を記載するほか，その「使途」「相手方」を明確にしてください。）

- ☑不動産や自動車を処分していないか
- ☑最近離婚していないか
  - □離婚している場合，財産分与や慰謝料の支払をしていないか（しているときは，「処分時期」に分与等のされた時期，「処分額」に分与等の額を記載するほか，その「相手方」を明確にしてください。）
  - □離婚している場合，離婚した配偶者に名義変更がされている不動産はないか（あるときは，財産分与として記載し，特段の事情があるときは，その旨を別途上申してください。）
- ☑贈与はされてないか（されているときは，「処分時期」に贈与時期，「処分額」に贈与金額を記載するほか，「相手方」を明記してください。）
- ☑子供のため学費や婚姻費用を負担していないか
- ☑所有不動産の名義が親族等に移転されていないか

偏頗弁済等

- ☑偏頗弁済等がないかにつき，以下の項目を検討し，「財産目録」13に記載した。
  - ☑家計収支表に偏頗弁済をうかがわせる記載（知人や親族への合計２０万円以上の返済等）はないか
  - ☑債権調査票の「最後の返済」欄の記載から，一部債権者のみに合計２０万円以上支払っている事実が認められないか（認められる場合は，偏頗弁済等として記載し，特段の事情があるときは，その旨を別途上申してください。）

破産原因，免責不許可事由等に関する報告（報告書）

　免責不許可事由の有無については，債権者一覧表や事実経過の記載内容と明らかに矛盾しているにもかかわらず，単に「無」と選択して申し立てられる場合が少なくありません。報告書は，免責の許否を判断するための基本的な資料ですから，申立代理人において，各チェック項目を参考にしながら，当事者の申述内容を批判的に御検討いただくように，お願いします。

申立人の経歴等

- ☑申立人の経歴等につき，以下の項目を調査の上，報告書の第１に記載した。
  - ☑「職歴」欄は，現在の就業状況から過去に遡る方法で，申立ての７年前ま

で漏れなく記載されているか
　　　□現在無職の場合，職歴欄1段目の「□無職」をチェックしたか
　　☑「同居者並びに別居の親及び子の状況」欄に，同居者については，親族関係の有無を問わず全員が，別居の親族については，親及び子（配偶者の親及び子で養親子関係のない場合を除く。）の全員が漏れなく記載されているか

破産の申立てに至った事情
☑破産申立てに至った事情につき，以下の項目を検討の上，報告書の第2に記載した。
　☑多額の借金をした理由について，収入が職歴の平均収入に照らせば生活を賄えるはずであるのに，安易に生活費不足を選択していないか
　☑支払不能になった時期はいつか（申立代理人において，申立てに至る経緯等を踏まえて，支払不能時期を特定した上，本欄所定の場所に記載してください。）
　☑「具体的事情」欄は，過去から破産申立てに至るまで時系列に従って分かりやすく（生活費不足，事業の経営破綻等の具体的理由が分かるように）記載されているか（申立人から聴取した結果が，他欄の記載内容と齟齬がないか検討の上，とりまとめて記載してください。この欄の記載が不十分ですと，速やかな判断がされない場合があります。）
□再生計画認可決定が確定したものの，当初予定していた支払が困難な状況に陥り，破産申立てに至った場合
　□事件番号，確定年月日，担当係を記載するほか，債務者が支払不能の状態にあることを基礎付ける具体的事実について説明がなされているか。（支払いが継続できている段階はもとより，数回怠った程度の段階においても支払不能を認定することは困難な場合が多いと考えられます。）

浪費等
　当時の資産・収入に見合わない過大な支出又は賭博その他の射倖行為をしたことの有無（破産法252条1項4号関係）につき調査した結果を本欄に記載してください。なお，本欄は，金額や回数の多寡を問わず（評価を加えずに）記載するようお願いします。
☑浪費等につき，以下の項目を検討の上，報告書の第3・1に記載した。

☑債権者一覧表の使途欄に「購入」「飲食交際遊興費」とあって、50万円以上のものはないか（あるときは、本欄に必ず記載してください。）
☑家計収支表に不相当に高額な支出の記載はないか
☑ギャンブルに関する申立人の申述内容に不合理な点は認められないか（通帳に宝くじや競馬（NCK名義）のための引き落としの記載があることがあります。）

廉価処分

　信用取引によって商品を購入し著しく不利益な条件で処分したこと（破産法252条1項2号関係）につき調査した結果を本欄に記載してください。
☑廉価処分につき、以下を検討の上、報告書の第3・2に記載した。
　　☑申立前2年以内の時期に、廉価処分を行っていないか（この時期の廉価処分は、総債権者の利益に反する場合があるので、本欄に記載してください。）

偏頗行為

　支払不能になっていることを知りながら、一部の債権者に偏頗的な行為（非本旨弁済等）をしたこと（破産法252条1項3号関係）につき調査した結果を本欄に記載してください。
☑偏頗行為につき、以下の項目を検討の上、報告書の第3・3に記載した。
　　☑知人や親族等へ合計20万円以上の非本旨弁済をしていないか（例えば、家計収支表にその旨の記載がある場合があります。）
　　☑申立直前に不自然な（根）抵当権や所有権移転仮登記の設定登記がされていないか（否認対象行為がないか、不動産登記簿を必ず確認してください。）

詐術

　破産申立前1年以内に他人の名義を勝手に使ったり、生年月日、住所、負債額及び信用状態等について誤信させて、借金をしたり信用取引をしたこと（破産法252条1項5号関係）につき調査した結果を本欄に記載してください。
☑詐術につき、以下の項目を検討の上、報告書の第3・4に記載した。
　　☑債権者一覧表の「借入・購入等の日」の新しいもの（破産申立1年以内）で、支払不能後のものはないか
　　　☐ある場合、名前、生年月日、住所、負債額及び信用状態等について虚偽

の事実を述べて借入れを行っていないか（態様の積極性いかんにかかわらず，報告書に記載してください。負債額が多額で，通常借入れが困難な時期に借入れが行われている場合は，特に留意してください。)
☑換金目的でクレジットカードにより商品を購入していないか（このときは詐術に該当することが多いので，本欄に記載するようにしてください。）
☑カードの利用明細に高額な新幹線チケットや高速券の購入の記載はないか（あるときは，換金目的であることが多いので確認してください。）

世帯の収支に関する調査（家計収支表）

☑以下の点を確認の上，家計収支表を作成した。
　☑同一世帯分がまとめて記載されているか
　☑申立前2か月分が記載されているか
　☑駐車場代，ガソリン代の支出がある場合に，自動車の名義人の名前が記載されているか
　☑支出欄の教育費，交際費，娯楽費についてその内容が具体的に記載されているか
　☑毎月の収入と支出の各合計額が同じ金額になるように，翌月への繰越欄を記載しているか

事業に関する報告書

現在個人事業者である場合，又は申立前6か月以内に個人事業者であった場合には，以下の点を特に確認して事業に関する報告書を作成してください。その際，事業に関する具体的な事情（どのような内容の事業か，その規模，なぜ負債が増えていったか，その時期，資産の処分状況等）については，分かりやすく「報告書」の「第2　破産申立てに至った事情」の「3　具体的事情」欄に記載してください。

事業用賃借物件の有無
□事業用賃借物件の有無につき，以下の項目を検討の上記載した。
　□事業用の賃借物件（営業所，店舗，倉庫）が現在又は過去にあったか
　　□ある（あった）場合，明け渡したかどうか（明渡し済みのときは，「事業用賃借物件の有無」の「□無」をチェックしてください。）

　　　　□明渡し済みの場合，保証金は返還されたか（返還されているときは，具体的な使途等を「報告書」の「第2　破産申立てに至った事情」の「3　具体的事情」欄に記載してください。返還されていないときは，契約書等を確認して，その返戻金額等を，「財産目録」の「5　賃借保証金・敷金」欄に記載してください。）

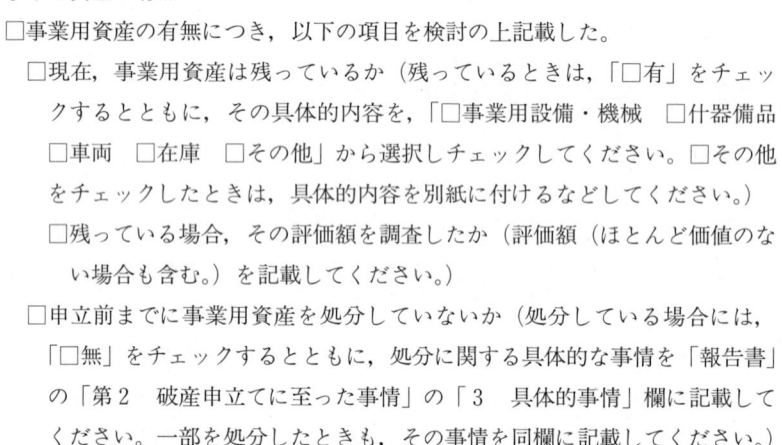

事業用資産の有無
□事業用資産の有無につき，以下の項目を検討の上記載した。
　□現在，事業用資産は残っているか（残っているときは，「□有」をチェックするとともに，その具体的内容を，「□事業用設備・機械　□什器備品　□車両　□在庫　□その他」から選択しチェックしてください。□その他をチェックしたときは，具体的内容を別紙に付けるなどしてください。）
　□残っている場合，その評価額を調査したか（評価額（ほとんど価値のない場合も含む。）を記載してください。）
　□申立前までに事業用資産を処分していないか（処分している場合には，「□無」をチェックするとともに，処分に関する具体的な事情を「報告書」の「第2　破産申立てに至った事情」の「3　具体的事情」欄に記載してください。一部を処分したときも，その事情を同欄に記載してください。）

☑以上を含め，当事者からの聴取結果や収集書類に記載された事実と，財産目録，報告書に記載した内容に齟齬はありません。（各書式の記載欄が足りない場合や調査の結果について特に指摘すべき点がある場合は，適宜別紙を用いるなどして説明してください。）
☑「～の場合」という条件が付されたチェック項目については，その場合に当てはまるかどうかを確認の上，当てはまる場合のみチェックし，それ以外の項目はすべてチェックしました。

【書式14】 破産手続開始・免責許可申立書〔東京地裁〕

破産手続開始・免責許可申立書

平成　　年　　月　　日

|印紙　1500円|
|郵券　4000円|
|係印|備考|

印紙 1500円

（ふりがな）
申立人氏名：＿＿＿＿＿＿＿＿＿＿＿＿

（ふりがな）　　　　　　（ふりがな）
（□旧姓＿＿＿＿＿＿＿　□通称名＿＿＿＿＿＿＿　旧姓・通称で
　　　　　　　　　　　　　　　　　　　　　　　　借入した場合のみ）

生年月日：大・昭・平　　年　　月　　日生（　　歳）
本　　籍：別添住民票記載のとおり
現住所：□別添住民票記載のとおり（〒　　－　　）　※郵便番号は
　　　　　　　　　　　　　　　　　　　　　　　　　必ず記入すること
　　　　□住民票と異なる場合：〒　　－＿＿＿＿＿＿＿＿＿＿＿
現居所（住所と別に居所がある場合）〒　　－＿＿＿
申立人代理人（代理人が複数いる場合には主任代理人を明記すること）
　事務所（送達場所），電話，ファクシミリ，代理人氏名・印
　　　　　　　　　〒〇〇〇－〇〇〇〇
　　　　　　　　　東京都〇〇区〇〇町〇〇丁目〇〇番〇〇号
　　　　　　　　　〇〇法律事務所
　　　　　　　　　TEL　03－〇〇〇〇－〇〇〇〇
　　　　　　　　　FAX　03－〇〇〇〇－〇〇〇〇
　　　　　　　　　申立人代理人弁護士〇　〇　〇　〇

申　立　て　の　趣　旨

1　申立人について破産手続を開始する。
2　申立人（破産者）について免責を許可する。

申　立　て　の　理　由

　申立人は，添付の債権者一覧表のとおりの債務を負担しているが，添付の陳

述書及び資産目録記載のとおり，支払不能状態にある。

手続についての意見：□同時廃止　　□管財手続
即日面接（申立日から3日以内）の希望の有無：□希望する　□希望しない
　・生活保護受給【無・有】→□生活保護受給証明書の写し
　・所有不動産　【無・有】→□オーバーローンの定形上申書あり（　　倍）

【書式15】　資産目録

資産目録（一覧）

　下記1からの16項目についてはあってもなくてもその旨を確実に記載します。
　【有】と記載したものは，別紙（明細）にその部分だけを補充して記載します。
＊預貯金は，解約の有無及び残額の多寡にかかわらず，過去2年以内の取引の明細がわかるように，各通帳の表紙を含め全ページの写しを提出します。
＊現在事業を営んでいる人又は過去2年以内に事業を営んでいたことがある人は過去2年度分の所得税の確定申告書の写しを，会社代表者の場合は過去2年度分の確定申告書及び決算書の写しを，それぞれ提出します。

1　申立時に20万円以上の現金がありますか。　　　　　【有　　無】
2　預金・貯金　　　　　　　　　　　　　　　　　　　【有　　無】
　□過去2年以内に口座を保有したことがない。
3　公的扶助（生活保護，各種扶助，年金など）の受給　【有　　無】
4　報酬・賃金（給料・賞与など）　　　　　　　　　　【有　　無】
5　退職金請求権・退職慰労金　　　　　　　　　　　　【有　　無】
6　貸付金・売掛金等　　　　　　　　　　　　　　　　【有　　無】
7　積立金等（社内積立，財形貯蓄，事業保証金など）　【有　　無】
8　保険（生命保険，傷害保険，火災保険，自動車保険など）【有　　無】
9　有価証券(手形・小切手，株券，転換社債)，ゴルフ会員権など【有　　無】
10　自動車・バイク等　　　　　　　　　　　　　　　　【有　　無】
11　過去5年間において，購入価格が20万円以上の物　　【有　　無】
　　（貴金属，美術品，パソコン，着物など）

Ⅲ　申立て

12	過去2年間に処分した評価額又は処分額が20万円以上の財産	【有　無】
13	不動産（土地・建物・マンション）	【有　無】
14	相続財産（遺産分割未了の場合も含みます）	【有　無】
15	事業設備，在庫品，什器備品等	【有　無】
16	その他，破産管財人の調査によっては回収が可能となる財産	【有　無】

　　□過払いによる不当利得返還請求権　□否認権行使　□その他

資産目録（明細）

＊該当する項目部分のみを記載して提出します。記入欄に記載しきれないときは，適宜記入欄を加えるなどして記載してください。

1　現　金　　　　　　　　　　　　　　　　＿＿＿＿＿＿円
　＊申立時に20万円以上の現金があれば全額を記載します。

2　預金・貯金
　＊解約の有無及び残額の多寡にかかわらず各通帳の表紙を含め，過去2年以内の取引の明細がわかるように全ページの写しを提出します。

金融機関・支店名（郵便局，証券会社を含む）	口座の種類	口座番号	申立時の残額
			円
			円

3　公的扶助（生活保護，各種扶助，年金など）の受給
　＊生活保護，各種扶助，年金などをもれなく記載します。
　＊受給証明書の写しも提出します。
　＊金額は，一か月に換算してください。

種　類	金　額	開　始　時　期	受給者の名前
	円／月	平・昭　年　月　日	
	円／月	平・昭　年　月　日	

69

4 報酬・賃金（給料・賞与など）
 ＊給料・賞与等の支給金額だけでなく，支給日も記載します（月払いの給料は，毎月〇日と記載し，賞与は，直近の支給日を記載します）。
 ＊最近2か月分の給与明細及び源泉徴収票又は過去2年度分の確定申告書の各写しを提出します。源泉徴収票のない人，確定申告書の控えのない人，給与所得者で副収入のあった人又は修正申告をした人はこれらに代え又はこれらとともに課税（非課税）証明書を提出します。

種 類	支 給 日	支 給 額
		円
		円

5 退職金請求権・退職慰労金
 ＊退職金の見込額を明らかにするため，使用者又は代理人作成の退職金計算書を添付します。
 ＊退職後に退職金を未だ受領していない場合は4分の1相当額を記載します。

種 類	総支給額（見込額）	8分の1（4分の1）相当額
	円	円

6 貸付金・売掛金等
 ＊相手の名前，金額，発生時期，回収見込の有無及び回収できない理由を記載します。
 ＊金額は，回収可能な金額です。

相 手 方	金額	発 生 時 期	回収見込	回収不能の理由
	円	平・昭　年　月　日	□有□無	
	円	平・昭　年　月　日	□有□無	

7 積立金等（社内積立，財形貯蓄，事業保証金など）
 ＊給与明細等に財形貯蓄等の計上がある場合は注意してください。

種 類	金 額	開 始 時 期
	円	平・昭　年　月　日

Ⅲ　申立て

8　保険（生命保険，傷害保険，火災保険，自動車保険など）
　＊申立人が契約者で，未解約のもの及び過去2年以内に失効したものを記載します（出捐者が債務者か否かを問いません。）。
　＊源泉徴収票，確定申告書等に生命保険料の控除がある場合や，家計や口座から保険料の支出をしている場合は，調査が必要です。解約して費消していた場合には，「12　過去2年間に処分した財産」に記載することになります。
　＊保険証券及び解約返戻金計算書の各写し，失効した場合にはその証明書（いずれも保険会社が作成します。）を提出します。

保険会社名	証券番号	解約返戻金額
		円
		円

9　有価証券（手形・小切手，株券，転換社債），ゴルフ会員権など
　＊種類，取得時期，担保差入及び評価額を記載します。
　＊証券の写しも提出します。

種　　　類	取　得　時　期	担保差入	評価額
	平・昭　年　月　日	□有□無	円
	平・昭　年　月　日	□有□無	円

10　自動車・バイク等
　＊車名，購入金額，購入時期，年式，所有権留保の有無及び評価額を記載します。
　＊駐車場代・ガソリン代を家計から支出している人は調査が必要です。
　＊自動車検査証又は登録事項証明書の写しを提出します。

車　名	購入金額	購入時期	年式	所有権留保	評価額
	円	平・昭　年　月　日	年	□有□無	円
	円	平・昭　年　月　日	年	□有□無	円

11　過去5年間において，購入価格が20万円以上の物
　　（貴金属，美術品，パソコン，着物など）

＊品名，購入価格，取得時期及び評価額（時価）を記載します。

品　名	購入金額	取　得　時　期	評　価　額
	円	平成　年　月　日	円
	円	平成　年　月　日	円

12　過去2年間に処分した評価額又は処分額が20万円以上の財産

＊過去2年間に処分した財産で，評価額又は処分額のいずれかが20万円以上の財産をすべて記入します。

＊不動産の売却，自動車の売却，保険の解約，定期預金の解約，ボーナスの受領，退職金の受領，敷金の受領，離婚に伴う給付などを記入します。

＊処分に関する契約書・領収書の写しなど処分を証明する資料を提出します。

＊不動産を処分した場合には，処分したことがわかる登記簿謄本を提出します。

財産の種類	処　分　時　期	評価額	処分額	相手方	使　途
	平成　年　月　日	円	円		
	平成　年　月　日	円	円		

13　不動産（土地・建物・マンション）

＊不動産の所在地，種類（土地・借地権付建物・マンションなど）を記載します。

＊共有などの事情は，備考欄に記入します。

＊登記簿謄本を提出します。

＊オーバーローンの場合は，定形の上申書とその添付資料を提出します。

＊遺産分割未了の不動産も含みます。

不動産の所在地	種　　類	備　　考

14　相続財産

＊被相続人，続柄，相続時期及び相続した財産を記入します。

＊遺産分割未了の場合も含みます。

被相続人	続柄	相続時期	相続財産
		平・昭　年　月　日	
		平・昭　年　月　日	

15　事業設備，在庫品，什器備品等

　＊品名，個数，購入時期及び評価額を記載します。

　＊評価額の疎明資料も添付します。

品　名	個　教	購　入　時　期	評　価　額
		平・昭　年　月　日	円
		平・昭　年　月　日	円

16　その他，破産管財人の調査によっては回収が可能となる財産

　＊相手方の名前，金額及び時期などを記載します。

　＊現存していなくても回収可能な財産は，同時破産廃止の要件の認定資料になります。

　＊債務者又は申立代理人によって回収可能な財産のみならず，破産管財人の否認権行使によって回収可能な財産も破産財団になります。

　＊ほかの項目に該当しない財産（敷金，過払金，保証金など）もここに記入します。

相手方	金　額	時　　期	備　考
		平・昭　年　月　日	
		平・昭　年　月　日	

【書式16】　陳述書

申立人債務者＿＿＿＿＿＿＿＿＿＿に関する

　　□　陳述書（作成名義人は申立人＿＿＿＿＿＿＿＿＿＿＿＿＿＿印）

　　□　報告書（作成名義人は申立代理人＿＿＿＿＿＿＿＿＿＿＿＿印）

＊いずれか書きやすい形式で本書面を作成してください。

＊適宜，別紙を付けて補充してください。

第2章 消費者破産の申立て

1 過去10年前から現在に至る経歴　　　　　　　□補充あり

就　業　期　間	□自営 □勤め □パート・バイト □無 □他（　　）
就業先（会社名等）	地位・業務の内容
年　月～　　年　月	□自営 □勤め □パート・バイト □無 □他（　　）
年　月～　　年　月	□自営 □勤め □パート・バイト □無 □他（　　）
年　月～　　年　月	□自営 □勤め □パート・バイト □無 □他（　　）
年　月～　　年　月	□自営 □勤め □パート・バイト □無 □他（　　）

＊流れがわかるように時系列に記載します。

＊破産につながる事情を記載します。10年前というのは一応の目安にすぎません。

＊過去又は現在，法人の代表者の地位にある場合は，必ず記入します。

2　家族関係等　　　　　　　　　　　　　　　　□補充あり

氏　　　名	続柄	年齢	職　　業	同居

＊申立人の家計の収支に関係する範囲で書いてください。

＊続柄は申立人から見た関係を記入します。

＊同居の場合は，同居欄に○印を記入します。

3　現在の住居の状況　　　　　　　　　　　　　□補充あり

　　ア　申立人が賃借　　イ　親族・同居人が賃借　　ウ　申立人が所有・共有
　　エ　親族が所有　　　オ　その他（　　　　　　　　　　　　　　　　）

＊ア，イの場合は，次のうち該当するものに○印をつけてください。
　　　　a　民間賃借　　b　公営賃借　　c　社宅・寮・官舎
　　　　d　その他（_____）

4　今回の破産申立費用（弁護士費用を含む）の調達方法　　□補充あり
　　□申立人自身の収入　　□法律扶助協会
　　□親族・友人・知人・（_____）からの援助・借入
　　　（→その者は，援助金・貸付金が破産申立費用に使われることを
　　　　□知っていた　□知らなかった）
　　□その他_____

5　破産申立てに至った事情　　　　　　　　　　　　　□補充あり
　＊債務発生・増大の原因，支払不能に至る経過及び支払不能となった時期を，時系列でわかりやすく書いてください。
　＊事業者又は事業者であった人は，事業内容，負債内容，整理・清算の概況，資産の現況，帳簿・代表者印等の管理状況，従業員の状況，法人の破産申立ての有無などをここで記載します。

6　免責不許可事由　　　　　　　　　　　　□有　□無　□不明
　＊有又は不明の場合は，以下の質問に答えてください。
　問1　本件破産申立てに至る経過の中で，申立人が，当時の資産・収入に見合わない過大な支出（本旨弁済を除く）又は賭博その他の射幸行為をしたことがありますか（破産法252条1項4号）。　　　　□補充あり
　　　　□有（→次の①～⑥に答えます）　□無
　　　　①内容　ア　飲食　イ　風俗　ウ　買物（対象_____）　エ　旅行
　　　　　　　オ　パチンコ　カ　競馬　キ　競輪　ク　競艇　ケ　麻雀　コ　株式投資
　　　　　　　サ　商品先物取引　シ　その他（_____）
　　＊①の内容が複数の場合は，その内容ごとに②～⑥につき答えてください。
　　　　②時期_____年___月ごろ～_____年___月ごろ

③「②の期間中にその内容に支出した合計額」
　　　ア　約＿＿万円　　イ　不明
④「同期間中の申立人の資産及び収入（ギャンブルや投資投機で利益が生じたときは，その利益を考慮することは可）からみて，その支出に充てることができた金額」　　ア　約＿＿＿万円　イ　不明
⑤「③－④」の差額　　　　　ア　約＿＿＿万円　イ　不明
⑥「②の終期時点の負債総額」　ア　約＿＿＿万円　イ　不明

問2　破産手続の開始を遅延させる目的で，著しく不利益な条件で債務を負担したり，又は信用取引により商品を購入し著しく不利益な条件で処分してしまった，ということがありますか（破産法252条1項2号）。

□補充あり

　　□有（→次の①～③に答えます）　　□無
　　①内容　　ア高利借入（→次の②に記入）　イ 換金行為（→次の③に記入）　ウその他（＿＿＿＿＿＿＿＿＿＿＿＿＿＿＿＿）

　　②高利（出資法違反）借入　　　　　　　　　　（単位：円）

借　入　先	借入時期	借入金額	約定利率

　　③換金行為　　　　　　　　　　　　　　　　　（単位：円）

品　名	購入価格	購入時期	換金価格	換金時期

問3　一部の債権者に特別の利益を与える目的又は他の債権者を害する目的で，非本旨弁済をしたことがありますか（破産法252条1項3号）。

□補充あり

□有（→以下に記入します）　　□無

（単位：円）

時　期	相手の名称	非本旨弁済額

問4　破産手続開始の申立てがあった日の1年前の日から破産手続開始の決定があった日までの間に，他人の名前を勝手に使ったり，生年月日，住所，負債額及び信用状態等について誤信させて，借金したり，信用取引をしたことがありますか（破産法252条1項5号）。　　□補充あり

　　　□有（→以下に記入します）　　□無　　　　（単位：円）

時　期	相　手　方	金　額	内　　容

問5　破産手続開始（免責許可）申立前7年内に以下に該当する事由がありますか（破産法252条1項10号関係）。

　　　　□有（番号に○をつけてください）　　□無
　　　1　免責決定の確定　免責決定日　平成　　年　　月　　日
　　　　　　　（決定書写しを添付）
　　　2　給与所得者等再生における再生計画の遂行
　　　　　　　再生計画認可決定日　平成　　年　　月　　日
　　　　　　　（決定書写しを添付）
　　　3　ハードシップ免責決定（民事再生法235条1項，244条）の確定
　　　　　　　再生計画認可決定日　平成　　年　　月　　日
　　　　　　　（決定書写しを添付）

問6　その他，破産法所定の免責不許可事由に該当すると思われる事由がありますか。　　□補充あり

　　　　　　□有　　□無
　　　有の場合は，該当法条を示し，その具体的事実を記載してください。

問7　①　破産申立てに至る経過の中で，申立人が商人（商法4条。小商人[商法8条，商改施法3条〈資本金50万円未満の非会社〉]を除く。）であったことがありますか。
　　　　　□有（→次の②に答えます）　　□無
　　②　申立人が業務及び財産の状況に関する帳簿（商業帳簿等）を隠滅したり，偽造，変造したことがありましたか（破産法252条1項6号）。　　　　　　　　　　　　　　　　　　　　　□補充あり
　　　　　□有　　□無
　　　有の場合は，aその時期，b内容，c理由を記載してください。

問8　本件について免責不許可事由があるとされた場合，裁量免責事由として考えられるものを記載してください。

[書式17] 債権者一覧表

債権者一覧表（一般用）（　枚中　枚目）※
（最初の受任通知の日　平成　年　月　日）

番号	債権者名	債権者住所（送達先）	電話番号	借入時期（平成）	現在の残高（円）	原因使途	保証人（保証人名）	最終返済日（平成）	備考（別除権、差押等がある場合は、注記してください）
		(〒000-0000)		年 月～ 日 年 月 日		原因 A・B・C・D□ 使途・内容 （　　　）	□無 □有 （　　）	□最終返済日 　年 月 日 □一度も返済していない	
		(〒000-0000)		年 月～ 日 年 月 日		原因 A・B・C・D□ 使途・内容 （　　　）	□無 □有 （　　）	□最終返済日 　年 月 日 □一度も返済していない	
		(〒000-0000)		年 月～ 日 年 月 日		原因 A・B・C・D□ 使途・内容 （　　　）	□無 □有 （　　）	□最終返済日 　年 月 日 □一度も返済していない	
		(〒000-0000)		年 月～ 日 年 月 日		原因 A・B・C・D□ 使途・内容 （　　　）	□無 □有 （　　）	□最終返済日 　年 月 日 □一度も返済していない	
		(〒000-0000)		年 月～ 日 年 月 日		原因 A・B・C・D□ 使途・内容 （　　　）	□無 □有 （　　）	□最終返済日 　年 月 日 □一度も返済していない	
		(〒000-0000)		年 月～ 日 年 月 日		原因 A・B・C・D□ 使途・内容 （　　　）	□無 □有 （　　）	□最終返済日 　年 月 日 □一度も返済していない	

「原因」欄は、A＝現金の借り入れ、B＝物品購入、C＝保証、D＝その他、のいずれかの記号を○で囲む。
※1枚に収まる場合、または2枚以上使用する場合の最終頁は、この様式を使用せず、必ず「最終頁用」の別様式をご使用下さい。

第2章 消費者破産の申立て

債権者一覧表（一般用）（　枚中　枚目）（最終頁用）

(最初の受任通知の日 平成　年　月　日)

番号	債権者名	債権者住所(送達先)	電話番号	借入時期(平成)	現在の残高(円)	原因使途	保証人(保証人名)	最終返済日(平成)	備考(別除権、差押等がある場合は注記してください)
		(〒000-0000)		年　月～年　月　日		原因 A・B・C・D 使途・内容(　)	□無 □有(　)	□最終返済日 年　月　日 □一度も返済していない	
		(〒000-0000)		年　月～年　月　日		原因 A・B・C・D 使途・内容(　)	□無 □有(　)	□最終返済日 年　月　日 □一度も返済していない	
		(〒000-0000)		年　月～年　月　日		原因 A・B・C・D 使途・内容(　)	□無 □有(　)	□最終返済日 年　月　日 □一度も返済していない	
		(〒000-0000)		年　月～年　月　日		原因 A・B・C・D 使途・内容(　)	□無 □有(　)	□最終返済日 年　月　日 □一度も返済していない	
		(〒000-0000)		年　月～年　月　日		原因 A・B・C・D 使途・内容(　)	□無 □有(　)	□最終返済日 年　月　日 □一度も返済していない	
		(〒000-0000)		年　月～年　月　日		原因 A・B・C・D 使途・内容(　)	□無 □有(　)	□最終返済日 年　月　日 □一度も返済していない	
				総債権額	円				
債権者数合計(一般用)　名									

「原因」欄は、A＝現金の借り入れ、B＝物品購入、C＝保証、D＝その他、のいずれかの記号を○で囲む。

III 申立て

債権者一覧表（公租公課用）（　　枚中　　枚目）

番号	債権者名	債権者住所（送達先）	電話番号	種別	現在の滞納額
		(〒000-0000)			
		(〒000-0000)			
		(〒000-0000)			
		(〒000-0000)			
		(〒000-0000)			
公租公課合計				現在の滞納額合計	円
					庁

債権者合計（公租公課を含む）	名	現在の残金額合計	円

＊合計欄は、債権者一覧表（一般用）と同（公租公課用）の総合計（債権者数、残金額）を記載して下さい。

81

第2章 消費者破産の申立て

(記入の方法)

債権者一覧表(一般用)(2枚中1枚目)

(最初の受任通知の日 平成17年4月3日)

番号	債権者名	債権者住所(送達先)	電話番号	借入時期(平成)	現在の残高(円)	原因使途	保証人(保証人名)	最終返済日(平成)	備考(別除権、差押等がある場合は、注記してください)
1	債権者 太 郎	(〒100-0013) 千代田区霞が関1-1-1 ○○ビル	03-0000-0000	平成11年 3月1日 〜 平成14年 10月9日	236,300	原因 A 使途・内容 (生活費)	□ 無 ■ 有 (甲野太郎)	最終返済日 平成16年 1月31日 □ 一度も返済 　していない	自宅土地建物に抵当権設定 物上保証 (甲野太郎) 公正証書有り

債権者一覧表(一般用)(2枚中2枚目)(最終頁用)

番号	債権者名	債権者住所(送達先)	電話番号	借入時期(平成)	現在の残高(円)	原因使途	保証人(保証人名)	最終返済日(平成)	備考
12	債権者 花 子	(〒100-0004) 千代田区大手町2-1-20 ○○ビル	03-0000-0000	平成10年 6月16日 〜 平成15年 3月3日	343,200	原因 B 使途・内容 (パソコン購入)	□ 無 ■ 有 (甲野花子)	最終返済日 平成15年 11月30日 □ 一度も返済 　していない	
債権者数合計(一般用)	12名				総債権額	532,6400			

* 借入年月日の古いものから記載します。
* 同じ債権者から何回も借りている場合には、初めて借り入れた時期に、金額、使途などをまとめて記載します。
* 債権者住所は、破産開始決定等の書面の送達先を記載します。
* 借入時期及び現在の残高は、基本的に代理人が行った債権調査の結果(返送された債権調査票のままではありません。)を記載します。
* 保証人がいる場合の保証人氏名を記載します。

① 「原因」欄には、借入れの例を同法の例によって列記することにより整理するとのできる請求権(国税徴収法または同法の例により処理するとのできる請求権)は、公租公課用の一覧表に記入してください。公租公課がある場合は、所得税、住民税、国民健康保険料、国民年金保険料、自動車税、固定資産税、その他消費税等、具体的な名称を記載します。

② 「使途」欄には、借入金を何に使ったのか、何を買ったのかなど、具体的に記入します。A=現金の借入れ、B=物品購入、C=保証、D=その他、のいずれかの記号を記入します(手書きでも構いません。)。Dはその他、誰の債務を保証したのかなど、家賃の滞納分、生命保険会社からの借入れなど忘れずに記載します。

③ 「保証人」欄には、保証人がいる場合の保証人氏名を記載します。具体的な担保が付いている場合は、公正証書番号を含む)の有無・種類、差押、仮差押等の有無を記載します。「原因」等の欄に記載します。但し、訴訟係属中(公正証書番号を含む)の有無・種類、差押、仮差押等の有無を記載します。「原因」等の欄に記載します。

④ 「備考」欄には、具体的な担保が付いている場合は、公正証書番号を含む)の有無・種類、差押、仮差押等の有無を記載します。「原因」等の欄に記載します。弁済代位により債権者が代わっている場合には、新債権者の名称、住所等を記載します。

* 公租公課(国税徴収法または同法の例により処理するとのできる請求権)は、公租公課用の一覧表に記入してください。公租公課がある場合は、所得税、住民税、預かり消費税、固定資産税、自動車税、国民健康保険料、国民年金保険料、公租公課用の一覧表に、公租公課を含む債権者の総合計人数及び現在の残高の総合計を記入します。
* 1枚に収まる場合、または2枚以上使用する場合の最終頁には、最終頁用を使用します。最終頁には、公租公課を含む債権者の総合計人数及び現在の残金の総合計を記入します。

82

【書式18】 家計全体の状況（2カ月分として2枚提出）

家計全体の状況①

（平成　　年　月分）

＊申立直前の2か月分の状況を提出します。
＊「他の援助」のある人は，（　　）に援助者の名前も記入します。
＊「交際費」「娯楽費」その他多額の支出は，具体的内容も記入します。
＊「保険料」のある人は，（　　）に保険契約者の名前も記入します。
＊「駐車場代」「ガソリン代」のある人は，（　　）に車両の名義人も記入します。

収　　入			支　　出	
費　目		金額(円)	費　目	金額(円)
給料・賞与	申立人		家賃(管理費含む)，地代	
給料・賞与	配偶者		食　費	
給料・賞与			日用品	
自営収入	申立人		水道光熱費	
自営収入	配偶者		電話代	
自営収入			新聞代	
年　金	申立人		保険料（　　　　）	
年　金	配偶者		駐車場代（　　　　）	
年　金			ガソリン代（　　　　）	
生活保護			医療費	
児童手当			教育費	
他の援助（　　　）			交通費	
その他			被服費	
			交際費	
			娯楽費	

83

		返済（対業者）	
		返済（対親戚・知人）	
		返済（　　　　　）	
		その他（　　　　　）	
前月繰越金		次月繰越金	
収入合計		支出合計	

3　申立書の作成(2)──管財事件

　大阪地裁では、自然人の管財事件についても定型書式を設けている。以下、大阪地裁における申立書の記載要領について説明する（なお、東京地裁は同時廃止と共通の書式である）。

　まず、提出する書類は、この記載要領に記載した順番に綴り、最後に疎明資料を添付する。

　また、債権者一覧表と財産目録には、それぞれ「債権者一覧表」「財産目録」と記載したインデックスを右端上側に貼付する。

　なお、自然人の管財事件の破産申立書の書式のうち、後記(C)の報告書と(D)の家計収支表は、大阪地裁で使用されている同時廃止破産申立て書式の報告書および家計収支表と同一の書式である。

(1)　破産申立書（自然人・管財事件用）【書式20】

(イ)　当事者の表示・住居所（規則131項1号・2号、2項9号）

　個人事業者で屋号等を使用していた場合は、「○○工務店こと甲野太郎」のように表示する。また、通称と本名が異なる場合や、借入れ後に姓が変更になった場合は、「乙野次郎こと甲野太郎」のように、使用した名義を併せて表示する。他人名義を使用した場合も同様である。

　住民票記載の場所で現実に生活している場合は該当欄にチェックする。現

実に生活の本拠としている場所がこれらと異なる場合は、その場所を記載する。
　　(ロ)　**債務の状況**（規則13条2項1号・14条1項）
　破産債権総額については、資産および負債一覧表のうち一般債権と優先債権の合計額を記載する。財団債権についても同様である。別紙債権者一覧表等の内容と一致するよう確認して記載する。
　　(ハ)　**財産の状況**（規則13条2項1号）
　換価により実質的に回収することが可能であると考えられる金額を記載する。別紙財産目録と一致するよう確認して記載する。
　　(ニ)　**管財人への引継予定の現金**
　管財人への引継予定の現金（引継予納金）の額（後掲・（資料1）参照）を記載する。
　　(ホ)　**法人の破産申立て**（規則13条2項5号）
　申立人が法人代表者である場合には、法人の破産申立ての有無・予定の有無にチェックする。なお、同時申立ての場合には、「有」欄にチェックすれば足り、事件番号は受付で書記官が記載する。法人の破産申立てを先行させている場合は、その事件番号を記載し、代表者についてすでに破産手続開始決定済みであったり、管財人予定者が決定している場合は、管財人とその連絡先も記載する。申立てが未了で、申立予定がある場合は予定時期を記載する。
　　(ヘ)　**個人事業者か否か、配偶者の申立て**
　それぞれ該当欄にチェックする。
　(2)　**管財補充報告書**（【書式21】）
　自然人の報告書は、同時廃止用の報告書と同一書式を利用しているため、管財事件として必要な情報はこの管財補充報告書で補充する方式となっている。
　　(イ)　**一般モデルの希望**
　一般モデルを希望する場合には、この欄にチェックする。
　　(ロ)　**係属中の訴訟等、倒産直前の弁済等、公租公課の滞納の有無**
　いずれも該当する場合にチェックし、後記一覧表に内容を記載する。

(ハ) 居住物件の状況

　法156条により、裁判所は破産財団に属する財産を管財人に引き渡す旨を命じることができることとなった。したがって、破産者が自己所有物件に居住している場合に、合理的な理由なく明渡しを拒むと、同条により引渡命令を発せられることがある。明渡予定時期は管財人が自宅不動産の換価期間および処理方針を定めるために必要な情報であるとともに、引渡命令発令の参考ともなるので、必ずチェックし、早急な明渡しが困難な場合には、その理由を具体的に記載する。

(ニ) 住民票の異動、居所の異動

　いずれも該当する場合に記載する。

(ホ) 自由財産拡張申立てについて

　大阪地裁では、自由財産拡張については、自由財産拡張制度の運用基準（巻末資料）により処理されることとなる。この基準は、特定の項目の総合計99万円を一つの枠として、枠内であれば原則的に拡張を認め、枠を超過したり、特定の項目以外の財産についての申立ての場合は特段の事情の有無を基礎に拡張の可否を判断する仕組みとなっているから、例外事由に関する判断を要する事案かどうかを明らかにするために、項目および枠超過の有無を明らかにする。自由財産拡張については、第3章以下を参照されたい。

(ヘ) 取扱郵便局

　郵便回送嘱託のための記載事項である。配達郵便局（自宅の最寄りの本局）名およびその郵便番号を記載する。個人事業者の場合は、郵便の送付される店舗や営業所等の所在地を管轄する郵便局についても記載する必要があるので注意する。

(ト) 個人事業者関係事項

　以下の①ないし⑨は個人事業者の場合に記載する。

① 店名・屋号　　現実に使用していたものを記載する（複数ある場合は併記する）。

② 事業内容　　現実に営んでいた事業の内容を具体的に記載する。

③　事業用物件（営業所、店舗、倉庫）の有無および状況　　あらかじめ記載された記載欄は二つであるが、多数の営業所や倉庫等がある場合は、同様のフォームを追加して記載する。

④　従業員の有無および状況（規則13条2項7号）　　開始決定前に解雇を完了させる必要があるから、解雇未了の場合は直ちに解雇を行う必要があり、その予定日を記載する。解雇が完了しないと通常は開始決定がされない。新法により、破産手続開始の公告事項は労働組合等に対して通知しなければならないこととされ（法32条3項4号）、営業または事業の譲渡を許可するについても労働組合等の意見を聴かなければならないこととなった（法78条4項）。さらに、債権者集会についても労働組合等に通知をしなければならない（法136条3項）。このため、これらの通知および意見聴取の対象者を特定するために労働組合の名称および所在地等が申立書の必要的記載事項とされたものであり、必ず記載が必要である。

⑤　支払停止の状況　　手形不渡（またはその見込み）、廃業・閉店など、支払停止と目される行為があった場合のみ記載する。

⑥　取戻権行使の見込みの有無（規則13条2項4号）　　該当する場合には、リース物件一覧表を利用して記載する（記載についての説明は後記(ル)のとおり）。

⑦　売掛金の回収　　売掛金についての回収状況を記載する。

⑧　什器備品・在庫商品の有無　　什器備品・在庫商品がある場合には、その旨をチェックし、評価額、換価可能性（不可能な場合には、廃棄費用の見込額）を記載する。

⑨　粉飾決算の有無　　粉飾決算の有無については必ず記載する。

(3)　**報告書**（【書式22】）

同時廃止用破産申立書と同一の書式である。報告書は、申立代理人と代表者等が連名で作成する方式になっているので、記載内容については申立代理人が裏付資料等を参照して適切に確認する必要がある。なお、記載しにくい場合は、別紙添付の方法によってもよい。

(イ)　**申立人の経歴等**
①　職歴　　現在の就業状況から過去にさかのぼる方法で、申立ての7年前まで漏れなく記載する。この間に無職の期間があれば、「□無職」にチェックする。
②　結婚、離婚歴等　　結婚、離婚歴等については、すべて記載する。
③　家族の状況　　ⓐ同居の家族（内縁関係も含む。）、ⓑ家族以外の同居人（友人等）、ⓒ別居中の親又は子を記載する。
④　現在の住居の状況　　当てはまるものにチェックする。申立人以外の者の所有または賃借の家屋に無償で居住している場合は、その者の氏名および申立人との関係を忘れずに記載する。

　(ロ)　**破産申立てに至った事情**
①　多額の借金をした理由　　借入れの当時における申立人の平均月収と家計支出等の状況を比較して、他の原因（たとえば浪費等）によって結果的に生活費が不足しているにすぎない場合には、安易に「生活費不足」を選択しないように注意する。
②　支払不能の時期　　申立代理人において、申立てに至る経緯等を踏まえて、支払不能時期をできるだけ客観的に特定したうえ、本欄所定の場所に記載する。
③　具体的事情　　生い立ち等は省略し、借入れを始めたころから破産申立てに至るまで時系列に従って記載する。何らかの理由でいったん負債を解消したような場合は、その経緯自体はごく簡単に触れるにとどめ、今回の破産申立てに関連する借入れについて主に説明するようにする。
　「生活費不足」や「事業の経営破綻」といったキーワードだけを記載するのではなく、それに至った具体的理由がわかるようにする（たとえば、「生活費不足」であれば、借入れ当時の平均月収や平均家計支出の額をできるだけ具体的に記載するようにする）。
　申立人から聴取した結果が、他欄の記載内容と齟齬がないか検討のうえ、1ないし2頁程度に簡潔にまとめて記載する。

(ハ) 免責不許可事由に関する報告

　債権者一覧表や事実経過の記載内容と明らかに矛盾しているのにもかかわらず、単に「無」と選択して申し立てないように注意する。報告書は、免責の許否を判断するための基本的な資料であるから、申立代理人において、各チェック項目を参考にしながら、申立人の申述内容を批判的に検討するように心がける。

① 浪費　　当時の資産・収入に見合わない過大な支出または賭博その他の射幸行為をしたことの有無（法252条1項4号）につき調査した結果を本欄に記載する。なお、本欄は、金額や回数の多寡を問わず（評価を加えず）に記載する。

　その際、家計収支表に高額の支出はないか、通帳に宝くじや競馬（NCK名義）のための引落しの記載がないか確認したうえ、申立人の申述内容に不合理な点が認められないかを検討する。

② 廉価処分　　信用取引によって商品を購入し著しく不利な条件で処分したこと（法252条1項2号）につき調査した結果を本欄に記載する。申立て前2年以内の時期に、廉価処分を行っていないかを確認のうえ記載する。

③ 偏頗行為　　支払不能になっていることを知りながら、一部の債権者に偏頗的な行為（非本旨弁済等）をしたこと（法252条1項3号）について調査した結果を本欄に記載する。

　知人や親族等へ合計20万円以上の非本旨弁済をしていないか（たとえば、家計収支表にその旨の記載があるかどうか）を確認する。また、申立て直前に（根）抵当権や所有権移転仮登記の設定登記がされていないかを不動産登記簿謄本で確認する。

④ 詐術　　破産申立て前1年以内に他人の名義を勝手に使ったり、生年月日、住所、負債額および信用状態を誤信させて、借金をしたり信用取引をしたこと（法252条1項5号）がないかを調査した結果を本欄に記載する。

債権者一覧表の「借入の年月日」欄を見て、破産申立て前1年以内で支払不能（実質的な支払不能はいつかを基準に判断する）後のものはないかを確認のうえ、該当する場合には、破産者が氏名や生年月日、住所、負債額および信用状態等について虚偽の事実を述べて借入れを行っていないかをさらに調査し、虚偽陳述の事実があるときは、報告書に記載する。

また、換金目的でクレジットカードによって商品を購入している場合には、詐術に該当するので、本欄に記載する。カードの利用明細に高額な新幹線チケットや高速券、ビール券等の金券の購入の記載がある場合は換金目的の可能性が高いので、特に注意を要する。

⑤　免責不許可事由に該当しない、または裁量により免責されうる事情

上記各免責不許可事由にかかわる事実がある場合であっても、それが免責不許可事由に該当しない、または該当するとしても裁量免責が認められるべきであると考えられるときは、その意見を本欄に記載する。免責不許可事由に該当する事実を記載しているのに、漫然とこの欄で「無」にチェックしないよう注意が必要である（裁量許可事由がないことを自認したことになってしまう）。

(4)　**家計収支表**（【書式23】）

同時廃止用の家計収支表と同一書式である。

大阪地裁では、原則として、申立て前2カ月分の家計収支表の提出が必要であるが、毎月1日から15日までの間に申立てをする場合には、前々月および前々々月分のものを提出すれば足りるとの運用である（たとえば、1月15日の申立ての場合は、10月分と11月分の家計収支表を提出すれば足りる）。

(5)　**添付目録（自然人用）**（【書式24】）

添付した別紙目録にチェックを付す。アンダーラインのついた目録は必ず添付するよう注意する。

(6)　**資産および負債一覧表（自然人用）**（【書式25】）

名目額、回収見込額、金額については、各財産目録および各債権者一覧表

の合計額を記載する。
  (7) **債権者一覧表**（【書式26】）(規則14条1項・2項)
    (イ) **債権者一覧表**（【書式26】）
 この債権者一覧表にすべての債権者を記載し、(ロ)以降の個別債権者表で種類別に分類して再度記載する形式となっているので注意が必要である。
  ① 通し番号を必ず記載する（ページごとに新しい番号をつけないよう注意する）。
  ② 債権者が個人の場合、備考欄に申立人との関係を記載する。
  ③ 「住所」欄には、破産手続開始決定等の書面の送達先を記載する。
  ④ 「債権の種類」を番号で記載する。また、債権の種類が「(6(その他)」の場合には、その債権の種類（電気代、ガス代等）を備考欄に記載する。
  ⑤ 「債権額」欄には、各葉ごとに「小計」、最後に「総計」を記載する。
    また、労働債権および租税債権については、優先的破産債権に該当する部分の金額をこの総括表に記載するが、個別の債権者表には、財団債権となる部分と優先的破産債権となる部分を区別して、それぞれの金額を記載する。
  ⑥ 「保証人」欄には、保証人がいる場合にのみ○を記載し、備考欄には、保証人名等を記載する。
  ⑦ 「別除権」欄には、当該債権を被担保債権とする別除権がある場合にのみ○を記載する。
  ⑧ 「訴訟等」欄には、当該債権について訴訟が係属している場合、差押え、仮差押え等がなされている場合にのみ○を記載し、「係属中の訴訟等一覧表」にその具体的内容を記載する。
  ⑨ 「調査票」欄には、債権者から債権調査に関する回答があった場合に○を記載する（債権疎明資料については、管財人に直接引き継ぐことになっている）。
  ⑩ 「契約書」欄には、当該債権を疎明する契約書等を入手している場合

にのみ○を記載する（債権疎明資料については、管財人に引き継ぐことになっている）。

なお、前記②ないし⑩については、後記に特にコメントがない場合は、個別の各一覧表にも妥当する。

　㈹　**借入金一覧表**（【書式26】）

保証協会、保証会社が保証人となっている場合には、「将来の求償権」欄に○を記載するのを忘れないようにする。

　㈢　**買掛金一覧表**（【書式26】）

備考欄には、物品の購入代金の場合に、物品名、購入代金、購入日、物品の現状（保管中、質入等）など参考になる事項をできる限り記載する。

　㈣　**労働債権一覧表**（【書式26】）

①　項目については、「給料」（ここでいう給料には、賃金、給料、手当、賞与、その他名称のいかんにかかわらず、労働の対価として使用者が支払うべきものが含まれる）、「退職金」、「解雇予告手当」などと記載する。

②　備考欄には、具体的内容のほか、就業規則・労働協約の存在等、参考となる事項をできる限り記載する。

　　また、申立代理人は、管財人に対し、労働債権の認否のための資料として賃金台帳を、賃金台帳が存在しない場合、あるいは記載が不備な場合には、代表者あるいは経理担当者から聴取した事情等、労働債権に関する判断の根拠となる報告書等を引き継ぐようにする。

　㈤　**その他の債権者一覧表**（【書式26】）

①　優先債権である場合には、番号に○を付ける。

②　備考欄には、債権の内容のほか、参考となる事項をできる限り記載する。

　㈥　**滞納公租公課一覧表**（【書式26】）

「被課税公租公課チェック表」（【書式27】）を参考にして、申立人が現在滞納している税目について記載する。

⑻　**被課税公租公課チェック表**（【書式27】）

現在滞納していなくても、将来的に発生し、交付要求がされる見込みがある公租公課の内容を確認するために作成するものである。したがって、滞納項目だけではなく、課税されているすべての項目にチェックし、必要事項を記載する。

(9) 財産目録

自由財産の拡張の申立てをする場合には、そのチェック等を忘れないようにする。

なお、申立人が現金を含む99万円以上の財産を有しており、これを超える部分について自由財産拡張を求めない場合、「自由財産及び拡張を求める財産の額」の合計が99万円を超えないよう調整して金額を記載する。

自由財産拡張の基準等については、自由財産拡張制度の運用基準（巻末資料）を参照されたい。

(イ) 総括表・自然人用（【書式28】）

① 現金　現金については、保有する現金額を「自由財産の額及び拡張を求める財産の額」に記載する（なお、引継予納金を含む場合には、当該金額を控除しておく）。

② 現金以外　現金以外については、総括表の「自由財産の額及び拡張を求める財産の額」欄に、個別目録の自由財産拡張申立欄の合計に記載した金額を転記し、その総額を合計欄に記載する。

(ロ) 個別目録（【書式28】）　個別目録の①等の番号は、総括目録と対応しているので、存在しない財産がある場合にも番号を付け替えるようなことはしない。また、電話加入権については、1本しかない場合にも必ず記載する。

以下、いくつかの個別目録について注意を要する点を説明する。

① 保険目録（【書式28】）

　ⓐ 名目額欄には、保険会社からの回答がある場合には、当該回答金額を、回答がないが契約上返戻予定となっている額が証券等から判明する場合には当該金額をそれぞれ記載する。

ⓑ　回収見込額欄には、借入額や保険料滞納分を控除した解約後の残高を記載する。
　　　なお、保険会社からの回答によって現実に返戻される金額が明らかであり、その資料を管財人に引き継げる場合は、回収見込額に当該回答額を記載する。
　　ⓒ　備考欄には、回収見込額欄記載の際に考慮した事情等を記載する。
②　自動車目録（【書式28】）
　　ⓐ　車名欄には、自動車会社の名称（トヨタ、ニッサン等）のみでなく、車種を示す名称（クラウン、セドリック等）もあわせて記載する。
　　ⓑ　簿価等欄には、決算書等に記載された金額を記載する。これが名目額になる。
　　ⓒ　回収見込額欄には、レッドブックや中古車業者の査定等に基づいて算定した売却見込額を記載する。ただし、未払いローンがあって対抗要件を具備した所有権留保が付されており、その残額が時価を超える場合等は「0」となる。
　　ⓓ　備考欄には、事故歴のある自動車かどうかなど、参考になる事項を記載する。
③　賃借保証金・敷金目録　　居住用建物の賃借保証金の回収見込額については、契約書上の返戻金額から滞納賃料および60万円（明渡費用等）を控除した金額を記載する。
④　電話加入権目録（【書式28】）
　　ⓐ　名義人が債務者となっていることを確認のうえ記載する。
　　ⓑ　時価から滞納料金を差し引いた金額を回収見込額に記載する。
　　ⓒ　最近、電話加入権のない回線が存在するため、加入権欄にその有無を明記する。
⑤　その他の財産目録（【書式28】）　　総括表や個別目録にない財産（知的財産権等）は、16として個別目録を作成し、資産および負債一覧表並びに総括表に記載する。なお、過払金について合意のみで回収未了の場合

はここへ記載する。

　(ハ)　**自由財産拡張申告欄**

　そして、自由財産の拡張を求める場合には、次のような記載をする。

①　各項目（「預貯金・積立金」、「保険解約返戻金」など）の財産すべてについて自由財産拡張を求める場合　　各個別目録の自由財産拡張申立欄の全部にチェックし、回収見込額の合計を自由財産拡張申立欄の合計に記載する。

②　各項目中、複数ある財産の一部についてのみ自由財産拡張を求める場合（解約返戻金が2口あるが、1口についてのみ拡張を求める場合など）　各個別目録の拡張を求める個々の財産の自由財産拡張申立欄にチェックし、その回収見込額の合計を自由財産拡張申立欄の合計に記載する。

(10)　**処分済財産等一覧表**（【書式28】）

　決算書が存在する事業者については、最終の決算書に記載されており、かつ財産目録に記載のない財産を記載する、それ以外の者については、過去2年以内に処分した財産で20万円以上の価値のあるものを記載する。

(11)　**リース物件等一覧表**（【書式29】）

　取戻権行使の対象物の把握を容易にし、誤って売却する等の過誤を防止するとともに、債権認否を確実にする目的で作成するものである。申立て時点ですでに返還済みのリース物件等については、「返還状況」欄に「済」と記載する。

　整理番号欄には、債権者一覧表にリース債権者として記載した者の番号と同一の番号を記載する。

(12)　**係属中の訴訟等一覧表**（【書式30】）

　訴訟のみならず、破産手続、民事再生手続、督促手続、保全処分、民事執行、外国倒産処理手続等のすべてを記載する。参考となるべき事項欄には、事案の内容を把握するための事項のほか、進行状況を示すために次回期日や入札期間、開札予定日等を記載する。

(13)　**申立て直前の処分行為等一覧表**（【書式31】）

否認権行使に関する情報を提供し、回収予定財団額を把握するための一覧表である。否認権の成否について疑問がある場合も、処分行為がある場合はここに記載する。その際、参考事項欄にそのような処分行為をした事情等を記載する。なお、過払金についてすでに回収している場合に、和解内容や回収費用・報酬として控除した金額を記載する。

(14) **疎明資料目録（自然人用）**（【書式32】）

疎明資料は、管財人に対して直接引き継ぐ方式によるため、裁判所に提出する疎明資料は大幅に削減されている。このため、決算書の内容との突合せ、各個別目録の記載内容が正確かどうかの点検を申立代理人において確実に行うことが重要である。

(15) **管財人引継資料一覧表（自然人用）**（【書式33】）

裁判所に提出すべき疎明資料が削減されたのは、管財人に対して必要な資料の引継ぎがなされることが前提であるので、この一覧表に基づき確実に引継ぎを行う。

　◇は、財産目録に当該財産が存在する旨記載した場合にチェックする。

　◇にチェックのある項目については、原則として□の資料を管財人に引き継ぐ必要がある。△の資料は、引継ぎが必須ではなく、存在する場合に引き継げば足りる。いずれも、資料を準備したことを確認し、引き継ぐものは□または△内にチェックをする。アンダーラインのある資料（財産）は、有価証券等、管理に注意を要する財産であり、申立代理人が責任をもって保管し、引継ぎには特に留意する。

　引き継ぐ資料のうち、○の付されたものについては、原本が存在する場合も必ずコピーを一部作成し、申立書等の副本、開始決定通知用の宛名シール（手書きでも可）等とともにコピーを管財人予定者に速やかに届ける。また、管財人との打合せの際に原本も引き継ぐ（管財事務処理のためにはコピーが必要であり、従来は疎明資料の副本として提出されていたものである）。コピーを作成したら、その確認のため○にチェックを入れる。

　なお、作成したコピーには、財産目録と対応した②、③等の○付き数字を

右上に付し、複数の資料がある場合は②－1、②－2のように枝番を付けて整理する。

【書式19】 自然人用破産申立書について〔大阪地裁〕（抜粋）

自然人用破産申立書について

（大阪地裁書式一部抜粋）

　提出する書類は，以下に記載した順番に綴ってください。
　また，債権者一覧表と財産目録には，それぞれ「債権者一覧表」「財産目録」と記載したインデックスあるいは付箋を右端上側に貼付してください。
　なお，記載方法の詳細については，記入要領を参照してください。
1　破産申立書（自然人用）
　　申立書は1枚ものとし，報告書形式をメインにしています。
2　管財補充報告書（自然人用）
　　管財手続において特に確認しておくべき事項をチェック方式で作成するものです。
3　報告書（同時廃止用）
4　家計収支表（同時廃止用）
5　添付目録（自然人用）
　　必要な書類をチェック方式で分かるようにしています。
　　なお，添付目録はアンダーラインを引いたもの以外は必要に応じて添付してください。
6　資産及び負債一覧表
　　財産目録及び債権者一覧表をまとめたものであって，非常時貸借対照表的なものです。回収見込額を記入しますので，配当可能性の有無が一覧できるものになっています。
7　債権者一覧表（8種）
　　最初に全体の債権者一覧表を綴り，その後に個別の債権者一覧表を必要に応じて綴って下さい。なお，債権疎明資料は裁判所に提出する必要はありません。

8 被課税公租公課チェック表

　滞納がない場合においても交付要求の可能性がありますので，従前課税を受けていたものについては記入してください。

9 財産目録（管財事件用・17種）

　最初に総括表を綴ってください。また，自由財産の拡張の申立てをする場合には，そのチェックを忘れないでください。

10 リース物件等一覧表

　リース債権がある場合には必ず提出してください。

11 係属中の訴訟等一覧表

　訴訟が係属している，差押がなされている等の場合には必ず提出してください。

12 申立直前の処分行為等一覧表

　否認権行使に関する情報を提供し，回収予定財団額を把握するためものですので，倒産直前の処分行為がある場合は必ず提出してください。

13 疎明資料目録（自然人用）

　◇の付いたものは必ず提出してください。

14 疎明資料

15 管財人引継資料一覧表（自然人用）

　添付目録，疎明資料だけではなく，管財人に引き継ぐ資料をチェック方式で分かるようにしています。

【書式20】　破産申立書（自然人・管財事件用）〔大阪地裁〕

　　印　　紙
　　（1500円）

　　　　　　　　破産申立書（自然人・管財事件用）

　　　　　　　　　　　　　　　　　　　平成　　年　　月　　日
　大阪地方裁判所（□　　　支部）御中

　　　　　申立代理人弁護士（担当）　　○　○　○　○　　印
　　　　　送達場所（事務所）〒

　　　　　TEL（　）　　　－　　　　　FAX（　）　　　－
　　　ふりがな
　　申立人氏名＿＿＿＿＿＿＿＿＿＿＿＿＿＿＿＿＿＿＿
　　年　　齢　（　　歳）（昭和　　年　　月　　日生）
　　本籍・国籍　□戸籍謄本記載のとおり□国籍＿＿＿＿＿＿＿＿
　　住　居　所（〒　　－　　）□住民票記載のとおり
　　　　　　　　　　　　　　□外国人登録原票記載事項証明書のとおり
　　□〒＿＿＿＿＿＿＿＿＿＿＿＿＿＿＿＿＿＿＿（住民票と異なる場合）
　　連　絡　先（　）　　　－

申　立　て　の　趣　旨

1　申立人について破産手続を開始する。
2　別紙財産目録記載の財産のうち，同財産目録の自由財産拡張申立欄に■を付した財産について，破産財団に属しない財産とする。

申　立　て　の　理　由

　申立人は，1のとおりの債務を負担し，財産総額は2のとおりであるため，支払不能の状態にある。
1　債務の状況（別紙債権者一覧表記載のとおり）
　(1)　一般破産債権総額＿＿＿＿＿万＿＿＿＿＿円（債権者＿＿＿＿＿人）
　(2)　優先的破産債権及び財団債権総額
　　　　　　　　　　＿＿＿＿＿万＿＿＿＿＿円（債権者＿＿＿＿＿人）
2　財産の状況（別紙財産目録記載のとおり）
　　回収見込額合計＿＿＿＿＿万＿＿＿＿＿円

参　考　事　項

1　破産管財人への引継予定の現金＿＿＿＿＿＿＿＿＿＿＿＿＿＿＿＿円
2　法人の代表者であるか（□当・□否）　その法人の破産申立て（□有・□無）
　　その係属する裁判所と事件番号等
　　　　＿＿＿地方裁判所＿＿＿支部・平成＿＿年（フ）第＿＿＿号，＿＿＿係
　　その事件の進行（□開始決定済・□開始決定未）
　　その破産管財人の氏名等（弁護士＿＿＿＿＿＿，TEL（　）＿＿＿－＿＿＿）

第2章 消費者破産の申立て

　　　　今後の予定（□予定有　平成＿＿年＿＿月ころ・□予定無）
　3　現在個人事業者であるか（□当・□否）
　4　配偶者の申立て（□有・□無）

印　紙	郵　券	支部申立ての場合	受領印
1500円	円	3200円	

【書式21】　管財補充報告書〔大阪地裁〕

平成○年(ｦ)第○○号
債務者　　○○○○

管財補充報告書

　　　　　　　　　　　　　　　　　　　　　　平成○年○月○日

　　大阪地方裁判所　　　　　御中
　　　　　　　　　　　　　　申立代理人　弁護士　○　○　○　○　印

1　一般モデルによることの希望の有無
　□本件が，一般モデルにより取り扱われることを希望する。
　□本件が，一般モデルにより取り扱われることを希望しない。
2　負債の状況（資産及び負債一覧表・債権者一覧表記載のとおり）
3　財産の状況（資産及び負債一覧表・財産目録記載のとおり）
4　係属中の訴訟等（支払督促,仮差押,仮処分,競売手続等を含む）の有無
　　　　　　　　　　　　　　　　　　　　　　　【□有　☑無】
　□係属中の訴訟等一覧表記載のとおり
5　申立直前の弁済，資産譲渡，担保設定等の有無　【□有　☑無】
　□申立直前の処分等一覧表記載のとおり
6　公租公課の滞納の有無　　　　　　　　　　　　【☑有　□無】
　☑滞納公租公課一覧表のとおり
7　被課税公租公課チェック表
　☑添付した。

100

8 居住物件の状況
☑自己所有でない。
□自己所有である。
　□4か月以内に明渡しが可能である。
　□4か月以内の明渡しは困難である。
　その理由
　_____
　_____

9 住民票の異動
☑申立て前3か月内には住民票を異動していない。
□申立て前3か月内に住民票を異動した。
　前住所は_____

10 居所の異動
☑申立て前3か月内には居所を異動していない。
□申立て前3か月内に居所を異動した。
　前居所は_____

11 電話加入権を所有しているか　【☑所有している　□所有していない】
　所有している場合，その本数（__1__本）
　　　　　　　その番号（　　　　　000-0000-0000　　　　　）

12 自由財産拡張の申立てについて
(1) 金銭及び自由財産の拡張を申し立てた財産額の合計額の99万円超過の有無
　□99万円以下
　□99万円を超える
　　99万円を超える財産を自由財産とすべき具体的理由は別紙のとおり
(2) 自由財産の拡張を求める各財産項目（財産目録2～7）の評価額の20万円超過の有無
　□ 項目ごとの評価額がいずれも20万円以下である。
　□ 項目ごとの評価額について20万円を超えるものはあるが拡張を認めることが相当でない事情は存しない。

    (3) 別紙財産目録1～7以外の財産についての拡張申立の有無
        □有
            別紙財産目録1～7以外の財産について自由財産とすべき具体的理由は別紙のとおり
        ☑無
13　取扱郵便局　　○　○　郵便局（郵便番号○○○-○○○○）
14　破産法41条の財産の内容を記載した書面としては，添付の財産目録を援用することとする（ただし，開始決定までに記載内容に変動があった場合には改めて提出する。）。

＊以下は，申立人が現在個人事業者である場合，又は申立前6か月以内に個人事業者であった場合にチェックして下さい。

15　事業名称　　　　　　　　　　　　　　　　　　【□有　□無】
    　その店名・屋号_____
16　事業の有無及び内容　　　　　　　　　　　　　　【□有　□無】
    　その具体的内容
    　_____
    　_____

17　事業用物件（営業所，店舗，倉庫）の有無及び状況　【□有　□無】
  (1) 本店の住所_____
        □自己所有
        □賃借（賃料月額_____万_____円，契約上の返戻金_____万_____円）
            □明渡完了
            □明渡未了（その明渡及び原状回復費用見込額　_____万_____円）
  (2) _____の住所_____
        □自己所有
        □賃借（賃料月額_____万_____円，契約上の返戻金_____万_____円）
            □明渡完了
            □明渡未了（その明渡及び原状回復費用見込額　_____万_____円）
18　従業員の有無及び状況　　　　　　　　　　　　　【□有　□無】
  (1) 従業員数　総数_____名
  (2) 解雇通知　平成__年__月__日（未了の場合の予定日　平成__年__月__日）

(3) 労働組合の有無　　　　　　　　　　【□有　□無】
　　□その名称＿＿＿＿＿＿＿＿＿＿＿＿＿
19　支払停止の状況
　　□1回目の手形不渡（またはその見込み）日　　平成＿＿年＿＿月＿＿日
　　□2回目の手形不渡（またはその見込み）日　　平成＿＿年＿＿月＿＿日
　　□閉店または廃業の日　　　　　　　　　　　平成＿＿年＿＿月＿＿日
20　取戻権行使の見込みの有無　　　　　　　　【□有　□無】
　　□リース物件及び預り商品の状況は，リース物件等一覧表記載のとおり
21　売掛金の回収
　　□すべて回収した。
　　□回収していないものもある。
　　　　未回収件数　　　　　　　　　件
　　　　未回収金額　　　　　　　　　円
　　　　　　　　回収可能性　　□有
　　　　　　　　　　　　　　　□無
　　　　　　　　回収困難な場合
　　　　　　　　その理由（　　　　　　　　　　　　　　　）
22　什器備品・在庫商品の有無
　　□有
　　　　その評価額　　　　　　　　　円
　　　　□換価可能
　　　　□換価不可能
　　　　　　廃棄費用見込額　　　　　　　円
　　□無
23　粉飾決算の有無　　　　　　　　　　　　【□有　□無】

【書式22】 報告書〔大阪地裁〕

平成○年○月○日

報　告　書

大阪地方裁判所　☑第6民事部　御中
　　　　　　　　□　　　　支部

調査した結果は，以下のとおりである。

　　　　　　　　　　　申立代理人　弁護士　○○○○　印

この報告書の内容は，事実と相違ありません。

　　　　　　　　　　　申立人　大　阪　次　郎　印

第1　申立人の経歴等

1　職歴（現在から申立ての7年前まで）

| 就業期間 | 種　　　別 | 平均月収 |
就業先（会社名等）	地位・業務の内容(円)	（円）
H2年4月～　現在 吉本工業	☑勤め　□パート等　□自営　□法人代表者 □無職　営業	250,000
年　月～　年　月	□勤め　□パート等　□自営　□法人代表者 □無職	
年　月～　年　月	□勤め　□パート等　□自営　□法人代表者 □無職	
年　月～　年　月	□勤め　□パート等　□自営　□法人代表者 □無職	
年　月～　年　月	□勤め　□パート等　□自営　□法人代表者 □無職	
年　月～　年　月	□勤め　□パート等　□自営　□法人代表者 □無職	
年　月～　年　月	□勤め　□パート等　□自営　□法人代表者 □無職	
年　月～　年　月	□勤め　□パート等　□自営　□法人代表者 □無職	

2 結婚，離婚歴等

時　　期	相手方の氏名	事　　　由
平成9年6月	銭 良 花 子	☑結婚 □離婚 □内縁 □内縁解消 □死別
年　　月		□結婚 □離婚 □内縁 □内縁解消 □死別
年　　月		□結婚 □離婚 □内縁 □内縁解消 □死別
年　　月		□結婚 □離婚 □内縁 □内縁解消 □死別

3 同居者並びに別居の親及び子の状況

氏　　名	続柄	年齢	職業・学年	同居・別居	平均月収（円）
大 阪 花 子	妻	39	パート	☑同 □別	30,000
太 郎	長男	10	小学2年生	☑同 □別	0
				□同 □別	
				□同 □別	
				□同 □別	
				□同 □別	

4 現在の住居の状況（居住する家屋の形態等）

☑民間賃貸住宅（賃借人＝申立人）

□公営住宅（賃借人＝申立人）

□持ち家（□一戸建・□マンション）（所有者＝申立人）

□申立人以外の者（氏名　　　　　　，申立人との関係　　　　　　）
　の（□所有・□賃借）の家屋（無償で居住）

□その他　＿＿＿＿＿＿＿＿＿＿＿＿＿＿＿＿＿＿＿＿＿＿＿＿＿

5 家計の状況

　別添家計収支表のとおり

第2　破産申立てに至った事情（債務増大の経緯及び支払ができなくなった事情）

1 多額の借金（以下，特に断らない限り，ここでいう借金には，連帯保証による債務やクレジットカード利用による債務なども含む。）をした理由は，次のとおりである（複数選択可）。

☑生活費不足

□住宅ローン

□教育費

105

□浪費等（飲食・飲酒，投資・投機，商品購入，ギャンブル等）
□事業（店）の経営破綻（ネットワークビジネス・マルチ商法等の破綻も含む。）
□他人（会社，知人等）の債務保証
☑その他　仕事上の接待費の立替_____

2　借金を返済できなくなったきっかけは，次のとおりである（複数選択可）。
☑収入以上の返済金額
□解雇
☑給料の減額
□病気等による入院
□その他_____

3　支払不能になった時期は，平成19年6月ころであり，そのころの月々の約定返済額は，計200,000円である。

4　具体的事情（生活費不足の場合には，当時の月収と，1か月あたりの生活費及び債務弁済月額等をなるべく具体的に記載してください。）

年月日	内　容

III 申立て

....
....
....

第3 免責不許可事由に関する報告

1 浪費等（当時の資産・収入に見合わない過大な支出又は賭博その他の射倖行為をしたことの有無　破産法252条1項4号関係）　【□有☑無】

	内　容	時　期	回数・品名等	金　額　等
□	飲　食 飲　酒 （概ね1回2万円以上のもの）	年　月 ～ 　年　月	回／月 （多い月で　　回）	円／月 （多い月で　　円） 合計　　　　円
□	投資・投機及びネットワークビジネス・マルチ商法等	年　月 ～ 　年　月	□不動産　□株式 □商品取引 □その他（　　　）	合計　　　　円
		年　月 ～ 　年　月	□不動産　□株式 □商品取引 □その他（　　　）	損をした額　　円
□	商品購入 （自動車，電器製品，貴金属，衣服等）（過去3年間購入価格10万円以上）	年　月	品名	円 （現在ある場所）
		年　月	品名	円 （現在ある場所）
		年　月	品名	円 （現在ある場所）
		年　月	品名	円 （現在ある場所）
□	ギャンブル			
	□パチンコ 　パチスロ	年　月 ～ 　年　月	回／月 （多い月で　　回）	円／月 （多い月で　　円） 合計　　　　円

107

□競馬 □競輪 □競艇	年　　月 〜 　年　　月	回／月 （多い月で　　回）	（多い月で　　円） 合計　　　　　円
□その他 （麻雀,宝くじ等）	年　　月 〜 　年　　月	回／月 （多い月で　　回）	円 　　　　　　　円 合計　　　　　円
□　その他	年　　月 〜 　年　　月	回／月 （多い月で　　回）	円 （多い月で　　円） 合計　　　　　円

2　廉価処分（信用取引によって商品を購入し著しく不利益な条件で処分したことの有無　破産法252条1項2号関係）　　【□有　☑無】

品　　名	購入時期	購入価格	処分時期	処分価格

3　偏頗行為（支払不能になっていることを知りながら，一部の債権者に偏頗的な行為（非本旨弁済等）をしたことの有無　破産法252条1項3号関係）　　【□有　☑無】

時　　期	相手の氏名等	非本旨弁済額
		円
		円

4　詐術（破産申立前1年内に他人の名前を勝手に使ったり，生年月日，住所，負債額及び信用状態等について誤信させて，借金をしたり信用取引をしたことの有無　破産法252条1項5号関係）　　【□有☑無】

時　　期	相手の氏名等	金　　額	詐　術　の　態　様
		円	
		円	
		円	

5　過去の免責等に関する状況（破産法252条1項10号関係）
　①　申立前7年内に破産免責手続を利用して免責の決定が確定したこと

【☐有 ☑無】

　　　　　＿＿＿＿＿地方裁判所＿＿＿＿＿＿＿支部
　　　　　平成＿＿＿＿年（フ）第＿＿＿＿＿＿号・平成＿＿＿＿年（モ）第＿＿＿＿＿＿号
　　　　　免責決定確定日　平成＿＿＿＿年＿＿＿＿月＿＿＿＿日
　　②　ア　申立前7年内に給与所得者等再生手続を利用して，再生計画に定
　　　　　められた弁済を終了したこと　　　　　　　　　【☐有　☑無】
　　　　イ　申立前7年内に個人再生手続を利用したが，再生計画の遂行が極
　　　　　めて困難となり，免責の決定を受けたこと　　　【☐有　☑無】
　　　　　＿＿＿＿＿地方裁判所＿＿＿＿＿＿＿支部　平成＿＿＿年（再　）第＿＿＿＿＿＿号
　　　　　再生計画認可決定確定日　平成＿＿＿年＿＿＿月＿＿＿日
　　　　　（イの場合のみ）平成＿＿＿年（モ）第＿＿＿＿＿＿号
６　その他破産法所定の免責不許可事由に該当する行為の有無
　　　　　　　　　　　　　　　　　　　　　　　　　　　　【☐有　☑無】
　　　その具体的行為
　　　＿＿
　　　＿＿
　　　＿＿
　　　＿＿
　　　＿＿

７　上記１から６に記載した場合であっても，免責不許可事由に該当しない，
　　または，裁量により免責され得る事情の有無　　　　【☐有　☐無】
　　　その具体的事由
　　　＿＿
　　　＿＿
　　　＿＿
　　　＿＿
　　　＿＿
　　　＿＿
　　　＿＿

第2章 消費者破産の申立て

8 債権調査票に具体的事実を指摘した意見の記載があったときは，それに対する反論（債権者一覧表の債権者番号・債権者名を特定して記載してください。）

【書式23】 家計収支表

家 計 収 支 表

(単位：円)

	申立前2か月分	19年4月分	19年5月分
収入	前月からの繰越	50,000	48,000
	給　与（申立人分）	250,000	250,000
	給　与（配偶者分）	30,000	30,000
	給　与（　　　　分）	15,000	15,000
	自営収入（申立人分）		
	自営収入（　　　　分）		
	年　金（申立人分）		
	年　金（　　　　分）		
	雇用保険（　　　　分）		

110

収入	生活保護（　　　　　分）		
	児童（扶養）手当		
	援　　助（　　　　から）		
	借　入　れ（　　　　　）		
	そ　の　他（　　　　　）		
	そ　の　他（　　　　　）		
	合　　　計	345,000	343,500
支出	住　居　費（家賃，地代）	60,000	60,000
	駐車場代（車名義　〇〇〇〇）	10,000	10,000
	食　　費	100,000	100,000
	嗜好品代		
	外　食　費	20,000	20,000
	電　気　代	20,000	20,000
	ガ　ス　代	15,000	15,000
	水　道　代	8,000	
	電話料金（携帯電話代含む）	10,000	10,000
	新　聞　代	3,500	3,500
	国民健康保険料（国民年金）		
	保険料（任意加入）	15,000	15,000
	ガソリン代（車名義　〇〇〇〇）	5,000	5,000
	交　通　費		
	医　療　費	20,000	8,000
	被　服　費	10,000	
	教　育　費		30,000
	交　際　費（　　　　　）		
	娯　楽　費（　　　　　）		
	債務返済実額（申立人分）		

111

支出	債務返済実額（同居者分）		
	その他（　　　　　　）		
	その他（　　　　　　）		
	翌月への繰越	48,500	47,000
	合　　計	345,000	343,500

【書式24】 添付目録（自然人用）

添付目録（自然人用）

※添付したものは□内にチェックをする。なお，下線は添付が必須である。

1　<u>資産及び負債一覧表</u>
2　債権者一覧表
　①　☑　<u>債権者一覧表</u>
　②　☑　借入金一覧表
　③　□　手形・小切手債権一覧表
　④　□　買掛金一覧表
　⑤　□　リース債権一覧表
　⑥　□　労働債権一覧表
　⑦　☑　滞納公租公課一覧表
　⑧　☑　その他の債権一覧表
3　☑　<u>被課税公租公課チェック表</u>
4　財産目録
　①　☑　<u>財産目録（総括表）</u>
　②　☑　預貯金・積立金目録
　③　☑　保険目録
　④　☑　自動車目録
　⑤　☑　賃借保証金・敷金目録
　⑥　☑　電話加入権目録
　⑦　☑　退職金目録

⑧　□　不動産目録
⑨　□　有価証券目録
⑩　□　受取手形・小切手目録
⑪　□　売掛金目録
⑫　□　貸付金目録
⑬　□　在庫商品目録
⑭　□　機械・工具類目録
⑮　□　什器備品目録
⑯　□　その他の財産目録
⑰　□　処分済財産等一覧表
5　□　リース物件等一覧表
6　□　係属中の訴訟等一覧表
7　□　申立直前の処分行為等一覧表
8　☑　疎明資料目録

以上

第2章 消費者破産の申立て

【書式25】資産および負債一覧表（自然人用）

資産及び負債一覧表（自然人用）

資産

番号	科 目	名目額（簿価額等）	回収見込額	備 考
1	現　　　　金			
2	預貯金・積立金			
3	保険解約返戻金			
4	自　　動　　車			
5	貸借保証金・敷金			
6	電 話 加 入 権			
7	退　　職　　金			
8	不　　動　　産			
9	有 価 証 券			
10	受取手形・小切手			
11	売　　　掛　　　金			
12	貸　　付　　金			
13	在 庫 商 品			
14	機械・工具類			
15	什　器　備　品			
16				
	資産総合計			

＊詳細は各目録のとおり

（回収見込額の記載）　各目録の回収見込額の合計を記載して下さい。

負債

債務者　　　　　　　　　　　　単位：円

番号	債権の種類	科　目	金　額
1	一般破産債権	借　入　金	
		手形・小切手債権	
		買　　掛　　金	
		リ ー ス 債 権	
		その他の債権	
		小計①	
2	優的破産先債権 財 団 債 権	労　働　債　権	
		公 租 公 課	
		その他の債権	
		小計②	
		①＋②	
		債権者総数	名

※詳細は各債権者一覧表のとおり

債務超過額　　　　　　　　　　円

114

[書式26] 債権者一覧表

① 債権者一覧表

番号	債権者名	〒	住所（送達場所）	TEL FAX	債権の種類	債権額（円）	保証人	別除権	訴訟等	調査票	契約書	備考
1												
2												
3												
4												
5												
6												
7												
8												
9												
10												
					合計	0						

債権者数	名	債務総額	円
		（うち優先債権 円）	

債権の種類の記載方法
1（借入金），2（手形・小切手債権），3（買掛金），4（リース債権），5（労働債権），6（その他）
なお，［その他］については，備考欄にその債権の種類を記載する。
備考欄の記載方法
1，債権者が個人名のときは，債務者との関係を記載する。また，その他についての債権者一覧表も別途作成する。
2，保証人があるときは，その保証人の氏名及び債務者との関係を記載する。

第2章 消費者破産の申立て

② 借入金一覧表

番号	債権者の氏名又は会社名	〒	住所	TEL FAX	借入の年月日	使途	保証人	金額(円)	最後の弁済日	現在の金額(円)	担保権設定	将来の求償権	契約書等	残高証明
1														
2														
3														
4														
5														
6														
7														
8														
9														
10									合計					
11														
12														
13														
14														

III 申立て

③ 手形・小切手債権一覧表

番号	債権者の氏名又は会社名	〒	住　所	TEL FAX	手形小切手番号	裏書関係	支払期日	金　額(円)
1								
2								
3								
4								
5								
6								
7								
8								
9								
10								
11								
12								
13							合　計	

117

第2章 消費者破産の申立て

④ 買掛金一覧表

番号	債権者の氏名又は会社名	〒	住所	TEL FAX	金額(円)	契約書等	備考
1							
2							
3							
4							
5							
6							
7							
8							
9							
10							
11							
12							
13							
14					合計		

⑤ リース債権一覧表

番号	債権者の氏名又は会社名	〒	住所	TEL FAX	リース物件	保証人	金額(円)	契約書等
1								
2								
3								
4								
5								
6								
7								
8								
9								
10								
11								
合計								

⑥ 労働債権一覧表

番号	債権者の氏名	〒	住所	TEL FAX	項目	給料未払期間	未払額合計	備考
1	1				給料	～		
	2				退職手当			
	3				解雇予告手当			
2	1				給料	～		
	2				退職手当			
	3				解雇予告手当			
3	1				給料	～		
	2				退職手当			
	3				解雇予告手当			
4	1				給料	～		
	2				退職手当			
	3				解雇予告手当			
5	1				給料	～		
	2				退職手当			
	3				解雇予告手当			
6	1				給料	～		
	2				退職手当			
	3				解雇予告手当			
						合計	0	

Ⅲ 申立て

⑦ その他の債権者一覧表（ ）

番号	債権者名	〒	住所	TEL FAX	債権の種類	債権額(円)	資料等	備考
1								
2								
3								
4								
5								
6								
7								
8								
9								
10								
11								
12								
13								
14								
15								
16								
17								
合計								

第2章 消費者破産の申立て

⑧ 滞納公租公課一覧表

番号	税目	所轄	〒	住所	TEL	年度	滞納額合計	備考
1								
2								
3								
4								
5								
6								
7								
8								
9								
10								
11								
12								
13								
14						合計		

III 申立て

[書式27] 被課税公租公課チェック表

被課税公租公課チェック表

滞納しているものだけでなく、課税されている項目にチェックし、必要事項を記載する。

チェック	税 目	所 轄	所在地 郵便番号	電話番号	直近年度（平成）	直近年度の税額	備考（参考となる事項を詳しく記載する。）
個人							
□	所得税	（　）税務署					
□	相続税	（　）税務署					
□	贈与税	（　）税務署					
□	住民税（市府民税・町村民税）	（　）市区役所・町村役場					
□	個人事業税	（　）府税事務所・県事務所					
法人							
□	法人税	（　）税務署					
□	法人府民税・法人県民税	（　）府税事務所／地域振興局					
□	法人等市民税・町村民税	（　）市区役所・町村役場					
□	法人住民税均等割部分、法人税所得割部分						
□	法人事業税	（　）府税事務所・県事務所					
共通							
□	固定資産税・都市計画税（毎年1月1日現在の登記上の所有者に課税されることに注意）	（　）市区役所・町村役場					
□	源泉所得税	（　）税務署					
□	特別徴収市府民税・町村県民税	（　）市区役所・町村役場					
□	消費税・地方消費税	（　）税務署					
□	健康保険料・調整保険料・介護保険料	（　）社会保険事務所／保険組合					
□	厚生年金保険料・児童手当拠出金	（　）社会保険事務所					
□	厚生年金基金掛金	（　）厚生年金基金					
□	労働保険料	（　）労働局					
□	国民健康保険料	（　）市区役所・町村役場					
□	自動車税（毎年4月1日現在の登録上の所有者・使用者に課税されることに注意）	（　）府事務所・県事務所					
□	軽自動車税	（　）市区役所・町村役場					
□	地方自治法に基づく分担金	（　）市区役所・町村役場					
□	その他						
					合計		

（なお、国民年金保険料は必要ありません。）

粉飾決算の有無（有・無）　過去3期分納税申告書の有無（有・無）　納税の有無（有・無）

123

第2章 消費者破産の申立て

[書式28] 財産目録（管財事件用）

① 財産目録（管財事件用）

No.	科目	名目額（簿価額等）(円)	回収見込額(円)	備考	自由財産の額及び拡張を求める財産の額(円)
1	現金	250,000	250,000	引継ぎ予納金205,000円を含む。	45,000
2	預貯金・積立金	160,000	160,000		160,000
3	保険解約返戻金	362,000	362,000	一部契約者貸付けあり。	250,000
4	自動車	300,000	0	○○信販の所有権留保あり。	0
5	賃借保証金・敷金	300,000	0		
6	電話加入権	2,000	2,000		2,000
7	退職金	4,000,000	500,000		500,000
8	不動産				
9	有価証券				
10	受取手形・小切手				
11	売掛金				
12	貸付金				
13	在庫商品				
14	機械・工具類				
15	什器備品				
16	その他				
	合計	5,382,000	1,282,000		957,000

＊詳細は各目録のとおり

124

② 預貯金・積立金目録

No.	金融機関又は積立先の名称	支店名	種類	口座番号・積立番号等	残高又は積立総額(円)	相殺予定	回収見込額(円)	備考	通帳・証書等	自由財産拡張申立
1	明治銀行	西天満支店	普通	1234567	20,000	□有	20,000		■有	■
2	大阪府信用組合	北浜支店	普通	9876543	30,000	□有	30,000		■有	■
3	吉本工業		社内積立	111	100,000	□有	100,000		■有	■
4	冠婚葬祭互助会		積立	66666	10,000	□有	10,000		■有	■
5						□有			□有	□
6						□有			□有	□
7						□有			□有	□
8						□有			□有	□
9						□有			□有	□
10						□有			□有	□
	合計				160,000		160,000			160,000

Ⅲ 申立て

125

第2章 消費者破産の申立て

③ 保 険 目 録

No.	保険会社	保険種類	証券番号	名目額(円)	回収見込額 (解約返戻金)(円)	備 考	証券	自由財産 拡張申立
1	第 九 生 命	生命保険	F-2360679	200,000	200,000	契約者貸付額控除済み	■有	■
2	ジャパン保険	生命保険	314159265	100,000	100,000		■有	□
3	大阪海上火災	火災保険	O-7281110	50,000	50,000		■有	■
4	損保アメリカン	自動車保険	KK-840840	8,000	8,000		■有	□
5	損保アメリカン	自賠責	C-919919	4,000	4,000		■有	□
6							□有	□
7							□有	□
8							□有	□
9							□有	□
10							□有	□
			合計	362,000	362,000			250,000

126

III 申立て

④ 自動車目録

No.	車名	年式	登録番号	保管場所	簿価等(円)	回収見込額(円)	所有権留保の有無	車検証又は登録事項証明書	備考	自由財産拡張申立
1	ニッサン・マーチ	H14	なにわ55の○○○○	自宅	300,000	0	■有	■有	ローン返済未了	□
2							□有	□有		□
3							□有	□有		□
4							□有	□有		□
5							□有	□有		□
6							□有	□有		□
				合計	300,000	0				0

⑤ 賃借保証金・敷金目録

No.	賃借物件	差入額(円)	契約上の返戻金(円)	滞納額(円)	原状回復費用の見込額(円)	回収見込額(円)	契約書	自由財産拡張申立
1	めぞんコーポ302号室	360,000	300,000	0	600,000	0	■有	■
2							□有	□
3							□有	□
4							□有	□
	合計		300,000	0	600,000	0		0

⑥ 電話加入権目録

No.	電話番号	所在場所	電話加入権の有無	休止の有無	時価(円)	滞納料金(円)	回収見込額(円)	備考	自由財産拡張申立
1	06-0000-0000	自宅	■有	□有	2,000	0	2,000		■
2			□有	□有					□
3			□有	□有					□
4			□有	□有					□
5			□有	□有					□
6			□有	□有					□
7			□有	□有					□
8			□有	□有					□
				合 計	2,000	0	2,000		2,000

第2章 消費者破産の申立て

⑦ 退職金目録

No.	会社名(雇用主)	勤務開始日	支給見込額(円)	1/8相当額(円)	備考	証明書	退職金規程	自由財産拡張申立
1	吉本工業	H2.4.1	4,000,000	500,000		□有	■有	■
2						□有	□有	□
4						□有	□有	□
4						□有	□有	□
	合計		4,000,000	500,000				500,000

130

III 申立て

⑧ 不動産目録

No.	種類	所在地	地番又は家屋番号	評価額（固定資産評価証明）又は価格（査定書）(円)	被担保債権額(円)	回収見込額(円)	評価証明書等	査定書	残額被担保債権証明書	備考	自由財産拡張申立
1							□有	□有	□有		□
2							□有	□有	□有		□
3							□有	□有	□有		□
4							□有	□有	□有		□
5							□有	□有	□有		□
6							□有	□有	□有		□
7							□有	□有	□有		□
8							□有	□有	□有		□
合計											

131

第2章 消費者破産の申立て

⑨ 有価証券目録

No.	財産の内容 (ゴルフ会員権・株式・出資証券等)	数量	証券番号	証券の所在	簿価等 (円)	回収見込額 (円)	取引相場資料	備考	自由財産拡張申立
1							□有		□
2							□有		□
3							□有		□
4							□有		□
5							□有		□
6							□有		□
7							□有		□
8							□有		□
	合計								

⑩ 受取手形・小切手目録

No.	振出人の氏名又は会社名	〒	住所	TEL FAX	手形小切手番号	裏書人	支払期日	額面(円)	回収見込額(円)	回収できない理由	自由財産拡張申立
1											☐
2											☐
3											☐
4											☐
5											☐
6											☐
7											☐
8											☐
							合計				

⑪ 売掛金目録

No.	債務者の氏名又は会社名	〒	住所	TEL FAX	金額(円)	回収見込額(円)	回収できない理由	契約書等	自由財産拡張申立
1								□有	□
2								□有	□
3								□有	□
4								□有	□
5								□有	□
6								□有	□
7								□有	□
8								□有	□
				合計					

⑫ 貸付金目録

No.	債務者の氏名又は会社名	〒	住所	TEL FAX	金額(円)	回収見込額(円)	回収できない理由	契約書等	自由財産拡張申立
1								□有	□
2								□有	□
3								□有	□
4								□有	□
5								□有	□
6								□有	□
7								□有	□
8								□有	□
						合計			

第2章 消費者破産の申立て

⑬ 在庫商品目録

No.	品名	個数	所在場所	簿価等(円)	回収見込額(円)	換価可能性	備考	自由財産拡張申立
1						□有		□
2						□有		□
3						□有		□
4						□有		□
5						□有		□
6						□有		□
7						□有		□
8						□有		□
	合計							

⑭ 機械・工具類目録

No.	名称	個数	所在場所	簿価等(円)	回収見込額(円)	備考	自由財産拡張申立
1							☐
2							☐
3							☐
4							☐
5							☐
6							☐
7							☐
8							☐
合計							

第2章 消費者破産の申立て

⑮ 什器備品目録

No.	品名	個数	所在場所	簿価等(円)	回収見込額(円)	備考	自由財産拡張申立
1							□
2							□
3							□
4							□
5							□
6							□
7							□
8							□
	合計						

⑯ その他の財産目録

No.	財産の種類・内容	数量	所在場所	簿価等(円)	回収見込額(円)	備考	自由財産拡張申立
1							☐
2							☐
3							☐
4							☐
5							☐
6							☐
7							☐
8							☐
合計							

第2章 消費者破産の申立て

(7) 処分済財産等一覧表

※決算書が存在する事業者については、最終の決算書に記載されており、かつ申立書別紙財産目録に記載のない財産を記載する。

※それ以外の者については、過去2年以内に処分した財産で20万円以上の価値のあるものを記載する。
ただし、1.現金、2.預貯金、10.受取手形・小切手、11.売掛金、13.在庫商品（原材料）など、通常流動性が高いと思われる資産については記入する必要がありません。
3.保険解約返戻金、4.自動車、5.保証金・敷金、6.電話加入権、8.不動産、9.有価証券、12.貸付金、14.機械・工具、15.什器備品等の資産についてのみ記入してください。

番号	財産の種類・内容	架空計上	処分	処分の日	処分価格（円）	処分代金の使途又は財産目録非掲載の理由	決算書記載の有無
1		□有	□有				□有
2		□有	□有				□有
3		□有	□有				□有
4		□有	□有				□有
5		□有	□有				□有
6		□有	□有				□有
7		□有	□有				□有
8		□有	□有				□有

【書式29】 リース物件等一覧表

リース物件等一覧表

整理番号	債権者名	リース物件	所在地	契約書の有無	返還状況
1					
2					
3					
4					
5					
6					
7					
8					
9					
10					
11					
12					
13					
14					
15					
16					
17					

※整理番号は債権者一覧表の中のリース債権者番号と同一の番号を記載する。

第2章 消費者破産の申立て

[書式30] 係属中の訴訟等一覧表

係属中の訴訟等一覧表

No.	事件の種類	相手方	係属裁判所	事件番号	備考（訴訟内容、訴訟の進行状況等を記載してください。）
1					
2					
3					
4					
5					
6					
7					
8					
9					
10					
11					

※上記の係属訴訟には保全処分、支払督促及び民事執行も記載する。

142

【書式31】 申立直前の処分行為等一覧表

申立直前の処分行為等一覧表

債務者

No.	相 手 方	行為時期	行為類型	金額(評価額)(円)	参考となるべき事項
1					
2					
3					
4					
5					
6					
7					
8					
9					
10					
11					

【書式32】 疎明資料目録（自然人用）

疎明資料目録（自然人用）

※ ◇は，常に添付が必要な書類です。添付を確認の上，◇内にチェックをしてください。
※ ○は，該当する場合には，必ず添付が必要な書類です。添付を確認の上，○内にチェックをして通数を記載してください。

1 ◇委任状
2 ◇戸籍謄本
3 ◇住民票
4 ○法人代表者の場合，法人の商業登記簿謄本
5 ○不動産を所有している場合，不動産登記簿謄本（　　通）及び評価証明書（　　通）
6 ◇管財人引継資料一覧表（自然人用）

【書式33】 管財人引継資料一覧表（自然人用）

管財人引継資料一覧表（自然人用）

① 全体的資料
　①－1　□○　税務申告書控え（税務署の受付印のあるものを，少なくとも直近年度から順に過去2年分）
　①－2　☑◎　債権疎明資料（金銭消費貸借契約書，債権額回答書，債権調査票）
　①－3　☑◎　債権調査に関する上申書
　①－4　□　　印鑑（□代表印　□銀行印）
　①－5　□　　手形帳・小切手帳
　①－6　□　　事務所・金庫等の鍵
　①－7　□○　賃金台帳

①−8　☑　申立書及び添付書類等一式のデータを納めたFD・CD・MO等

②◇預貯金・積立金

　②−1　☑⊘　預金（貯金）通帳

　②−2　□○　当座勘定照合表

③◇保険解約返戻金

　③−1　☑⊘　保険証券

　③−2　☑⊘　解約返戻金証明書

④◇自動車

　④−1　☑⊘　車検証

　④−2　☑　　自動車の鍵

　④−3　△　　査定書

⑤◇賃借保証金，敷金

　⑤−1　☑⊘　賃貸借契約書

⑦◇退職金

　⑦−1　☑⊘　退職金規程

　⑦−2　☑⊘　退職金計算書

⑧◇不動産

　⑧−1　□○　登記済権利証

　⑧−2　□○　不動産登記簿謄本

　⑧−3　□○　固定資産税評価証明書

　⑧−4　△　　査定書

⑨◇有価証券

　⑨−1　□○　会員権証書，株券，出資証券

⑩◇受取手形・小切手

　③−1　□○　受取手形・小切手

⑪◇売掛金

　⑪−1　□　　売掛台帳

⑫◇貸付金

　⑫−1　□○　金銭消費貸借契約書

⑰◇係属中の訴訟

III　申立て

145

第2章　消費者破産の申立て

⑰—1　□　係属中の訴訟等に関する訴訟資料

> ※　◇は財産目録に財産が存在する旨記載した場合にチェックしてください。
> 　　◇にチェックのある項目については，原則的に□の資料を管財人に引き継ぎ，引き継ぐものにチェックをしてください。△の資料は，存在する場合に引き継ぎ，チェックしてください。
> ※　アンダーラインのある資料（財産）は，申立代理人が責任をもって保管し，引継に留意してください。
> ※　引き継ぐ資料のうち，○のあるものについては，原本が存在する場合も必ずコピーを一部作成し，申立書等の副本とともに管財人予定者速やかに直送し，コピーを作成したことの確認のため○にチェックを入れてください。作成したコピーには，上記の○印内の数字に対応した番号を振って整理して下さい（従来，裁判所に提出していた疎明資料に代わる資料となります。）。
> 　　また，原本も打合せのときに，管財人に引き継いでください。

（資料1）　管財事件の手続費用について

管財事件の手続費用について

大阪地方裁判所第6民事部
平成17年1月1日現在

1　弁護士代理による自己破産（準自己破産を含む。）申立事件

表1

債権者数	法人の引継予納金 ※1	自然人の引継予納金 ※1
1人〜 99人	最低　20万円 ※2	最低　20万円 ※2
100人〜199人	最低　50万円 ※2	最低　30万円 ※2
200人〜	最低　100万円	最低　50万円

＋

表2

債権者数	郵券代替分引継予納金(法人・自然人共通)
1人〜50人	5,000円
51人〜60人	6,000円

——管財人に引継

146

| | 61人〜 | 10人増加するごとに1000円ずつ追加 |

＋

表3	法人の裁判所予納金 （官報公告費用分）	自然人の裁判所予納金 （官報公告費用分）
	1万3457円	1万7025円

──裁判所に予納

※1　引継予納金の金額は，債権者数，予想される管財業務の内容，財団形成の見込みなどを勘案し，事案の内容に応じて裁判官が個別に判断することになります。表1は，債権者数のみに着目した最低額の基準に関するものであり，明渡費用や訴訟費用等の他の要因によって大幅に増額される場合があります。

※2　債権者数が200人未満で事業用の賃借物件がある場合，引継予納金を上記の最低基準額とするためには，明渡し及び原状回復などを申立代理人が行っておく必要があります。また，事案が複雑で換価に6か月以上かかる見込みである等の理由から，債権者数が200人未満であっても，債権者200人以上の場合の基準が適用されることがあります。

※3　併存型（法人，夫婦等）の場合は次のとおりです。
　　表1…基本事件分の最低額の基準が表1のとおりとなり，付加事件分は原則として0円です。
　　表2…基本事件，付加事件ともに表2のとおり必要です。
　　表3…基本事件，付加事件ともに表3のとおり必要です。

※4　同時廃止事件から管財事件に移行した場合は，同時廃止の予納金（官報公告費用）納付後であれば，表3については差額（6423円）の納付となります。

※5　破産手続開始決定は，引継予納金を申立代理人が保管し，管財人に引き継ぐ準備ができたことを裁判所が確認できた時点以降に行われることになります。

2　本人申立事件（司法書士が申立書を作成した場合を含む。ただし，同廃からの移行事件を除く。）

表4	債権者数	法人の裁判所予納金	自然人の裁判所予納金
	債権者数にかかわらず	最低　100万円	最低　50万円

──裁判所に予納

※6　弁護士代理の申立事件と異なり，郵券代替分及び官報公告費用分はこの中に含まれています。この表の全額を裁判所に納めていただくことになります。

※7　司法書士が申立書を作成した同廃からの移行事件に限り，表1（全額を裁判所に納付）の額は最低22万2025円となります。

3　債権者申立事件

表5	債権者数	法人の裁判所予納金	自然人の裁判所予納金
	債権者数にかかわらず	最低　100万円	最低　70万円

──裁判所に予納

第2章　消費者破産の申立て

※8　弁護士代理の申立事件と異なり，郵券代替分及び官報公告費用分はこの中に含まれています。この表の全額を裁判所に納めていただくことになります。
※9　債権者申立事件の予納金は，破産者の協力を得られにくいことから，事案の難易度に応じて大幅に増額されることがあります。

★　定められた予納金・引継予納金を準備できない場合，予納命令を経て破産手続開始の申立てが棄却されることがあります（破産法30条1項1号参照）。

第3章

自由財産

第3章　自由財産

I　自由財産と自由財産拡張手続の意義

1　自由財産の意義・必要性

　自由財産とは、破産者の財産のうち、破産手続開始決定後も破産管財人が処分する財産（破産財団）とはされず、破産者にその処分が許された財産のことである。

　破産手続は、破産管財人が、破産者がもっている全財産を処分するなどして換価し、所定の手続に従って、破産者の全債権者に平等に配当することを主な目的としている。そのため、破産管財人には、破産手続開始決定当時、破産者がもっていた財産について、処分する権限が与えられている（法34条1項）。

　しかし、自然人の破産者の場合であれば、すべての財産について破産管財人によって処分されてしまうこととなると、破産手続開始決定後の生活ができなくなり、その経済的更生を図ることができなくなってしまうおそれがある。

　そこで、自然人の破産者について経済生活の再生の機会を確保する（法1条）との観点から、自然人の一定の範囲の財産については、自由財産とすることが破産法上定められている。

2　法定の自由財産

　破産法上、当然に自由財産になるものとして認められた財産は以下(1)～(3)に記載した財産である。

(1)　破産手続開始決定後の原因により発生した財産（新得財産）

　破産手続開始決定時に破産財団の範囲を固定し、破産手続開始決定後に破産者に帰属するに至った財産は破産財団から除かれるものとされている（固定主義。法34条1項）。

たとえば、破産手続開始決定後の労働により発生した破産者の賃金債権、破産手続開始決定後に発生した相続により破産者が取得した財産などである。

(2) 金銭（現金）99万円（法34条3項1号、民執131条3号、民執令1条）

金銭について、旧法下では、民事執行法によって差押禁止の範囲として定められた66万円の現金（標準的な世帯の2ヵ月分の必要生計費を勘案して政令で定められた金額。民執131条3号、民執令1条）が自由財産とされていた。

この点、個別執行の民事執行の場合と異なり、破産は包括的執行手続であり、破産者のすべての財産が執行の対象となることから、破産手続開始決定後の自然人の経済的更生を図るためには個別執行の民事執行手続の場合よりも破産者の手元に残す財産の範囲を拡大する必要がある。そのため、現行法では、民事執行法上差押禁止とされる金銭の2分の3つまり99万円までは破産管財人によって処分されない自由財産とされ、その範囲が拡大されている（法34条3項1号）。

(3) 金銭以外の差押禁止財産（法34条3項2号）

破産法が包括的執行手続であることから、差押えが禁止されている財産は自由財産とされる。

差押えが禁止されている財産としては、民事執行法において差押えが禁止されているものと特別法において差押えが禁止されているものがある。

① 民事執行法上の差押禁止動産（民執131条）

ⓐ 生活に欠くことができない衣服、寝具、家具、台所用品、畳および建具（1号）

ⓑ 債務者等の1ヵ月間の生活に必要な食料・燃料（2号）

ⓒ 農業従事者の農業に欠くことができない器具、肥料、労役の用に供する家畜、飼料並びに次の収穫まで農業を続行するために欠くことができない種子その他これに類する農産物（4号）

ⓓ 漁業従事者の水産物の採補または養殖に欠くことができない漁網その他の漁具、えさおよび稚魚その他これに類する水産物（5号）

ⓔ 技術者、職人、労務者その他の主として自己の知的または肉体的労

151

働により職業または営業に従事する者のその業務に欠くことができない器具その他の物（6号）など

なお、旧法下では、上記のうち、農業・漁業従事者の農機具・漁具など（民執131条4号・5号）については、民事執行法により、民事執行の場面では差押禁止動産とされていたにもかかわらず、破産手続の中では、破産財団に属するものとされていた。

しかし、現行法では、農業・漁業従事者の農機具・漁具などを他の差押禁止財産と区別する合理的理由がないことから、他の差押禁止動産と同様に自由財産とされている。

② 民事執行法上の差押禁止債権（民執152条）
　ⓐ 給与債権（同条1項2号）　給与から税金などを控除した金額の4分の3相当部分（ただし、給料から税金などを控除した金額が44万円を超える場合には、33万円だけが差押禁止債権）。
　ⓑ 退職手当債権（退職金。同条2項）　給付の4分の3相当額。ただし、退職手当債権（退職金）について、実務上、後述するように多くの裁判所では、退職が破産手続開始決定時においてすでに具体化している（もしくは近々に退職することが見込まれる）などといった例外的事情がない限り、退職手当債権の給付額の8分の1の金額をもって破産財団と評価し、残りの8分の7について、自由財産と同様に扱う形で運用されている。
　ⓒ 給与以外の生計を維持するために国および地方公共団体以外の者から支給を受ける継続的給付に係る債権（同条1項1号）　民法上の扶養請求権（民881条）など。

③ 特別法上の差押禁止債権
　ⓐ 生活保護を受け取る権利（生活保護法58条）
　ⓑ 児童手当を受け取る権利（児童手当法15条）
　ⓒ 年金給付を受け取る権利（国民年金法24条、厚生年金保険法41条）など

3 自由財産拡張制度の導入の経緯・必要性

　以上のように現行法の下では、金銭については、99万円まで自由財産として認められた。

　しかし、今日の社会においては、給料も多くの場合、現金交付ではなく、振込みの形で支払われており、生活費について、全額現金の形にしたうえで所持している人は少ない。むしろ財布代わりにキャッシュカードを使っている人も多く、財産を現金以外の形で保持しつつ生活している家庭が大半である。

　そのため現金や差押禁止財産といった法定自由財産以外の財産について、いっさい破産者の手元に残らないとなれば、破産手続開始決定後の破産者の生活を確保するという自由財産制度の本来の目的が達成できない。

　この点、最終的には立法技術上の問題で導入は見送られたものの、現行法の立法作業の中では、自由財産額そのものの拡張をするための自由財産拡張の申立てのほかに、預金債権等の金銭債権についても、破産者が、金銭に代えて自由財産とするように選択できるという案等も検討されていた（破産法等の見直しに関する中間試案第2部第1、1参照）。

　さらに、現金、預金以外にも破産者が破産手続開始決定後、経済的に更生して生活をしていくうえで、換価をせず破産者の手元に残しておくことが適当な財産も存在している（退職金、敷金、自動車、保険など）。

　また、場合によっては、破産手続開始決定時にすでに無職であり、病気などのため、今後当面の間、就職の見込みが立たないであるとか、破産した会社の代表者であり失業保険も得ることができない等の事情により、収入が今後しばらく見込めない場合や、大家族であるもしくは家族の一員が入院する必要があり今後標準的な世帯に比べて多額の支出が見込まれる場合などにおいては、99万円といった財産の保持を認めただけでは、破産者の破産手続開始決定後の生活の確保のためには不十分であることも考えられる。

　これらの問題に対応するために、現行法では、現金や差押禁止財産といっ

た法定の自由財産以外の財産についても、職権もしくは申立てにより裁判所が、破産者の生活の状況、破産者が破産手続開始決定時に有していた自由財産の種類や額、破産者が収入を得る見込みなどのいっさいの事情を考慮して自由財産の範囲を拡張できるものとした（法34条3項）。

II 同時廃止の運用

1 各裁判所により異なる運用

　たとえ、現金や差押禁止財産以外の財産をもっていても、その財産が比較的少額であり、かつ、特に財産調査などをするために破産管財人を選任する必要性も低い場合には、破産財団をもって破産手続費用が償えないものとして、破産管財人を選任しない同時廃止手続によって破産手続を終了するとの運用が全国各地の裁判所で行われている（法216条）。

　同時廃止となった場合には、破産管財人が選任されないので、結果として、残された破産者の財産は、自由財産と同様に破産者が処分できることになる。

　さらに、一定程度以上の財産を有していると認められる場合であっても、必ずしも破産管財人を選任せず、破産者がその財産を債権者に自主的に分配すること（按分弁済）を条件に、手続費用を償えないものとして同時廃止によって処理するという運用をしている裁判所もある。

　破産管財人が選任されない同時廃止とするか否か、破産管財人が選任されない同時廃止による処理をする場合も、どれだけの財産を有していれば処分するなどして債権者に按分して分配することを求められるのかについては、後述のように裁判所ごとに基準が異なるので注意が必要である。

2 大阪地裁における運用

　以下、同時廃止の場合にどのような範囲までの財産について換価を要しないかについての運用を概観する。

　この点、大阪地裁の場合には、旧法時から、「破産財団を以って」という法文に基づく考え方を取り入れ、平成16年法改正前の差押禁止の現金である66万円という金額を破産者がその財産を債権者に自主的に分配すること（按分弁済）を必要とするか否かの目安として考え、原則として、①現金の場合

は66万円以下、個別資産（預金や保険など）ごとの評価額が20万円未満の場合であり、かつ、②現金その他の各財産の評価額の合計が66万円以下である場合には、破産者に按分弁済を求めず、同時廃止による処理が行われていた。

　そして、現行法下でも、大阪地裁では、差押禁止の現金が99万円に引き上げられたことから、上記の66万円を99万円と置き換えたうえで、同時廃止の場合に按分弁済を求めるかどうかについての基準を踏襲している。

　なお、大阪地裁では貸金業者からの借入れに関し、利息制限法による引直しをした結果判明する過払金返還請求権の同時廃止手続における取扱いについて以下のような運用が行われている（本章Ⅲ2(2)掲載　資料2-2　破産事件における過払い金の取り扱いについて運用基準の要旨（大阪地裁）参照）。

　まず、過払金の調査の結果、その額面額（利息制限法による引直計算後の過払金返還請求額）が30万円未満の場合には、過払金の回収をする必要がなく、そのまま同時廃止決定がなされる。

　また、上記の額面額が30万円以上の場合でも過払金を回収し、その回収額から上記回収費用・報酬を控除した後の額が20万円未満ならば、按分弁済の必要はなく、そのまま同時廃止決定がなされる。

　一方、上記の回収後の残額が20万円以上100万円以下の場合、その回収後残額全額を按分弁済することで同時廃止での処理が可能である。

　この場合、申立代理人として、過払金について相手方と返還の合意もしくは回収をしたうえで、自己破産の申立てをし、同時廃止事件とせず、破産管財事件として、当該過払金を自由財産拡張手続により自由財産とする解決を図ることも考えられる（本章Ⅲ2(2)参照）。

3　東京地裁における運用

　東京地裁では、現金の自由財産の範囲が拡大されたことは、管財事件における換価基準に影響を与えるが、同時廃止事件とするか管財事件とするかの振分基準には直接関係しないとされている。そして、できるだけ広く破産管財人を選任して管財事件にするのが望ましいとの考えの下、破産申立て時に

申告された現金が99万円以下であっても、破産者が他に現金を有していないか否かは、本来、破産管財人の資産調査を経なければ確定できないとし、現行法の下でも、原則として、管財事件の最低予納金（管財費用）である20万円を破産者が支弁できるか否かという基準によって同時廃止とするか否かが判断される。

4　全国の裁判所における運用

　同時廃止の運用に関しては、全国の裁判所においてそれぞれ異なる運用がなされているが、一定の基準化がなされているようである。

　この点について、全国の弁護士の協力によって、平成17年5月末時点における全国の裁判所における同時廃止事件と自由財産拡張制度の運用について調査がなされ、その結果について集計および分析がなされ、公表されているのでその内容を巻末に掲載する（巻末資料「新破産法下の各地の運用状況について――同時廃止および自由財産拡張基準全国調査の結果報告」参照）。

　詳細は、上記調査の集計結果および報告を参照されたいが、この調査結果によれば、現金に関しては、法定の自由財産の範囲と連動する形で99万円以下であれば、特に按分弁済を要求しないとする裁判所が多いようである。

　預貯金に関しても、額については差があるものの、一定額までその保持しつつ同時廃止による処理を認めることの運用が一般的である。

　預貯金の他にも、保険、退職金、敷金、自動車といった財産項目について、一定額までの保持を認めたうえで、同時廃止を行うとの運用が行われている。

　いずれにしても、本書で説明した大阪地裁、東京地裁、また、全国調査で明らかになった各地の裁判所の基準も絶対的なものではなく、一部変更されている可能性もあり、その点について十分留意が必要である。

　さらに、上記の大阪地裁・東京地裁・その他の裁判所の同時廃止に関する運用の説明は、あくまで、記録上から破産者の財産の内容や範囲が明確であるという前提のものである。したがって、個人であっても事業者であるもしくは会社の代表者である、その他の事情から他にも財産が存在する可能性が

157

考えられ、管財人による財産調査が必要であるといった場合には、たとえ申立て時に計上された財産が少ない場合にあっても、同時廃止による処理ではなく、やはり管財人を選任して処理される場合があることにも注意が必要である。

III　自由財産拡張手続の流れと運用

1　自由財産拡張申立て

　自由財産拡張の決定は、破産手続開始決定が確定した日から1カ月が経過する日までの間、破産者の申立てによりまたは職権で、破産者の生活の状況、破産手続開始の決定時において破産者が有していた自由財産の種類および額、破産者が収入を得る見込みその他の事情を考慮してなされるものとされている（法34条4項）。

　自由財産拡張決定を求める申立ては、自由財産として拡張してほしい財産および法律上当然に自由財産とされている財産を表示し、その価額を記載して申し立てる必要がある（規則21条）。

　自由財産拡張の申立ては、破産手続開始決定後においてすることも可能ではあるが、実務上は、債権者の申立ての場合や、当初は同時廃止による自己破産を申し立てていたが、破産管財人を選任することが相当とされたといったケースを除けば、通常自己破産の申立てと同時になされる。

　ただし、自由財産拡張手続については、全国で統一された書式が定められるものではなく、各地の裁判所でその実情に応じて、自由財産拡張申立てや決定の方式などが定められる。さらに、いかなる場合に自由財産拡張が認められるかの運用基準についても、全国で統一された基準が定められるものでなく、各地の裁判所における運用基準によることとなる。したがって、自由財産拡張手続を利用するにあたっては、その申立てをする裁判所の自由財産拡張手続の運用について事前に確認することが必要である。

　自由財産拡張申立ての方式について、大阪地裁では、以下のように定められている。

　まず、自然人の当初の破産申立て時に、同時廃止決定を求めず、破産管財人の選任を前提とした申立てをした場合には、定型の破産申立書【書式3】

の中で、同時に提出する管財事件用の財産目録【書式28】にチェックをした財産について自由財産とするように求めるという記載がなされており、この提出によって自由財産拡張の申立てを行う。

　その際に、同時に管財補充報告書【書式21】を提出し、その中で、自由財産拡張を求める理由を述べる。

　一方、当初は、同時廃止による破産手続を申し立てていたが、申立て後に破産管財人を選任するのが相当とされた場合には、その時点で、自由財産拡張申立書【書式34】、自由財産とする財産についてチェックを付けた管財事件用の財産目録【書式28】および管財補充報告書【書式21】を提出し、通常は破産手続開始決定がなされる前に自由財産拡張申立てを行うことになっている。

　なお、特に合計99万円を超える範囲まで自由財産とすることを求める場合には、その必要性について、各種資料を添付するなどして、収入が今後しばらく見込めないことや今後標準的な世帯に比べて多額の支出が見込まれる具体的事情を明らかにし、申立てをすることが必要となる。

　そのため、申立代理人の立場からすれば、自然人の破産事件を受任した時点で、破産者においていかなる財産を残したいと考えているのかを十分聴取し、破産管財人が選任される事件については、後述する各裁判所で定められている自由財産拡張制度の運用基準に照らして、自由財産拡張の申立てをする財産を適切に選択することが必要である。

【書式34】　自由財産拡張申立書〔大阪地裁〕

```
平成○年(フ)第○○号
申立人　○○○○

               自由財産拡張申立書

                                      平成○年○月○日
   大阪地方裁判所　第６民事部　○係　御中
                  申立人代理人　弁護士　○　○　○　○　印
```

```
                                    TEL  00-0000-0000
                                    FAX  00-0000-0000

第1  申立ての趣旨
  別紙財産目録記載の財産のうち、同財産目録自由財産拡張申立欄に■を付し
た財産について、破産財団に属しない財産とする。

第2  申立ての理由
  別添の管財補充報告書第12記載のとおり。
```

(注) 財産目録【書式9】、管財補充報告書【書式21】参照。

2 自由財産拡張に関する基準

(1) 破産管財人の意見聴取

　自由財産拡張の決定をするにあたっては、裁判所は、破産管財人の意見を聴かなければならないとされている（法34条5項）。実際の運用にあたっては、大部分は破産管財人の意見に従った決定がなされることから、破産管財人の意見が重要となる。

　自由財産拡張の申立てがあった場合、破産管財人は、まず、拡張の申立てがあった財産の破産手続開始決定時における価額を適切な方法で確認し、その財産を評価する。

　次に、破産管財人は、破産者やその代理人から、あらためて自由財産を拡張する必要性やその希望内容に関して事情聴取したうえで、拡張すべきかどうかを判断し、破産管財人としての意見を述べることとなる。

　しかし、破産管財人が自由財産の拡張に関する意見を述べるにあたり、破産者自身にその財産の処分を認めるべきかどうかを判断するにあたって全く何も基準がなければ、破産管財人にとってその判断は困難なものとなる。さらに、破産管財人ごとにその判断が異なることになり、破産者もどのような財産が自由財産として認められるのか予測がつかず、破産者の経済的更生が

妨げられるおそれもある。

そのため、多くの裁判所においては、自由財産拡張決定についての一定の運用基準が作成され、その基準に従って、破産管財人や裁判所が自由財産拡張について判断するとの運用が行われている。

【書式35】 自由財産拡張に関する意見書

```
平成○年(フ)第○○号
破産者  ○○○○
```

自由財産拡張に関する意見書

平成○年○月○日

大阪地方裁判所　第6民事部　御中

　　　　　　　　　　　破産管財人　○　　○　　○　　○　印
　　　　　　　　　　　　　　　　TEL　00-0000-0000
　　　　　　　　　　　　　　　　FAX　00-0000-0000

第1　意見の趣旨

　　破産者から自由財産拡張の申立てがあった財産のうち、破産管財人作成にかかる財産目録備考欄に拡張不相当と記載した財産を破産財団に属しない財産とすることは相当でない。

第2　意見の理由

(2) 裁判所の基準

　自由財産拡張に関する運用基準は、各裁判所ごとに内容が異なるものであるが、以下では、各地の裁判所における自由財産拡張制度の運用基準のうち、大阪地裁における「自由財産拡張制度の運用基準」（以下、「大阪地裁運用基準」という）と東京地裁における「破産手続きにおける債務者財産の換価に関する基準」（以下、「東京地裁換価基準」という）の内容を掲載する。

　なお、大阪地裁では、平成19年3月より、上記大阪地裁運用基準とは別途に貸金業者からの借入れについて利息制限法による引直しをした結果判明する過払金返還請求権の自由財産拡張手続きにおける取扱いについて新たな運用を始めているため、その内容もあわせて掲載する（資料2-2　破産事件における過払い金の取り扱いについて運用基準の要旨（大阪地裁）参照）。

　大阪地裁での新たな運用では、預金などに次いで過払金が7ジャンル目の拡張適格財産とされ、次の要件を満たす場合には原則として拡張が相当とされることとなっている。

　そのための要件は、①破産申立てまでに、過払金の返還額および返還時期についての合意ができているか、すでに過払金を回収済みであること、②申立て時に提出する財産目録にその旨が記載されていること、③他の種類の財産を含めた拡張対象となる財産の評価額が合計99万円を超えないことの3点である。

　さらに、自由財産拡張制度に関しても、同時廃止と同様に全国各地の弁護士の協力によって、全国の裁判所の自由財産拡張制度の運用基準について全国調査がなされ、その結果について平成17年5月末にて集計および分析がなされているのでその内容を巻末に掲載する（巻末資料「新破産法下の各地の運用状況について——同時廃止及び自由財産拡張基準全国調査の結果報告」参照）。

第3章　自由財産

〔資料 2-1〕　自由財産拡張制度の運用基準〔大阪地裁〕（なお、大阪地裁では破産者において拡張を希望する財産を積極的に申し立てることを手続の前提にしている）

自由財産拡張制度の運用基準

1　下記①ないし⑥の財産であって、その評価額（注1）がそれぞれ20万円以下の場合

　原則として、拡張相当として換価等をしない。

　ただし、次のような、例外的取扱いがある。

(1)　電話加入権が複数本ある場合については、1本を除きすべて換価等をする。

(2)　項目別の総額が20万円を超えるが、拡張申立てに係る財産についての項目別総額は20万円以下という場合（例えば、15万円の保険解約返戻金が2口あるときに、1口についてだけ拡張申立てがされた場合）には、原則として、換価等をしない。

記

①　預貯金・積立金
②　保険解約返戻金
③　自動車
④　敷金・保証金返還請求権（注2）
⑤　退職金債権（注3）
⑥　電話加入権

（注1）　例えば、保険解約返戻金が複数口あるなど、同じ項目の財産が複数ある場合には、個々の財産を評価した上で、それを合算した項目別の総額をもって「評価額」とする。

（注2）　契約書上の金額から滞納賃料及び60万円（明渡費用等）を控除した額で評価する。

（注3）　原則として、支給見込額の8分の1で評価する。ただし、例えば、退職金支給が近々に行われるような場合については、4分の1とするなど、事案に応じた評価を行う。

2 前記1①ないし⑥の財産であって，その評価額がそれぞれ20万円を超える場合
 (1) 拡張を認めることが相当でない事情（(2)参照）が存しないときは，拡張相当として換価等をしないことができる。
 (2) 拡張を認めることが相当でない事情
　　破産者の生活状況や収入見込みに照らして，当該財産を自由財産としなくとも経済的再生の機会を十分確保できると見込まれる場合である。その判断は，結局具体的事案に応じて行わなければならないが，次のような場合は，原則として，これに当たるものと考える。
　ア　破産者の世帯収入が継続的に又は反復して一定水準以上を維持する見込みがあり，毎月の家計収支において相当程度の余剰が生じている，又は生じることが見込まれる場合
　　（拡張不相当な例）
　　・破産者自身又は同居の配偶者が高収入を得ており，家計収支表上継続的に相当程度の余剰が生じることが見込まれる場合
　　・直近の家計収支表上余剰は少ないが，支出において浪費が認められ，それが改善されれば，継続的に相当程度の余剰が生じることが見込まれる場合
　イ　当該財産が破産者の経済的再生に必要とはいえない場合
　　（拡張不相当な例）
　　・所有の自動車が事業や通勤等のために不可欠とはいえない場合
3 前記1①ないし⑥以外の財産（注）及び破産手続開始後に発見された財産の場合
　　原則として，拡張不相当として換価等を行う。ただし，当該財産について拡張申立てがある場合において，破産者の生活状況や今後の収入見込みその他の個別的な事情に照らして，同財産が破産者の経済的再生に必要不可欠であるという特段の事情が認められる場合には，例外的に，拡張相当として換価等を行わないことができる。
　　（注）　具体的には，有価証券，貸付金，売掛金，不動産等である。
4 1ないし3の指針に従って拡張がされると，最終的に自由財産合計額が99万円を超える結果になる場合

165

第3章　自由財産

> (1)　破産者又は申立人代理人の希望を聞いた上，99万円を超えないように配慮して，換価等を行う財産を選択する（注1，2）。
> 　（注1）　同じ項目の財産が複数ある場合は，その一部を選択できる。
> 　（注2）　換価等を行った上，99万円を超えないように配慮して，換価等により得られた金銭から管財人報酬及び換価費用を控除した額の全部又は一部を債務者に返還するという措置をとることもできる（この場合，返還した範囲についても，自由財産拡張の裁判があったものとして取り扱う。）。
> (2)　99万円を超える拡張の申立てがされたとしても，原則として認めないものとするが，調査の結果，3の特段の事情が認められる場合には，裁判所と十分協議をして，拡張相当として換価等を行うかどうか決める。

(資料2-2)　破産事件における過払金の取扱いの運用基準の要旨〔大阪地裁〕

> (同時廃止事件)
> 1　どのような場合に過払金調査を要するか
> 　　平成11年以前（同年を含む）に取引を開始した利息制限法超過の貸金契約については，過払金の調査が必要となる。
> 2　どのような場合に過払金の回収を要するか
> 　　調査の結果，額面額（引直し計算した後の過払金返還請求権額）の合計額が，
> 　(1)　30万円未満の場合　→　原則として回収は不要。
> 　(2)　30万円以上の場合　→　このままでの同時廃止はできない。管財事件に移行するか，額面額の合計をあん分弁済するかしない限り，申立代理人において過払金の回収を要する。
> 3　どのような場合にあん分弁済を要する（又は，あん分弁済が可能）か
> 　　過払金を回収し，そこから相当な範囲の回収費用・報酬を控除した後の合計額が，
> 　(1)　20万円未満の場合
> 　　　原則としてあん分弁済は不要（もともとの額面額の合計額が30万円以上であったとしても，回収から上記回収費用・報酬を控除した後の額が20万円未満なら，あん分弁済は不要）。

(2) 20万円を超え100万円以下の場合
　　原則としてあん分弁済が可能。
(3) 100万円を超える場合
　　原則としてあん分弁済はできない（管財事件へ移行する）。
（管財事件～新しい自由財産拡張基準）
　以下の要件を充たす過払金は，原則拡張相当とするが，これを充たさない過払金は，従前どおり，原則拡張不相当（「必要不可欠性の要件」を充たす場合にのみ拡張相当）となる。
　① 破産申立てまでに，過払金の返還額及び返還時期についての合意ができているか。又は，既に過払金を回収済みであること。
　② 申立時に提出する財産目録にその旨が記載されていること。
　③ 拡張対象となる財産の評価額が合計99万円を超えないこと。

（資料3）　破産手続における債務者財産の換価に関する基準〔東京地裁〕

破産手続きにおける債務者財産の換価に関する基準

1　換価等をしない財産
(1) 個人である債務者が有する次の①から⑩までの財産については原則として，破産手続きにおける換価または取立て（以下「換価等」という。）をしない。
　① 99万円に満つるまでの現金
　② 残高が20万円以下の預貯金
　③ 見込み額が20万円以下の生命保険契約解約返戻金
　④ 処分価額が20万円以下の自動車
　⑤ 居住用家屋の敷金債権
　⑥ 電話加入権
　⑦ 支給見込み額8分の1相当額が20万円以下である退職金債権
　⑧ 支給見込み額の8分の1相当額が20万円を超える退職金債権の8分の7
　⑨ 家財道具
　⑩ 差押を禁止されている動産または債権

第3章　自由財産

(2)　上記(1)により換価等をしない場合には，その範囲内で自由財産拡張の裁判があったものとして取り扱う。
2　換価等をする財産
(1)　債務者が上記1の①から⑩までに規定する財産以外の財産を有する場合には，当該財産については，換価等を行う。ただし，管財人の意見を聴いて相当と認めるときは，換価等をしないものとすることができる。
(2)　上記(1)ただし書きにより換価等をしない場合には，その範囲内で自由財産拡張の裁判があったものとして取り扱う。
3　換価等により得られた金銭の債務者への返還
(1)　20万円を超える預貯金の払い戻しまたは20万円を超える生命保険解約返戻金の返戻があった場合において，管財人の意見を聴いて相当と認めるときは，その金銭の中から20万円を債務者に返還させることができる。
(2)　換価等により得られた金銭の額及び上記1の①から⑦までの財産（⑦の財産にあっては，退職金の8分の1）のうち換価等をしなかったものの価額の合計額が99万円以下である場合において，管財人の意見を聴いて相当と認めるときは，当該換価等により得られた金銭から管財人報酬及び換価費用を控除した額の全部または一部を債務者に返還させることができる。
(3)　上記(1)により債務者に返還された金銭に係る財産については，自由財産拡張の裁判があったものとして取り扱う。
4　この基準によることが不相当と認められる事案については，管財人の意見を聴いた上，この基準と異なった取り扱いをするものとする。

　以上，大阪地裁運用基準と東京地裁換価基準の二つの基準を掲載したが，内容的な違いとしては，大阪地裁運用基準の場合，個別の財産項目の評価額が20万円を超えても，自由財産として認める総額として99万円を超えない場合は，特に拡張を認めるのが相当でない事情がない限り，自由財産として認めるのに対し，東京地裁換価基準では，個別の財産項目の評価額が20万円を超えた場合には，破産管財人が相当と認めない限りは，換価するという表現になっている点などが挙げられる（実際，大阪地裁では，個別の財産項目の評価額が20万円を超えていても，自由財産として認める総額として99万円を超えない場合には，特段，拡張を相当する疎明資料がなくても，自由財産の拡張を認め

168

る運用がなされている）。

　そして、東京地裁換価基準を受けた運用についてであるが、あくまでも当該事案における具体的な換価対象の判断は、破産者の負債の状況、資産の状況、生活状況、破産に至る経緯、配当の可否、債権者の意向等の個別具体的な事情を踏まえ、運用の積み重ねの中から実績としてふさわしいルールを形成していくべきとして、東京地裁としては、相当性の判断などについて換価基準案よりも踏み込んだ運用基準は示されていないが、実際には柔軟な運用がなされていると聞く。

　大阪地裁、東京地裁以外の裁判所の基準に関しては、巻末掲載の全国調査（巻末資料「新破産法下の各地の運用状況について——同時廃止及び自由財産拡張基準全国調査の結果報告——」）の結果を参照されたい。

　上記の調査結果をみれば、全国の裁判所において、大阪地裁の運用基準、東京地裁の換価基準と同じく、預貯金、保険解約返戻金、自動車、敷金（保証金請求権）、退職金債権、電話加入権といった財産は、自由財産拡張制度の対象とされうる定型的な財産とされているようである。

　また、現金以外の財産についてであるが、当該財産について定められた基準額を超えた場合でも、現金と項目別財産の評価額の合計が99万円以内である場合には、原則換価しないという大阪地裁運用基準を導入している裁判所も多い。

　また、東京地裁換価基準に近い運用をしている裁判所もあるが、これも地域の実情に応じて、一部修正して導入している裁判所が多いようである。

　ただし、上記の各基準も、流動的なものであり、新たな運用基準が定立されるなど運用が変化することも考えられるところであり、今後、自由財産拡張制度の運用基準については随時確認する必要がある。

(3)　各基準における各財産項目
　(イ)　現　金
　現金については、そもそも99万円の範囲内では、法定の自由財産であり特に自由財産拡張の必要はない。現金について自由財産拡張の申立てをしなけ

ればならないのは、99万円を超える現金が存在する場合であり、99万円を超えた部分についても自由財産とするには、99万円以上を自由財産とする事情が特に存在することが必要になる。

　㈹　**預貯金、積立金、保険解約返戻金**

　これらの財産については、いずれも換価性が高いものであり、預金などはこれを破産者の手元に残さないとすれば、破産手続開始後の破産者の生活に支障を来たすものであることから、一般的に自由財産拡張の対象となりうる財産である。

　ただし、預貯金については、破産申立て後から、給料の振込みなどの結果、変動が生じるため、この点、申立代理人、破産管財人ともに破産手続開始決定時の預貯金残高を正しく予測ないし把握することが必要である。

　㈺　**自動車**

　今日の車社会においては、自動車についても、日常の移動手段として定着している面があり一般的に破産者が経済的更生を図るために破産者の手元に残す必要性が認められる財産であることから、類型的に自由財産拡張の対象となりうる財産とされたものである。

　ただし、自動車に関しては、自由財産拡張の対象となった自動車によって破産手続開始後交通事故が起こった場合に自由財産拡張の決定がなされる前か後かによって、損害賠償責任の内容（破産管財人の運行供用者責任）に影響を及ぼす可能性もありうる。

　そのため、大阪地裁では、破産者にその自動車を返還し、破産者の自由財産として利用を許した時期を明らかにするため、自動車を破産管財人が破産者に返還した際に、破産者から、自由財産拡張にかかる自動車受領書【書式36】を徴収することを破産管財人に求めている。

Ⅲ　自由財産拡張手続の流れと運用

【書式36】　自由財産拡張にかかる自動車受領書

```
大阪地方裁判所平成○年(フ)第○○号
破産者　　○○○○

              自由財産拡張にかかる自動車受領書

                                            平成○年○月○日
破産管財人弁護士　　○○○○　殿
                             破産者　○　○　○　○　印

　私は、大阪地方裁判所の自由財産拡張決定を受け、貴職が保管していた下記
自動車の　☑鍵、☑自動車検査証、☑自動車本体　を、本日、貴職から受領い
たしました。

                          記
              車　　名　　ニッサン・マーチ
              型　　式　　○○○○○○
              車台番号　　○○○○○○
              登録番号　　なにわ55の○○○○

                                                      以上
```

㈡　敷金返還請求権

　敷金返還請求権も破産財団に属する財産である。しかし、破産したことにより、家を明け渡して敷金を現金化しなければならないこととなれば、破産者は住む場所にすら困り、経済的更生を図ることがおよそ困難となってしまうことから、類型的に自由財産拡張の対象となりうる財産であると考えられる。

　ただし、敷金返還請求権については、地域毎に特殊性があることから、各裁判所においてその実情に応じた基準が決められている。

　よって、敷金返還請求権の取扱いについて、申立てをする裁判所の運用を正確に把握することが必要である。

㈱　退職金

退職金については、そもそもその4分の3に相当する部分は差押禁止財産であることから、本来的な自由財産である（法34条1項2号、民執152条2項）。

しかし、退職金はその性質上、将来退職した際に具体的に支給されるものであって、懲戒解雇による退職金不支給の可能性もあるなど、将来確実に支給されるかが流動的である。

そのため、未だ破産者が退職していない段階での退職金について、差押禁止財産にあたらない4分の1全額を破産財団に属するものとして、破産者から財団に組み入れるなどの方法によって換価することは適当とはいえない。

この点、従来からも、破産実務上、全国的に多くの裁判所で、原則として退職金の8分の1相当額をもって破産財団に属する財産として評価していたところである。

そして、現行法の下でも、従来同様、前記の二つの基準のとおり、多くの裁判所では自由財産拡張の適否を判断する際の財産評価に際して、すでに退職しており退職金が具体化している、もしくは近々に退職することが見込まれるなど例外的事情がない限り、原則として、退職手当の金額の8分の1相当額をもって財産評価することになっている。

たとえば、破産者に80万円の退職金が存在する場合には、その8分の1である10万円をもって評価することになる。

　　(ヘ)　**前記の基準に掲げられていない財産の取扱い**

前記の二つの基準において掲げられている財産項目は、類型的に破産者の経済的更生の観点から自由財産として認められるべきものを掲げたものである。

そのため、上記基準に掲げられていない財産であっても、破産者の経済的更生のために自由財産として破産者の手元に残すことが特に必要であると認められれば、自由財産拡張の対象となり得ることはいうまでもない。

3　破産管財人の判断と自由財産拡張手続の流れ

以下、破産管財人の判断内容に従って、主に大阪地裁の運用に基づいて自

由財産拡張手続の一般的な流れを解説する。

(1) **破産者の申立てと破産管財人の意見が一致する場合**

　破産者がした自由財産拡張の申立ての内容、破産管財人が自由財産を拡張相当と判断した財産の範囲が一致する場合には、破産管財人は、拡張を相当と判断した財産を換価せず、破産者の処分を許すことになる。

　この際にも、破産管財人が裁判所に意見書を提出するとの運用も考えられるが、大阪地裁等では、明示の形で裁判所に意見を述べる必要はなく、意見書の提出は不要であるとの運用を行っている。

　そして、裁判所も、原則として破産管財人の自由財産拡張に関する判断を尊重して、破産管財人と同様の判断をしたものとするという運用を行う。

　なお、このように破産者がした自由財産拡張の申立ての内容と破産管財人が自由財産を拡張すべきと判断した財産の範囲が一致する場合についてまで、わざわざ決定書を作成し、破産者および破産管財人に送達するかどうかという問題がある（法34条7項参照）。この点、破産者の申立てと破産管財人の意見とが一致する場合には、決定書を破産者や破産管財人に送達しないことにより、決定に対する不服申立ての機会が確保できず破産者の手続保障が図れなくなったり、換価可能な財産の範囲がわからず破産管財人の換価業務に支障を来たしたりすることもないことから決定書を送達する実際上の必要性は乏しい。

　一方、大量に発生する破産事件を迅速に処理し、また、破産者に対し早期に自由財産の処分を許す必要もある。したがって、破産者の申立てと破産管財人の意見が一致し、破産者の申立てに反する決定をしない場合、東京地裁、大阪地裁など多くの裁判所では、黙示で拡張相当の決定をしたものとして、あえて決定書は作成しないとの運用がなされている。

　ただし、自由財産拡張決定の内容を明示するのが望ましいとして決定書を作成する裁判所もあるようである。

(2) **破産者の申立てと破産管財人の意見が一致しない場合**

　これに対し、破産管財人が破産者の申立ての全部または一部が不相当と判

断し、破産者の意見と食い違う場合には、破産管財人は、破産者の申立ての全部または一部が不相当と判断した理由を記した自由財産拡張に関する意見書（【書式35】）を裁判所に提出することになる。

そして、破産者の申立てと破産管財人の意見が一致しない場合には、決定に対する不服申立てなどの破産者の手続保障を図り、破産管財人の換価業務にも支障を来さないために、破産者や破産管財人に決定書を送達していかなる理由により、どの範囲の財産について自由財産拡張申立てが認められなかったのかを明らかにする必要性がある。

そのため、裁判所は、その内容を審理したうえで、自由財産拡張申立てに対する判断を明示的に行い、裁判書を作成し、破産者および破産管財人に送達することとなる（法34条7項）。

上記1、2の大阪地裁における自由財産拡張手続の流れについて、図にまとめると次のようになる。

III 自由財産拡張手続の流れと運用

〈図1〉 自由財産拡張手続のフローチャート

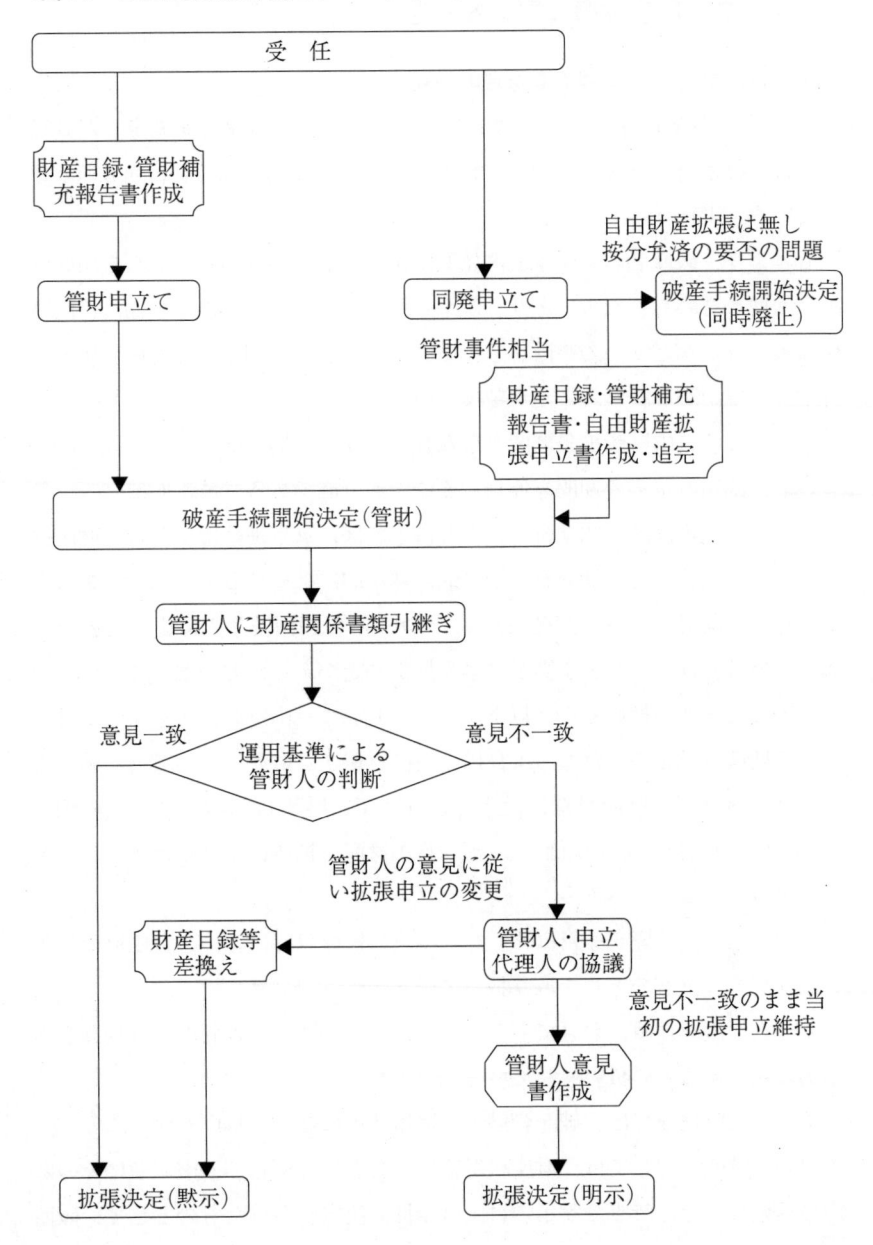

```
                          受  任
                           │
        ┌──────────────────┴──────────────────┐
        │                                      │
  財産目録・管財補                              │
  充報告書作成                                  │         自由財産拡張は無し
        │                                      │         按分弁済の要否の問題
        │                                      │
        ▼                                      ▼        ┌──────────────┐
   管財申立て                              同廃申立て ──▶│破産手続開始決定│
        │                                      │         │ (同時廃止)    │
        │                              管財事件相当      └──────────────┘
        │                                      │
        │                              ┌───────┴────────┐
        │                              │財産目録・管財補充│
        │                              │報告書・自由財産拡│
        │                              │張申立書作成・追完│
        │                              └────────┬───────┘
        │                                       │
        ▼                                       ▼
   ┌──────────────────────────────────────────────┐
   │        破産手続開始決定（管財）              │
   └────────────────────┬─────────────────────────┘
                        │
                        ▼
          管財人に財産関係書類引継ぎ
                        │
        ┌───────────────┴───────────────┐
  意見一致                          意見不一致
        │                                │
        │                                ▼
        │                      運用基準による
        │                      管財人の判断
        │
        │                    管財人の意見に従
        │                    い拡張申立の変更
        │         ┌─────────┐        │
        │         │財産目録等│◀──── 管財人・申立
        │         │差換え    │       代理人の協議
        │         └────┬────┘              │
        │              │           意見不一致のまま当
        │              │           初の拡張申立維持
        │              │                   │
        │              │          管財人意見
        │              │          書作成
        │              │                   │
        ▼              ▼                   ▼
   拡張決定（黙示）              拡張決定（明示）
```

175

4 自由財産拡張に関する決定

(1) 自由財産拡張に関する決定の時期

裁判所は、「破産手続開始の決定があった時から当該決定が確定した日以後1月を経過する日までの間」に自由財産拡張に関する裁判を行うものとされている（法34条4項）。

もとより、破産者の破産手続開始決定後の生活の確保の見地から自由財産拡張制度が認められたのであり、かかる観点からはできるだけ早期に自由財産拡張を許すかどうかの判断をし、破産者に対し、早期にその財産の処分を許すとの運用がなされることが望ましい。

一方、この自由財産拡張に関する裁判を行うべき期間は、不変期間ではないので、裁判所がその期間を伸長することが可能である（民訴96条）。

この点、執筆段階で知り得たところによれば、東京地裁では、自由財産拡張に関する裁判を行う期間を、一般的に黙示的に延長するとの取扱いをする。

そして、前掲の東京地裁換価基準（資料3）の換価基準1により財産を構成しない財産は、そのまま黙示による拡張決定があったものとして扱われる。

一方、同基準の換価基準2以下により、個別に自由財産拡張をすることによって換価等をしない財産および破産者に返還する財産については、破産管財人は当該財産を財産目録に計上したうえで、財産目録の当該財産の欄に「自由財産の拡張により換価しない」「自由財産の拡張により返還する旨」を記載するとのことである。

その結果、異時廃止または終結した時点で財産目録に基づき自由財産拡張の裁判があったものとして取り扱っている。

この点、大阪地裁においても、自由財産拡張に関する裁判を行う期間を黙示的に延長するとの扱いをしている。

ただ、大阪地裁では、破産管財人が運用基準に従って自由財産とすることを認めた財産に関しては、財産状況報告集会を待たずして、破産者にその財産の返還し、その時点で黙示の自由財産拡張決定があったものとして、破産

者にその処分を許すこととしている。

(2) 不服申立方法

破産者のした自由財産拡張の申立てに対し、裁判所が全部または一部を却下した場合、破産者は、その決定に対して即時抗告をすることができる（法34条6項）。

一方、破産者のした自由財産拡張の申立てもしくは職権により自由財産の拡張を認めた決定に対して、破産管財人や破産債権者は争うことはできない。

即時抗告についての裁判がなされたときには、その裁判書を破産者および破産管財人に送達しなければならない（法34条7項）。

5 自由財産拡張と破産財団からの放棄との関係

旧法下では、法定の自由財産に該当しない財産を破産者の手元に財産を残す方法としては、破産財団からの放棄の手段しかなかった。

そのため、一定の範囲の財産については、破産者から対価の破産財団の組入れを求めず、当該財産を破産財団から放棄し、破産者の手元に財産を残すとの運用が行われていた。また、一定の範囲の財産以外でも、破産者が特に必要とする財産についてその対価として適切と思われる金額を破産財団へ組み入れることを条件に破産財団からの放棄が行われていたところである。

この点、自由財産拡張制度が認められた現行法下でも、破産財団から財産の放棄を行うことは、もとより可能である。

そのため、自由財産拡張の基準に照らせばその拡張が認められない財産であっても、事案に応じて、対価の破産財団への組入れによる破産財団からの放棄の考えと自由財産拡張制度とを適切に組み合わせることによって、破産者の経済的更生に向けたニーズに十分適応する柔軟な対応も可能であり、必要であると思われる。

具体的には、破産者が現金（50万円）および自動車（時価60万円）を有する場合、前掲の大阪地裁運用基準（資料2）によれば、現金50万円はすべて自由財産となるが、現金と自動車の合計額は110万円となって99万円を11万

第3章　自由財産

円超えることから、特段の事情が認められない限り、自動車を自由財産拡張の対象とはなし得ないとも思われる。しかし、自動車について、自由財産拡張の99万円枠を超過する11万円のみ現金を財団に組み入れることによって、財団から放棄を受けるという柔軟な運用も考えられ、また、実際に行われているところである。

第4章

管財手続

第4章　管財手続

I　管財手続の流れ

1　破産管財手続の基本的構造

　破産手続は、財産状態が破綻した債務者について、総債権者に対する債務を完済できない場合に、裁判所が選任する破産管財人が、その債務者の資産を換価して、総債権者に公平に弁済をする制度であり、破産管財手続の流れの概略は、次のとおりである。
　①　破産原因の存在
　②　破産手続開始の申立て
　③　破産手続開始決定および破産管財人の選任
　④　資産を破産管財人が換価
　⑤　債権者には届出を求めて確定
　⑥　換価した資産を確定した破産債権に公平に配当
　⑦　破産手続の終了
　この破産手続の基本的な構造は、現行法になっても旧法と変わるところはない。

2　破産管財手続の運用の流れ

　破産管財手続の基本的な構造は変わらないとしても、現行法では、手続の簡易迅速化が図られている。
　近年の破産事件が激増していた中で、旧法下、東京地裁、大阪地裁を始め全国各地で少額管財、小規模管財（Ｂ管財）、簡易管財等の運用上の工夫が行われてきた。これらの運用上の工夫の実績の多くが現行法に採用された。手続の簡易迅速化、合理化、公正性の確保を目指し、事案の性質に応じた合理的な手続上の選択肢を認めているので、その中から実務的に合理的な運用を行っていくこととなるが、これまでの簡易迅速化が一般化することになる。

現行法によりかかる運用上の工夫がさらに進化することはあっても後退することはない。

3 大阪地裁の運用モデル

従前、大阪地裁では、旧法下、比較的財団規模の大きくない事件を迅速かつ大量に処理するB管財手続（小規模管財手続）と財団規模が大きい事件や換価業務が複雑で個別の処理が必要な事件を対象とするA管財手続（通常管財手続）の二つの方式を行い、事件数もB管財が多い状況にあった。

大多数の管財事件が対象となる一般的な手続の運用の流れは、このB管財（小規模管財）を推し進めたものであるが、これが現在では原則形となり、「一般モデル（一般管財）」と呼称されている（〈図2〉一般モデルの流れ、〈図4〉一般モデルのフローチャート参照）。

また、事案の性質上処理に相当期間かかる等の事情のある場合は、これらの事案を個別に合理的に処理する手続の流れを想定することとなり、「個別モデル（個別管財）」と呼称されている（〈図3〉個別モデルの流れ、〈図5〉個別モデルのフローチャート参照）。各モデルの運用の流れは後述するが、破産法は、二つの管財手続があるとしたものではなく、各地の事情に応じて合理的な運用の流れを考えていくこととなる。大阪地裁のように大規模庁においては、二つのモデルを設定することで合理的な処理が可能と判断したものであって、基本的には一般モデル的な運用の流れを基本とすることで十分に迅速な処理が可能である。

大阪地裁の平成18年の管財事件の新受任件数2312件中、一般モデル（一般管財）で開始した事件は2156件、93％となっている（金融法務事情1799号5頁）。

第4章　管財手続

〈図2〉　一般モデルの流れ

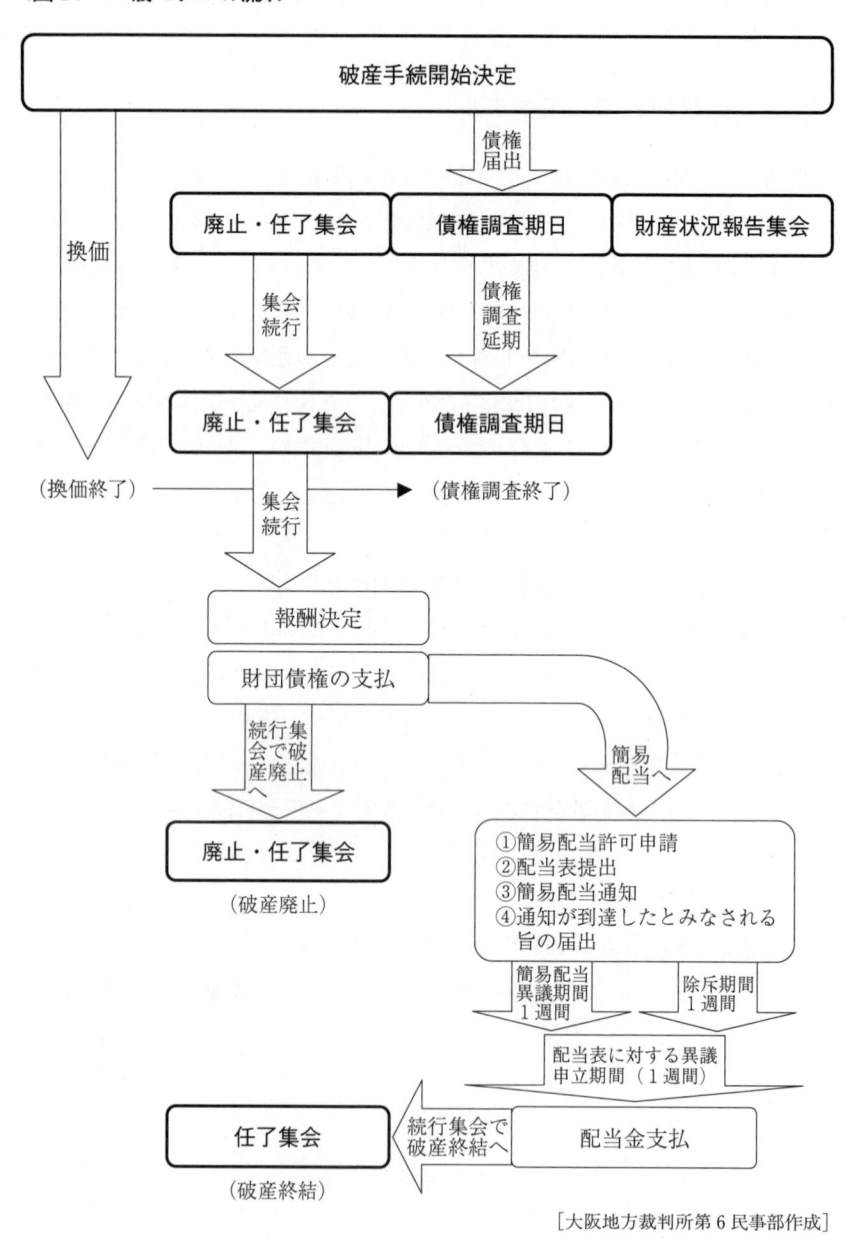

```
                    ┌─────────────────────────────┐
                    │      破産手続開始決定        │
                    └─────────────────────────────┘
                        │        │ 債権届出
           換価           │        ↓
            │     ┌──────────┐ ┌──────────┐ ┌──────────────┐
            │     │廃止・任了集会│ │債権調査期日│ │財産状況報告集会│
            │     └──────────┘ └──────────┘ └──────────────┘
            │          │集会続行       │債権調査延期
            │          ↓              ↓
            │     ┌──────────┐ ┌──────────┐
            │     │廃止・任了集会│ │債権調査期日│
            │     └──────────┘ └──────────┘
(換価終了)─→       │集会続行   →(債権調査終了)
                   ↓
              ┌──────────┐
              │  報酬決定  │
              ├──────────┤
              │財団債権の支払│
              └──────────┘
              続行集会で破産廃止へ │  │簡易配当へ
                   ↓              ↓
              ┌──────────┐  ┌────────────────────┐
              │廃止・任了集会│  │①簡易配当許可申請   │
              └──────────┘  │②配当表提出         │
                (破産廃止)   │③簡易配当通知       │
                             │④通知が到達したとみなされる│
                             │　旨の届出           │
                             └────────────────────┘
                              簡易配当異議期間1週間 │除斥期間1週間
                                    ↓          ↓
                             ┌─────────────────────┐
                             │配当表に対する異議申立期間(1週間)│
                             └─────────────────────┘
              ┌──────────┐ 続行集会で  ┌──────────┐
              │  任了集会  │←破産終結へ │  配当金支払 │
              └──────────┘            └──────────┘
                (破産終結)
```

［大阪地方裁判所第6民事部作成］

Ⅰ　管財手続の流れ

〈図3〉　個別モデルの流れ

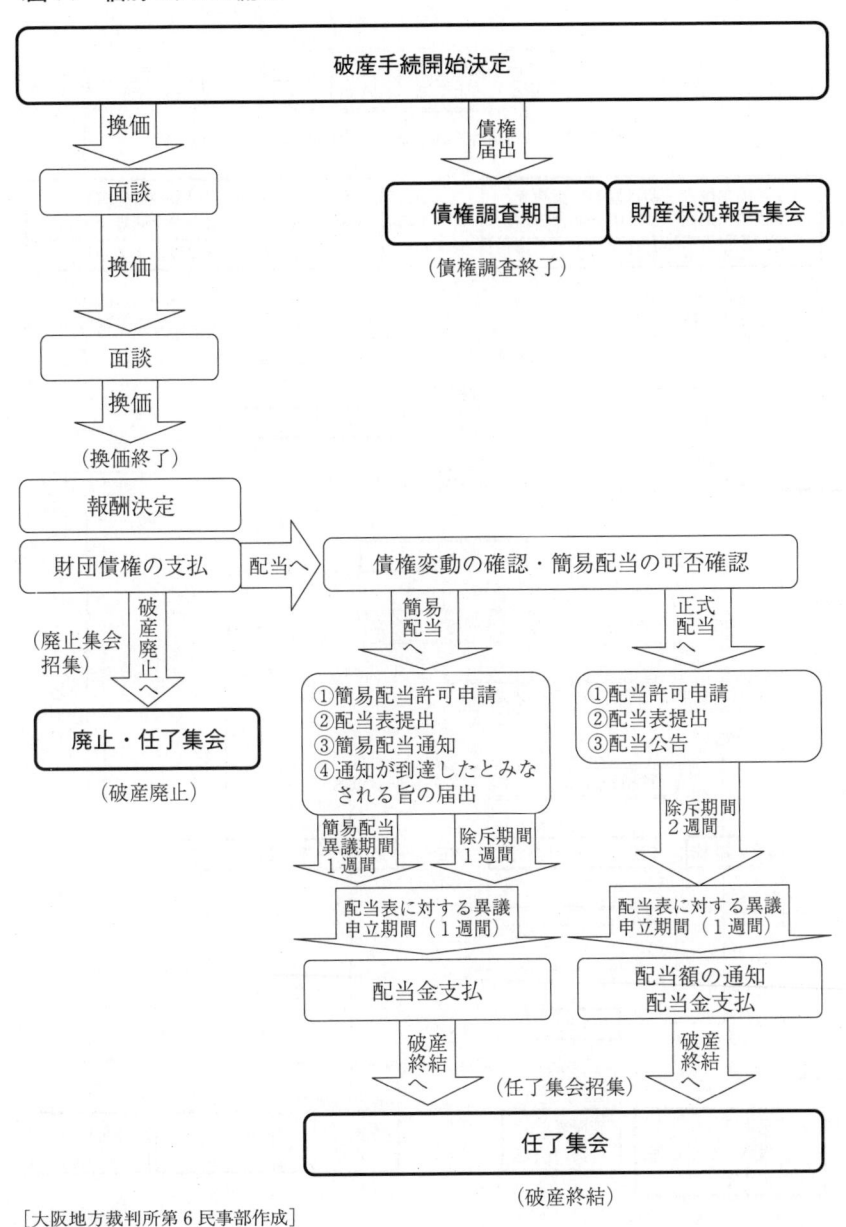

```
                    破産手続開始決定
         │換価                    │債権届出
         ▼                        ▼
        面談              債権調査期日    財産状況報告集会
         │換価           （債権調査終了）
         ▼
        面談
         │換価
         ▼
      （換価終了）
        報酬決定
       財団債権の支払 ──配当へ──▶ 債権変動の確認・簡易配当の可否確認
         │破産廃止                      │簡易配当へ      │正式配当へ
       （廃止集会招集）                  ▼              ▼
         ▼                        ①簡易配当許可申請  ①配当許可申請
      廃止・任了集会                ②配当表提出        ②配当表提出
       （破産廃止）                 ③簡易配当通知      ③配当公告
                                  ④通知が到達したと
                                    みなされる旨の届出
                                  │簡易配当    │除斥期間   │除斥期間
                                   異議期間     1週間       2週間
                                   1週間
                                  ▼           ▼           ▼
                                  配当表に対する異議      配当表に対する異議
                                  申立期間（1週間）       申立期間（1週間）
                                  ▼                     ▼
                                  配当金支払              配当額の通知
                                                        配当金支払
                                   │破産終結              │破産終結
                                        （任了集会招集）
                                         ▼
                                       任了集会
                                      （破産終結）
```

［大阪地方裁判所第6民事部作成］

183

第4章　管財手続

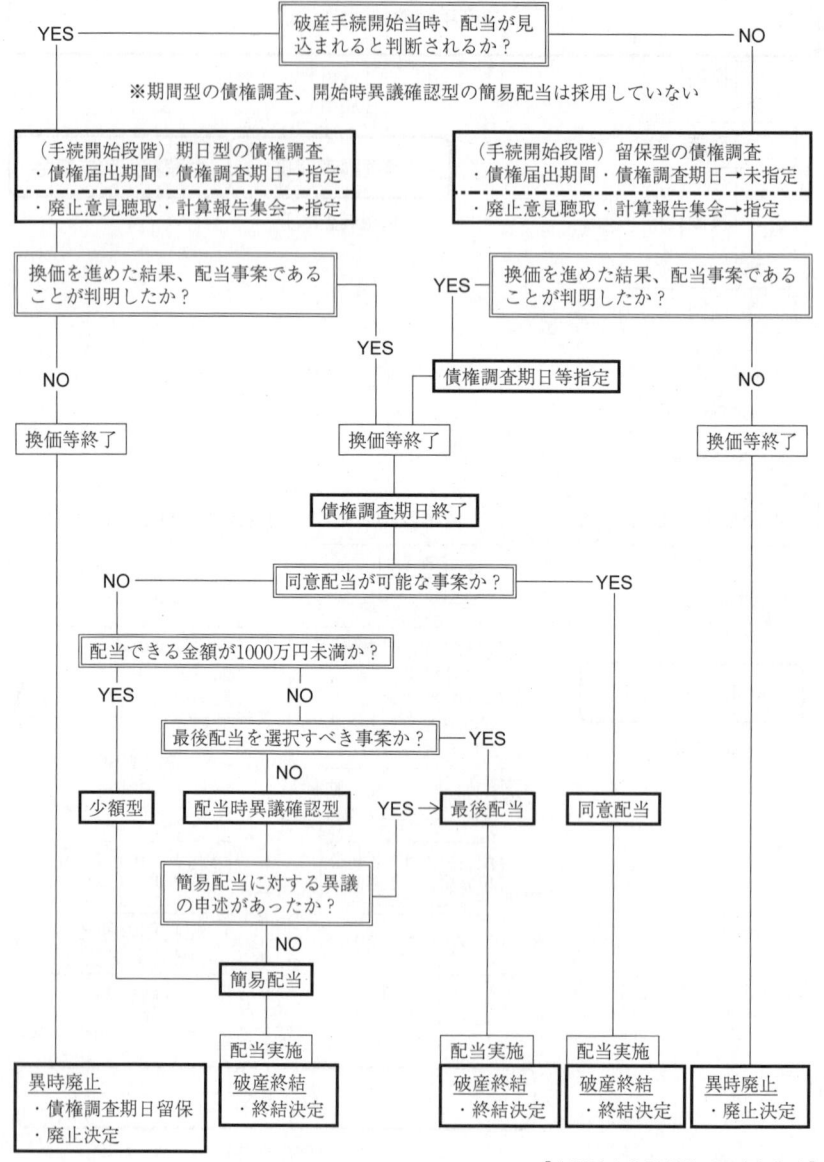

〈図4〉　一般モデルのフローチャート

```
                          ┌─────────────────────┐
            YES ──────────│破産手続開始当時、配当が見│────────── NO
           │              │込まれると判断されるか？ │              │
           │              └─────────────────────┘              │
           │                                                      │
           │    ※期間型の債権調査、開始時異議確認型の簡易配当は採用していない
           │                                                      │
  ┌────────────────────────┐              ┌────────────────────────┐
  │（手続開始段階）期日型の債権調査│              │（手続開始段階）留保型の債権調査│
  │・債権届出期間・債権調査期日→指定│              │・債権届出期間・債権調査期日→未指定│
  │─────────────────────│              │─────────────────────│
  │・廃止意見聴取・計算報告集会→指定│              │・廃止意見聴取・計算報告集会→指定│
  └────────────────────────┘              └────────────────────────┘
           │                                                      │
  ┌──────────────────┐                    ┌──────────────────┐
  │換価を進めた結果、配当事案である│         YES ──│換価を進めた結果、配当事案である│
  │ことが判明したか？        │                    │ことが判明したか？        │
  └──────────────────┘                    └──────────────────┘
           │         │                            │                │
           NO        YES                           │                NO
           │         │              ┌─────────┐  │                │
           │         │              │債権調査期日等指定│  │                │
           │         │              └─────────┘  │                │
           │         │                     │       │                │
        換価等終了   換価等終了                    換価等終了
                     │                     │
                     │              ┌─────────┐
                     │              │債権調査期日終了│
                     │              └─────────┘
                     │                     │
                 NO ─┴─┬──────────┬── YES
                       │同意配当が可能な事案か？│
                       └──────────┘
                              │
                ┌──────────────┐
                │配当できる金額が1000万円未満か？│
                └──────────────┘
                  YES         NO
                   │          │
                   │    ┌──────────┐
                   │    │最後配当を選択すべき事案か？│── YES
                   │    └──────────┘
                   │          NO
                   │          │
                少額型   配当時異議確認型   YES → 最後配当    同意配当
                   │          │
                   │    ┌──────────┐
                   │    │簡易配当に対する異議│
                   │    │の申述があったか？ │
                   │    └──────────┘
                   │          NO
                   │          │
                   │        簡易配当
                   │          │
                   │        配当実施      配当実施      配当実施
                異時廃止     破産終結      破産終結      破産終結      異時廃止
                ・債権調査期日留保 ・終結決定   ・終結決定    ・終結決定    ・廃止決定
                ・廃止決定
```

［大阪地方裁判所第6民事部作成］

Ⅰ 管財手続の流れ

〈図5〉 個別モデルのフローチャート

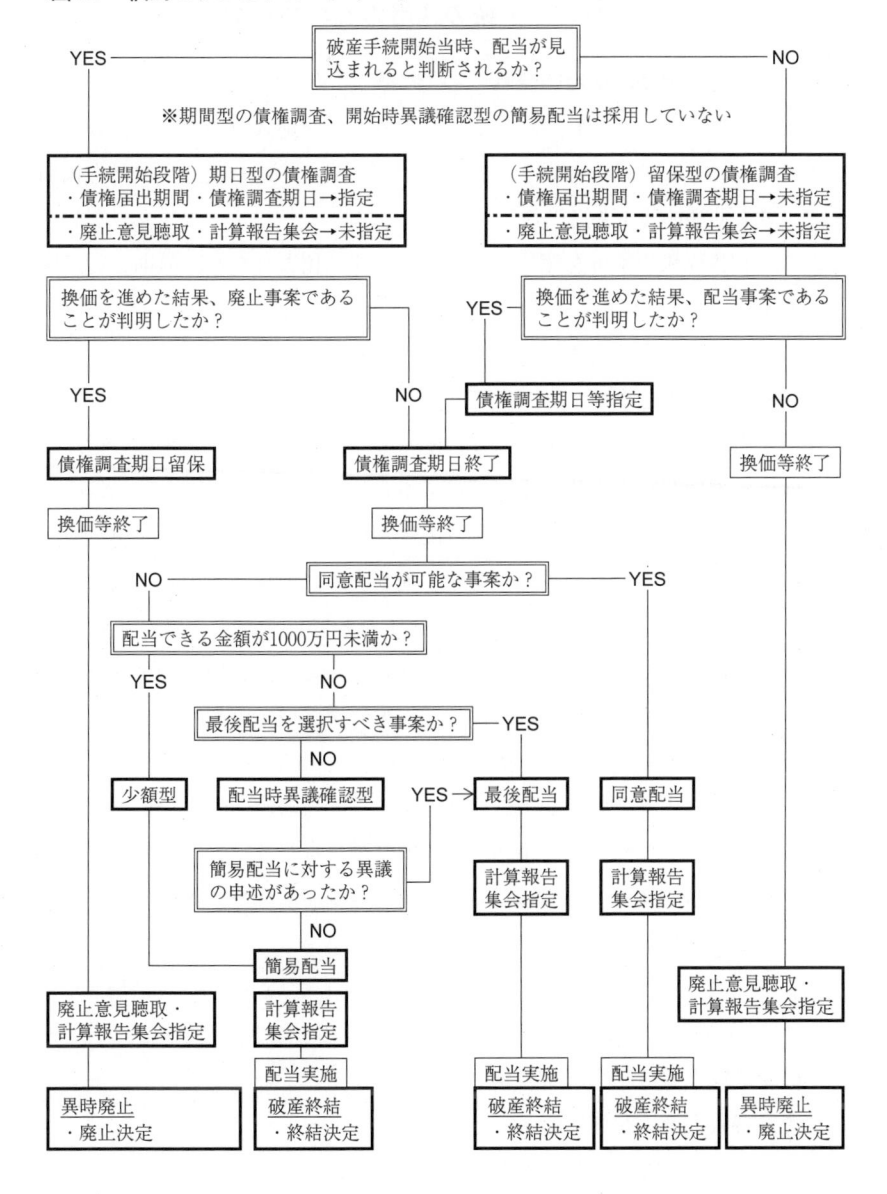

破産手続開始当時、配当が見込まれると判断されるか？
- YES
- NO

※期間型の債権調査、開始時異議確認型の簡易配当は採用していない

（手続開始段階）期日型の債権調査
・債権届出期間・債権調査期日→指定
・廃止意見聴取・計算報告集会→未指定

（手続開始段階）留保型の債権調査
・債権届出期間・債権調査期日→未指定
・廃止意見聴取・計算報告集会→未指定

換価を進めた結果、廃止事案であることが判明したか？
- YES
- NO

換価を進めた結果、配当事案であることが判明したか？
- YES
- NO

債権調査期日留保 → 換価等終了

債権調査期日等指定 → 債権調査期日終了 → 換価等終了

換価等終了

同意配当が可能な事案か？
- NO
- YES

配当できる金額が1000万円未満か？
- YES：少額型
- NO

最後配当を選択すべき事案か？
- YES → 最後配当
- NO → 配当時異議確認型

簡易配当に対する異議の申述があったか？
- NO → 簡易配当

同意配当

計算報告集会指定

廃止意見聴取・計算報告集会指定

配当実施

異時廃止・廃止決定

破産終結・終結決定

［大阪地方裁判所第6民事部作成］

185

4　大阪地裁における手続の運用の流れの特徴

(1)　共通した手続の運用の流れ

　大阪地裁においては、破産法が認めたさまざまな選択肢の中から、合理的な運用の流れとして以下の点を選択している。基本的に一般モデルでも個別モデルでも共通の点である。

① 　財産状況報告集会を開催する。開催は任意化されたが、原則として開催する。

② 　債権調査は期日において実施する（「期日型」という）。原則として期間方式は採用しない。

③ 　配当の見込みがない事件および配当の見込みが微妙な事件については、債権届出期間および債権調査期日を指定しない。この場合には、債権届出書の用紙も送付しない。後日、配当が可能となった段階で、債権届出期間および債権調査期日を指定し、配当する。旧法下で大阪地裁において、「C方式」と呼称して運用上の工夫をしていたが、これが現行法に採用された。これを「留保型」と呼称している。大阪地裁の平成18年の一般モデルで開始した管財事件2156件中、留保型で開始した事件は1806件、約84％となっている（金融法務事情1799号16頁）。

④ 　配当の方式は、簡易配当を原則とする。配当額が1000万円以上の場合でも原則として配当時異議確認型の簡易配当を行う。大阪地裁の平成18年中に配当によって終結した事件の約90％が簡易配当で配当されている（金融法務事情1799号20頁）。

⑤ 　自然人の場合、免責審尋期日は原則開催しない（なお、同時廃止事件でも免責審尋の必要性が高い場合を除き、多くの事件では開催されていない）。破産者は上記財産状況報告集会に必ず出席することとなるので、あえて免責審尋期日は開催しないこととした。

(2)　一般モデルと個別モデルの相違点

　二つのモデルにおいて、手続の流れに大きな違いはないが、個別モデルの

場合、事案の複雑性から換価業務にかかる期間が長くなるため、次の各点で違いが生じる。

① 集会の運営方法の違い　　一般モデルにおいては、財産状況報告集会期日について同一期日に複数件指定され、同時に複数の事件が処理される。一方、個別モデルにおいては、事件ごとに期日が設定される。

② 債権調査の時期の違い　　一般モデルにおいては、債権調査を換価が終了し配当が可能となった段階で行う。一方、個別モデルにおいては、基本的に換価業務に相当程度の期間を要するので、財産状況報告集会と同時開催の債権調査期日または続行期日において債権調査を完了しておくこととする。

③ 集会後の進行の違い　　一般モデルにおいては、管財手続の進行中、破産管財人の裁判所との面談期日が特に設定されず、第1回の集会で廃止となる場合が多いので、集会は財産状況報告集会のほかに廃止意見聴取集会および任務終了計算報告集会を合わせて招集する（終了しない場合は、続行することになる）。一方、個別モデルにおいては、事件の複雑性から、その処理方針について破産管財人と裁判所との連絡を十分行うために面談期日が設けられ、第1回の集会は、財産状況報告集会のみで終了し、その後は基本的に面談を重ねることで処理を進める。この場合は、廃止意見聴取集会や終了計算報告集会は、処理方針が決まった段階で招集することとなる。

(3) 個別モデルの対象事件

一般モデルでの処理が原則となるが、個別モデルによる処理が合理的な事件を類型化すると次のような事情があげられる。なお、同時廃止申立事案から管財事件が相当として移行してきた場合（個人事業者型、資産等調査型、免責観察型等）は、基本的に一般モデルで処理される。

① 債権者数が200名以上の場合

② 事案の複雑性から換価業務にかかる期間が6カ月を超える場合　　事案の複雑性の例としては、売掛金多数、不動産多数、明渡必要物件多数、

187

大量の在庫商品の処分必要、否認訴訟の提起が確実に必要、資料不足で資産等の状況の把握が困難な事案等の破産管財人に相当程度の労力を必要とする事案である。

③　本人申立ての場合や債権者申立ての場合で、財産調査に困難性があり、そのため6カ月以上を要することが見込まれるような場合

(4) 柔軟な運用

　大阪地裁では、上記のとおり、一般モデルと個別モデルという二つのモデルを設定しているが、流動的で相互乗り入れも可能であり、事案に応じた柔軟な運用が行われている。

II　開始決定と破産者への効果

1　破産手続開始決定と破産管財人の業務

(1)　はじめに

　裁判所は、債務者の破産手続開始の申立てに対し、支払不能と認めるときは、破産手続開始決定をする（法15条1項・30条1項）。破産手続の費用の予納がないとき、不当な目的で破産手続開始の申立てがされたとき、その他申立てが誠実にされたものでないときは、別である。

(2)　破産手続開始決定前の破産管財人候補者の業務

　破産管財人候補者は、裁判所からの連絡を受け次第、速やかに記録を閲覧し、まず利害関係の有無を確認し、財産状況報告集会の期日を調整し、記録の副本は申立代理人から直送により受け取り、内容の確認を行い、業務のポイントを把握する。不明な点や追完が必要な点は、速やかに申立代理人に連絡し、追完を受ける。裁判所では、破産手続開始決定前の債務者審尋（審問）は行っていないことが多いが、特に必要な場合は、期日の指定を受ける。

(3)　破産手続開始決定と同時決定事項

　上記のとおり、破産手続開始決定がされた場合、裁判所は、破産手続開始決定と同時に次の事項を定めなければならない（法31条1項）。

　①　破産管財人の選任
　②　破産債権届出期間
　③　財産状況報告集会
　④　破産債権調査期間または期日

　①破産管財人の選任は当然として、②ないし④について、現行法は任意化された（詳細は、III債権者集会参照）が、多くの裁判所で、③財産状況報告集会の期日が定められることになっており、旧法下の第1回債権者集会と同様の債権者集会が開催されている。④破産債権調査期間または期日についても、

第4章　管財手続

多くの裁判所で、旧法下と同様に債権調査期日を指定している。

そして、②破産債権届出期間および④破産債権調査期間または期日については、裁判所は、破産財団をもって破産手続の費用を支弁するのに不足するおそれがあると認めるときは、これらを定めないことができる（法31条2項）。これは、旧法下の大阪地裁において、「C方式」として運用上の工夫をしていたものが採り入れられたものであり、これを「留保型」という。後日、破産財団をもって破産手続の費用を支弁するのに不足するおそれがなくなったと認めるとき、すなわち配当が可能となったときは、②破産債権届出期間および④破産債権調査期間または期日が定められる（同条3項）。

参考書式は、大阪地裁における破産手続開始決定のうち、いずれの事項も定めたパターンであり、留保型の場合は、該当する部分が記載されない。

裁判所は、破産手続開始決定をしたときは、直ちに、法定事項を公告しなければならない（法32条1項）。

【書式37】　破産手続開始等の決定（一般モデル期日型・自然人用）〔大阪地裁〕

平成19年(ﾌ)第〇〇号　破産事件

決　　　　　定

大阪市〇区△△△〇丁目〇番〇号
債務者　　甲野太郎

主　　　文

1　甲野太郎について破産手続を開始する。
2　破産管財人に次の者を選任する。
　　大阪市北区西天満〇丁目〇番〇号
　　　弁護士　大　阪　咲　子
3　破産債権の届出をすべき期間等を次のとおり定める。
　(1)　破産債権の届出をすべき期間
　　　　平成19年10月3日まで

II 開始決定と破産者への効果

 (2) 破産債権の一般調査期日
    平成19年11月29日午後3時
4 財産状況報告集会・廃止意見聴取集会・計算報告集会の各期日を次のとおり定める。
    平成19年11月29日午後3時
5 破産者の免責について書面により意見を述べることができる期間を次のとおり定める。
    平成19年11月15日まで
6 破産管財人は，破産者について破産法252条1項各号に掲げる事由の有無又は同条第2項の規定による免責許可の決定をするに当たって考慮すべき事情についての調査を行い，次の期日までに書面で報告しなければならない。
    平成19年11月29日
7 破産管財人は，次の各行為については，当裁判所の許可を得ないでこれを行うことができる。
 (1) 自動車の任意売却
 (2) 取戻権の承認
 (3) 財団債権の承認
 (4) 有価証券の市場における時価での売却
8 破産管財人は，7の各行為について，少なくとも1か月に1回，財産目録及び収支計算書に記載し，通帳写しを添付して報告しなければならない。
9 破産管財人は，任務終了時に破産管財人口座を解約した後，すみやかに収支計算書及び破産管財人口座の通帳写しを裁判所に提出しなければならない。

理　　　　　由

 証拠によれば，債務者には破産法15条1項所定の破産手続開始原因となる事実があることが認められる。また，破産法30条1項各号に該当する事実があるとは認められない。
 よって，本件申立ては理由があるので主文第1項のとおり決定し，併せて破産法31条1項，116条2項，217条1項，135条2項，251条1項，250条1項，157条2項，78条3項2号の規定に基づき，主文第2項から第9項のとおり決定する。

第4章　管財手続

```
                平成19年9月3日午後5時
                        大阪地方裁判所　第6民事部
                                裁判官　西天満　六　郎　印
```

(4)　破産手続開始決定直後の破産管財人の業務

　(イ)　はじめに

　破産手続開始決定により、破産者は、破産財団に属する財産の管理処分権を失い、その管理処分権は、破産管財人に専属し（法2条12項・14項、78条1項）、破産管財人は、破産財団の換価業務を行うとともに、破産債権者からの破産債権届出に対し債権調査を行い、破産債権を確定する業務を行うこととなる。それぞれの業務の詳細については、それぞれの項を参照されたい。ここでは、破産手続開始決定直後に破産管財人が行う業務を中心に説明する。

　(ロ)　通　知

　破産手続開始決定後、公告すべき事項について破産債権者等に通知しなければならない（法32条3項）。大阪地裁の場合、破産手続開始決定後、破産管財人は裁判所から必要書類一式を受け取り、破産債権者等の関係者に破産手続開始決定の通知等を発送している。破産管財人は、発送後、発送報告書を裁判所に提出する。

【書式38】　破産手続開始等の通知書（一般モデル期日型・自然人用）〔大阪地裁〕

```
平成19年(フ)第○○号（申立年月日　平成19年8月29日）
住所　大阪市○区△△△○丁目○番○号
破産者　甲野太郎
                破産手続開始等の通知書
                                        平成19年9月3日
債権者・債務者・財産所持者・労働組合等　各位
                大阪地方裁判所第6民事部○係
```

192

　　　　　　　　　　　　　　裁判所書記官　若　松　町　子
　当裁判所は，頭書破産事件について，平成19年9月3日午後5時，次のとおり破産手続開始決定をしたので通知します。
1　破産手続開始決定の主文
　　　甲野太郎について破産手続を開始する。
2　破産管財人の氏名又は名称
　　　大阪市北区西天満○丁目○番○号
　　　弁護士　　大阪咲子
　　　　　Tel　06-0000-0000　　　　Fax　06-0000-0000
3(1)　債権届出の期間　　　　平成19年10月3日まで
　　　債権届出書の提出先　　〒530-8522　大阪市北区西天満2丁目1番10号
　　　　　　　　　　　　　　　　　　　　大阪地方裁判所　第6民事部○係
　(2)　財産状況報告集会・債権調査・廃止意見聴取・計算報告集会の各期日
　　　　　　　　　　平成19年11月29日午後3時
　　　　　　　　　　場　所　大阪地方裁判所債権者集会室
　　　　　　　　　　（当日，第6民事部書記官室前に掲示）
4　破産者の免責について書面により意見を述べることができる期間
　　　　　　　　　　平成19年11月15日まで
5　破産者の財産を所持している者及び破産者に対して債務を負担している者は，破産者にその財産を交付し，又は弁済をしてはならない。
　※なお，特にご意見のない方は，上記期日に出席される必要はありません。
　　その他ご不明の点は上記管財人又は書記官にお問い合せください。
　　　　　　　免責申立てに関する　　　　　申立代理人弁護士　　勤勉次郎
　　　　　　　不明な点の問い合わせ先　　　　　（Tel　06-0000-0000）

(ハ) 通知に同封する破産債権届出書等

　破産債権届出期間および破産債権調査期日が定められた場合、破産債権届出書を送付することとなる。大阪地裁においては、一般の破産債権者用の破産債権届出書のほかに、労働債権届出書の用紙も作成している。これは、労働債権の一部が財団債権化された（法149条）ことに伴い、労働債権に財団債権の部分と優先的破産債権の部分が存在することになるが、実際にこの区

別を労働者に強いることは困難であることから、いったんは労働者から未払給料等の全額についてこの労働債権届出書により届出をしてもらうこととした。

なお、賃金の支払の確保等に関する法律に基づく労働者健康福祉機構の未払賃金および未払退職手当の立替払制度については、破産管財人は積極的に利用すべきであり、証明書の発行を行う。立替払いは8割まで（年齢による上限額もある）であるため、立替払い後の労働者健康福祉機構へ移転する債権が優先的破産債権部分であるか財団債権部分であるかの問題がある。この点、労働者に有利な優先的充当説や按分説があったが、現在では、機構の指定充当説（①退職手当、②賃金の古いものから）に変更されている。

ただ、退職手当のみの立替払いの場合は、退職手当は一つの債権であるため、財団債権部分と優先的破産債権部分に按分して処理することとなる。

【書式39】　破産債権届出書〔大阪地裁〕

```
事件番号　平成19年(ﾌ)第○○号　　　　破産者　甲野　太郎

            破産債権届出書（従業員以外の方用）

┌─────────────────────────────────────┐
│ 大阪地方裁判所第6民事部○○係　御中　　　　平成　年　月　日 │
│ 住所又は本店所在地（〒　　－　　）                         │
│ 届出債権者の氏名又は商号・代表者名                         │
│                                                      印   │
│ TEL：　　－　　－　　　FAX：　　－　　－　　（担当者　　） │
│ ※　代理人が届出をする場合には，以下の代理人の住所及び氏名等も記載 │
│ 　　してください。代理人の住所（〒　　－　　）            │
│ 代理人の氏名　　　　　　　　　　　　　　　　　　　　　印   │
│ TEL：　　－　　－　　　FAX：　　－　　－　　（担当者　　） │
│ 　　　　★配当額が1000円未満の場合も配当金を受領します。     │
└─────────────────────────────────────┘
※振込費用は個別の配当金からは差し引かず，破産財団から支出されることになります。
```

届出債権の表示

(1)手形・小切手債権

債権の種類	債権額(円)	手形番号	支払期日	支払場所	振出日	振出人	引受人	裏書人	別除権の有無

(2)その他の債権

債権の種類	債権額(円)	債権の内容及び原因	別除権の有無
売掛金		年　月　日から　年　月　日までの取引	
貸付金		①貸付日　年　月　日②弁済期　年　月　日 ③利息　年　%　④遅延損害金　年　%で貸し付けた残元金	
求償権			
将来の求償権			
約定利息金		元金　　円に対する　年　月　日から 　年　月　日まで年　%の割合	
遅延損害金		元金　　円に対する　年　月　日から 破産手続開始決定日前日まで　年　%の割合	

※以下については，<u>該当する事項がある場合のみ</u>記載してください。

(3)上記届出債権について，別除権（担保権）がある場合

担保権の種類(抵当権等)	目的物の表示	予定不足額
		円

(4)上記届出債権について，本件破産事件以外に訴訟が係属している場合

訴訟が係属している裁判所	事件番号	当事者名
裁判所	平成　年（　）第　　号	原告　　　被告

※この届出書に書ききれないときは，別の紙（なるべくA4版）に記載して，添付してください。

裁判所受付番号

届出期間　H19/10/3　　債権調査期日　H19/11/29

第4章 管財手続

【書式40】 労働債権等届出書（従業員用）〔大阪地裁〕

事件番号　平成19年(フ)第○○号　　　　破産者　甲野太郎

労働債権届出書（従業員の方専用）

大阪地方裁判所第6民事部○○係　御中　　　平成　　年　　月　　日

住所（〒　　－　　　）

届出債権者の氏名

　　　　　　　　　　　　　　　　　　　　　　　　　　　　　　印

TEL：　　　－　　　－　　　　　　FAX：　　　－　　　－

※　代理人が届出をする場合には，以下の代理人の住所及び氏名等も記載してください。

代理人の住所（〒　　－　　　）

代理人の氏名　　　　　　　　　　　　　　　　　　　　　　　印

TEL：　　　－　　　－　　　　　　FAX：　　　－　　　－

★配当額が1000円未満の場合も配当金を受領します。

※振込費用は個別の配当金からは差し引かず，破産財団から支出されることになります。

届出債権の表示

労働債権等

債権の種類	債権額(円)	債権の内容及び原因
給　　料 （諸手当含む）		年　月　日から　年　月　日までの就労分 （優先権あり）
退　職　金		年　月就職，　年　月退職，　年　か月分 （優先権あり）
解雇予告手当		（優先権あり）
合　　　計		

★　上記給料の金額は，破産手続開始前3か月間の財団債権となる部分を含む。

★　上記退職金の金額は，退職前3か月間の給料の総額（その総額が破産手続開始前3か月間の給料の総額より少ない場合にあっては，破産手続開始前3か月間の給料の総額）に相当する財団債権となる部分を含む。

※　財団債権になる部分は，破産財団に資力がある場合には，破産債権よりも先に支払われますので，債権者にとっては破産債権よりも財団債権のほうが

196

有利な取扱いになります。
※　以下については，該当する事項がある場合のみ記載してください。
上記届出債権について，本件破産事件以外に訴訟が係属している場合

訴訟が係属している裁判所	事　件　番　号	当　事　者　名
裁判所	平成　年（　）第　　号	原告　　　　被告

※この届出書に書ききれないときは，別の紙（なるべくＡ４版）に記載して，添付してください。

裁 判 所
受付番号

届出期間　H19/10/3　債権調査期日　H19/11/29

【書式41】　破産債権の届出の方法等について（期日型用）〔大阪地裁〕

破産債権の届出の方法等について

1　破産債権の届出の方法について（債権を有していない場合は破産債権届出書を提出する必要はありません。）
 (1)従業員以外の方の届出方法
　ア　記入方法
　　　同封の「破産債権届出書」の(1)「手形・小切手債権」または(2)「その他の債権」の該当する欄に，あなたの有している債権の額と内容，原因などを記入してください。該当する欄がない場合は，(2)の空欄を利用して書いてください。書ききれない場合は，「別紙のとおり」と記入した上，Ａ４判の別紙に書いてそれを添付していただければ結構です。
　イ　担保権を有している方の注意事項
　　　質権，抵当権，根抵当権，譲渡担保権などの担保権がついている債権を届出する場合は，届出書の(1)又は(2)の右端の「別除権の有無」の欄に○をつけた上，(3)にその担保権の種類，目的物，予定不足額（担保権で回収しきれないと思われる金額）を記載してください。
　　　担保権を有していない方は何も記載しなくて結構です。
　ウ　裁判中の方の注意事項
　　　届出する債権について，現在裁判中の場合には，届出書の(4)にその内容を記載してください。
　エ　添付資料として次の証拠書類等が必要です。

(ｱ)法人が届出をする場合…法務局作成の代表者資格証明書又は登記簿謄抄本

(ｲ)代理人により届出する場合…本人作成の委任状

(ｳ)債権の存在を証明する証拠書類（証拠がなかったり，不足していますと，届出債権が認められないことがあります。）

　　（例）・売掛金　　　　　　請求書控,仕切伝票,帳簿記載部分の写し
　　　　　・貸付金　　　　　　借用証書，金銭消費貸借契約証書の写し
　　　　　・求償権，将来の求償権　契約書，代位弁済した際の領収証写し
　　　　　・工事代金，加工代金　契約書の写し
　　　　　・手形金，小切手金　　手形の表と裏の写し（裏は白紙でも必ず）
　　　　　・その他の証拠書類　　公正証書,判決,和解・調停調書の写し等

・別除権（担保権）を有している場合…その担保権の種類（抵当権など）と目的物の内容がわかる書面（例：不動産登記簿謄本，契約書，公正証書等）の写しと，担保権を実行した後に回収不足額になる見込みの金額（予定不足額）を計算した書類を提出してください。

オ　提出部数

　　破産債権届出書，エの証拠書類等は，いずれも各1部提出してください。

カ　提出期限

　　届出書の提出期限は破産債権届出書の左下に記載してあります（期限に裁判所必着）。期限に遅れると余分な経費が必要になったり，債権者としての権利行使が認められなくなる場合がありますので，期限は必ず守ってください。

キ　提出先

　　〒530-8522　大阪市北区西天満2―1―10　大阪地方裁判所第6民事部○○係です。郵送でも持参でも結構ですが，封筒の表に赤で「○○の件　債権届出書在中」と記載してください。

(2)従業員の方の届出方法

　ア　記入方法

　　　未払給料，賞与，その他手当，解雇予告手当，退職金などの雇用関係に基づいて発生する債権（労働債権）については，同封した「労働債権

届出書」に記載して届出をしてください。

　労働債権については，法律によって，破産手続開始決定前3か月分の給料など，一定の範囲の金額が，「財団債権」といって，配当などの点であなたにとってより有利な性質の債権として取り扱われることになっていますが，計算が複雑なため，とりあえず未払いの労働債権全部についてこの労働債権届出書で届出しておいていただければ結構です。財団債権として認めて，配当の点であなたに有利に取り扱うことにする部分については，後日，破産管財人が，「○○円は財団債権として認める。」と記載した「異議通知書」という書類をお送りして，お知らせすることになります（なお，財団債権として認めた場合は，破産債権としては認めないことになりますが，そのことによる不利益はありません。）。

　なお，会社にお金を貸し付けた，というような場合は，労働債権ではなく，一般の破産債権になりますので，上記(1)の「破産債権届出書」に別途記載するようにしてください。

イ　添付資料

　給与明細書などがあれば写しを添付してください。資料が十分にない，という場合は，破産管財人にご相談ください。

ウ　提出部数，提出期限，提出先

　(1)の一般の債権者の方の記載方法と同じです。

(3)破産債権届出書を提出した後に追加証拠，取下書，承継届出書等を提出する場合の提出先

　債権届出期間（債権届出書の左下に記載されています）が過ぎるまでの間は裁判所あてに提出し，それ以後は破産管財人の事務所あてに郵送で提出してください（持参可）。

(4)裁判所からの連絡先の届出について

　裁判所からの連絡について，破産債権届出書に記載した住所等以外の場所で書面による通知等を受けることを希望する場合には，その受け取りを希望する場所をＡ4判の紙に記載して，裁判所あてに郵送または持参で提出してください。

2　債権者集会等について（出欠は債権者のご自由です。）

(1)財産状況報告集会

破産管財人が破産手続開始に至った事情や破産者の財産の状況について報告するための期日です。
(2)債権調査期日

届出された破産債権について，破産管財人が調査した結果を発表します。他の債権者が届出した債権について，債権者として異議を述べることもできます。届出した債権について破産管財人が認めなかった場合は，異議通知というお知らせを郵便で別途お送りしますので，欠席しても全く不利益はありません。

なお，破産管財人の調査に時間を要する場合や，配当の見込みがなくなったなどの場合には，予定した期日に認否をしないで，期日を延期することもありますのでご了承ください。
(3)廃止意見聴取及び計算報告集会（指定されている場合）

破産財団をもって破産手続の費用を支弁するのに不足すると認められる場合には破産廃止に関する意見聴取のための債権者集会を実施します。また，管財人の任務が終了する場合には計算報告集会を実施します。

(ニ) 通知に同封する「ご連絡」文

大阪地裁では，破産債権者に情報提供する意味で，破産管財人名の「ご連絡」文を同封している。これは，破産債権者の関心事である，配当の有無の見込み（配当事案，配当微妙事案，異時廃止事案）を知らせるだけでなく，サラ金等の貸金業者に対しては，破産債権届出をする際に取引の当初からの利息制限法での引直計算を求める旨をあらかじめ要請する意味もある。

【書式42】「ご連絡」文（配当予定用）〔大阪地裁〕

事件番号　大阪地方裁判所平成19年(フ)第○○号
（申立年月日　平成19年8月29日）
破産者　甲野太郎
破産手続開始日時　平成19年9月3日　午後5時

II　開始決定と破産者への効果

ご　連　絡

平成19年9月3日

債権者　各位

〒530-0047　大阪市北区西天満〇丁目〇番〇号
　　　　　　破産管財人　弁護士　大　阪　咲　子
　　　　TEL 06-〇〇〇〇-〇〇〇〇　FAX 06-〇〇〇〇-〇〇〇〇

　冠省　頭書破産事件について，当職は，破産手続開始ら通知書記載のとおり破産管財人に選任されました。
　本件の破産手続に際しては，次の各点にご留意ただきご協力をお願いします。
1　破産債権届出書等は，1通のみ提出してください。
　　債権届出の期間は，平成19年10月3日までです。
　　この点は，裁判所の通知書を参考にしてください。
2　本件では，配当が行われる可能性があります。ただし，配当対象となる破産債権額については，利息制限法を超える部分は認めませんので，取引当初から予め利息制限法による引き直し計算をして債権届出をしてください。
3　当職の主な職務は，破産者の資産調査にあります。すなわち，一件記録上明らかとなっている資産以外に資産がないか，財産の隠匿等はないか等の調査を行います。財産隠匿等の情報がありましたら，当職あてご連絡ください。

以　上

※　ご不明の点は，当職までご連絡ください。ご協力よろしくお願いします。

【書式43】「ご連絡」文（留保型用）〔大阪地裁〕

事件番号　大阪地方裁判所平成19年(フ)第〇〇号
（申立年月日　平成19年8月29日）
破産者　甲野太郎
破産手続開始日時　平成19年9月3日　午後5時

ご　連　絡

平成19年9月3日

債権者　各位

〒530-0047　大阪市北区西天満○丁目○番○号
破産管財人　弁護士　大　阪　咲　子
TEL 06-0000-0000　　FAX 06-0000-0000

冠省　頭書破産事件について，当職は，破産手続開始等通知書記載のとおり破産管財人に選任されました。
　本件の破産手続に際しては，次の各点にご留意いただきご協力をお願いします。
1　本件手続では，現時点での破産債権届出書の提出は不要です。
　　当職において，破産申立ての一件記録を検討しましたが，現時点においては配当が可能かどうか不明であり，異時廃止となる可能性があります。すなわち，配当が可能な程度まで破産財団が増殖しなければ，破産手続は廃止されることになります。
　　配当が可能な状況になった場合には，当職から改めてその旨ご連絡し，債権届出書の用紙も送付します。その後，各債権者から債権届出書を提出いただきまして，債権調査の上，配当手続を行うことになります。
2　本件における当職の主な職務は，破産者の資産調査にあります。すなわち，一件記録上明らかとなっている資産以外に資産がないか，財産の隠匿等はないか等の調査を行います。財産隠匿等の情報がありましたら，当職宛にご連絡ください。

以　上

※　なお，時効中断等の関係で債権届出書がどうしても必要な方，また，ご不明の点がある方は，当職までご連絡ください。ご協力よろしくお願いします。

(ホ)　必要事項の届出

　現行法では，高価品保管場所について，破産管財人が定めたうえで，裁判所に届け出ることとなった（規則51条1項）。旧法下の高価品保管場所指定の決定はなくなった。
　大阪地裁では，このほかに印鑑届，住所届を兼ねた届出書の書式を作成している。

【書式44】 届出書〔大阪地裁〕

```
平成19年(ﾌ)第○○号
破産者　甲野太郎

                届　　出　　書

                                            平成○年○月○日
大阪地方裁判所　第6民事部　○係　御中
                            破産管財人　○　　○　　○　　○　印
                                        TEL　00-0000-0000
                                        FAX　00-0000-0000
   頭書破産事件事件について，下記のとおり届け出します。
                           記
 1  通知事務等取り扱いの同意
        書面の送付その他通知に関する事務を取り扱うこと
 2  使用印鑑の届出
        次の印鑑を破産管財人の印鑑として使用すること

                        ┌─────┐
                        │         │
                        │   印    │
                        │         │
                        └─────┘

 3  破産財団に属する金銭等の保管方法
        金銭・有価証券その他の高価品の保管場所を次のとおり定めたこと
            大阪市○区○丁目○番○号
            株式会社○○銀行△△支店
```

(ヘ)　破産者の事業の継続

　破産管財人は、裁判所の許可を得て、破産者の事業を継続することができる（法36条）。清算型の破産手続においても事業を継続する必要がある場合に、裁判所の許可により事業の継続が可能となった。

第4章 管財手続

(ト) 他の手続の失効等

破産手続開始により、強制執行等の手続および国税滞納処分はできなくなる（法42条1項・43条1項）。すでになされている強制執行手続等は、失効する（法42条2項）。ただし、国税滞納処分は失効せず、続行する（法43条2項）。破産管財人は、強制執行または先取特権の実行を続行することができる（42条2項ただし書）。この場合には、無剰余取消し（民執63条・129条）は、適用されない（法42条3項）。

大阪地裁では、不動産競売等の強制執行が行われている場合は、執行裁判所に対し、破産手続開始決定日および破産管財人選任についての届出をする。

【書式45】 執行裁判所への届出書〔大阪地裁〕

平成19年(ヌ)・(ケ)第○○号

届　出　書

平成19年9月○日

大阪地方裁判所　第14民事部　御中
（FAX　06-0000-0000）

破産管財人　大　阪　咲　子　印
TEL　06-0000-0000
FAX　06-0000-0000

次の事項について，お知らせします（番号に○を付したもの）。
①破産事件については次のとおりです。
　(1)　事件番号　　大阪地方裁判所　平成19年(フ)第○○号
　(2)　破産手続開始決定日，破産管財人の氏名又は名称は別添破産手続開始決定正本写しのとおり
2　平成19年○○月○○日（放棄許可決定を記載），開始決定がなされた不動産を破産財団から放棄しました。
3　平成19年○○月○○日，頭書破産事件は
　　□　破産廃止

☐ 破産終結

により終了しました。

　㈬　債権差押えの執行終了

　大阪地裁では、破産手続開始決定前の債権差押え（特に給料債権の差押え）が行われている場合には、速やかに執行裁判所に連絡し、執行終了の上申書を提出することで、債権差押えは当然に終了する。

【書式46】　債権執行終了上申書〔大阪地裁〕

平成19年㈹第○○号
債　権　者　　○○株式会社
債　務　者　　甲野太郎
第三債務者　　株式会社△△

上　　申　　書

平成19年9月○日

大阪地方裁判所　第14民事部　御中
　　（Fax　06-0000-0000）

　　　　　　　　　　　　　破産管財人　大　　阪　　咲　　子　印
　　　　　　　　　　　　　　　　　　　　Tel　06-0000-0000
　　　　　　　　　　　　　　　　　　　　Fax　06-0000-0000

　頭書事件の債務者（破産者）について，下記のとおり破産手続が開始され，当職が破産管財人に選任されました。
　ついては，続行申請は行いませんので，執行手続を終了されるよう上申します。

記

事件番号　　　　　大阪地方裁判所平成19年㈦第○○号
破産者　　　　　　甲野太郎

```
　破産手続開始決定日　　平成19年9月3日午後5時
添付書類
1　破産手続開始決定正本写し　　1通
2　破産管財人証明書　　　　　　1通
```

(リ) 訴訟手続の中断、受継

　破産手続開始決定により、破産者を当事者とする破産財団に関する訴訟手続は、中断する（法44条1項）。破産管財人は、中断した訴訟手続のうち破産債権に関しないものを受継することができ、この場合は相手方も受継申立てができる（同条2項）。破産債権に関するものは、破産債権確定手続に従い、受継されることもある（法127条・129条）。

　破産手続が終了したときは、破産管財人を当事者とする破産財団に関する訴訟手続は中断する（法44条4項）。破産者は、中断した訴訟手続を受継しなければならず、相手方も受継申立てができる（同条5項）。破産管財人が受継する前に破産手続が終了したときは、破産者は当然に訴訟手続を受継する（同条6項）。

(ヌ) 破産登記

　破産登記は、現行法では法人につき廃止されたが、自然人については、旧法と同様である。ただ、大阪地裁では、旧法下において、不動産に破産登記がなくとも所有権移転登記できることから、破産登記を留保したままとしており、現行法下でも同様に破産登記は留保する。ただ、事案に応じて必要があるときは、破産登記が行われる。

2　破産者に対する効果

(1)　はじめに

　破産手続開始決定により、破産者は、破産財団に属する財産の管理処分権を失い、その管理処分権は、破産管財人に専属する（法2条12項・14項）。破産者が破産手続開始の時において有するいっさいの財産（日本国内にあるか

どうかを問わない）は破産財団となる（法34条1項）。破産者が破産手続開始前に生じた原因に基づいて行うことがある将来の請求権は、破産財団に属する（同条2項）。

これに対し、破産財団に属さない破産者の財産は、自由財産として破産管財人の管理処分権が及ばない。破産者が破産手続開始決定後に得た給料等の新得財産のほか、破産者が破産手続開始決定時に有していた財産であっても、次のものは、自由財産となる。

① 現金99万円（法34条3項1号、民執131条3号）
② 金銭を除く差押禁止財産、ただし、民事執行法132条1項の規定により差押えが許されたものおよび破産手続開始後に差し押さえることができるようになったものを除く（法34条3項2号）

さらに、現行法は、自由財産の範囲の拡張を認め（法34条4項ないし7項）、自然人である破産者の経済的な再スタートを支援することを認めたのである。詳細については、第3章自由財産を参照されたい。

(2) **破産者等の義務**

債務者が破産手続開始決定を受けると、破産者および破産者と一定の関係にある者は、各種義務を負う。なお、資格関係に関する影響については、第1章Ⅰ(3)デメリットを参照されたい。また、破産犯罪については、第7章罰則を参照されたい。

(ｲ) **居住制限**

破産者は、裁判所の許可がなければ、居住地を離れることができない（法37条1項）。この点は、破産者と一定の関係にある者にも準用される（法39条）。旧法と変化はないが、現行法では、申立却下決定に対し、破産者は、即時抗告ができることとなった（法37条2項）。居住制限違反については、旧法377条2項は罰則を定めていたが、現行法では削除された。

第4章　管財手続

【書式47】　住所変更許可申請書

```
平成　年(フ)第　　号
破産者

                住所変更許可申請

                                  平成　年　月　日

大阪地方裁判所　第6民事部　○○係　御中

                        破産者申立代理人
                          弁　護　士

  頭書事件につき，破産者は，下記の地に住所を変更したく，許可を申請致し
ます。
                      記

  新住所：
  上記申請に同意する。
  平成　年　月　日
  破産管財人
```

　(ロ)　引　致

　裁判所は、必要と認めるときは、破産者の引致を命ずることができる（法38条1項）。破産手続開始申立て後破産手続開始決定前でも引致が可能である（同条2項）。破産者と一定の関係にある者にも準用される（法39条）。旧法と変化はないが、現行法では、引致決定に対し、破産者または債務者は即時抗告ができることとなった（法38条4項）。旧法の監守の制度（旧法149条）は、廃止された。

　(ハ)　説明義務

　破産者は、破産管財人等に対し、必要な説明をする義務を負う（法40条1項）。旧法にも同様の説明義務はあった（旧法153条）が、現行法では説明義

208

務を負う者の範囲を拡大している。「破産者の従業者」は、裁判所の許可があった場合に説明義務を負うこととなった（法40条1項5号）。

説明を拒み、または虚偽の説明をした者には、3年以下の懲役もしくは300万円以下の罰金の罰則が規定されている（法268条1項）。

㈡　物件検査

破産管財人は、破産財団に関する帳簿、書類その他の物件を検査することができる（法83条1項）。破産者がこの検査を拒んだときは、3年以下の懲役もしくは300万円以下の罰金の罰則が規定されている（法268条3項・1項）。

㈥　重要財産開示義務

破産者は、破産手続開始決定後遅滞なく、その所有する不動産、現金、有価証券、預貯金その他裁判所が指定する財産の内容を記載した書面を裁判所に提出しなければならない（法41条）。この重要財産開示義務は、破産者の財産を把握・調査する手段を強化する目的で導入され、破産者が提出を拒み、または虚偽の書面を裁判所に提出したときには、3年以下の懲役もしくは300万円以下の罰金の罰則が規定されている（法269条）。

実務的には、各裁判所において、破産手続開始申立書添付の財産目録に詳細に財産状況を開示させるようにしており、申立書の財産目録を流用することで足りる場合が多いと思われる。ただ、申立書に記載漏れがあったり、その後発見された財産があった場合は、別途その旨の書面を裁判所に提出すべきこととなる。

(3)　郵便物等の回送嘱託

裁判所は、破産管財人の職務の遂行のため必要があると認めるときは、信書送達事業者に対し、破産者にあてた郵便物等を破産管財人に配達すべき旨を嘱託できる（法81条1項）。旧法190条では、必ず回送嘱託をすることとなっていたが、現行法では、裁判所が判断することとなった。電報は削除された。

裁判所は、破産者の申立てによりまたは職権で、破産管財人の意見を聴いて、回送嘱託を取り消し、または変更をすることができる（法81条2項）。裁

判所の決定に対し、破産者または破産管財人は即時抗告をすることができる（同条4項）。ただし、回送嘱託決定に対する破産者の即時抗告には、執行停止の効力はない（同条5項）。

　実務的には、原則的に従前どおりの回送嘱託が行われることが多い。

(4) 破産財団に属する財産の引渡命令

　破産者が所有する不動産は、破産管財人の管理処分権に服するが、実際には破産者が自宅として居住している場合、破産管財人がこれを任意売却し、買受人に目的物を引き渡そうとしても、破産者が任意に退去しないと任意売却ができない。旧法下では、破産者に任意に退去を求めていたが、現行法は、このような事態に対応するため、裁判所は、破産管財人の申立てにより、決定で、破産者に対し、破産財団に属する財産を破産管財人に引き渡すべき旨を命ずることができることとした（法156条1項）。本条の決定手続においては破産者の審尋を必ず行わなければならず（同条2項）、破産者は即時抗告することができる（同条3項）。引渡しを命ずる決定は、確定しなければ効力を生じない（同条5項）。

III 債権者集会

1 債権者集会の種類

(1) 分 類
債権者集会は、分類すると次のとおりとなる。
① 財産状況報告集会（法31条1項2号）
② 財産状況報告集会以外の集会
　ⓐ 任務終了計算報告集会（法88条3項）
　ⓑ 廃止意見聴取集会（法217条1項）
　ⓒ その他の一般的な債権者集会（法135条）

(2) 財産状況報告集会
破産者の財産状況を報告するために招集される財産状況報告集会は、旧法下の第1回債権者集会と同様の集会であるが、民事再生（民再126条）や会社更生（会更85条）における財産状況報告集会と呼び方を同じくしたものである。この財産状況報告集会は、裁判所が破産手続開始決定と同時に期日を定める必要がある（法31条1項2号）。なお、現行法は、集会期日を定めないことができるとの例外を設けることで、債権者集会の開催の任意化を認めたが（同条4項）、実務的には期日における処理が便宜的であることから、大規模事件で特別な事情がある場合を除いて、基本的には財産状況報告集会は開催されている。

(3) 任務終了計算報告集会
破産管財人が任務を終了した際に計算報告をするための任務終了計算報告集会（法88条3項）は、旧法下の集会と同様であるが、期日ではなく書面による計算報告を行うこともできることとなった（法89条）。

(4) 廃止意見聴取集会
異時廃止の際の破産債権者に意見を聴くための廃止意見聴取集会（法217

211

条1項)も旧法と同様であるが、期日ではなく書面による破産債権者の意見聴取も可能となった（法217条2項)。

(5) **その他の一般的な債権者集会**

一般的な債権者集会の定めもあるが（法135条以下)、消費者破産、個人事業者破産の場合には皆無であろうから、説明は省略する。

(6) **集会と同時に開催される期日**

財産状況報告集会等の集会の際に、債権調査における期日型の一般調査期日（法121条)や免責手続における免責審尋期日が設定されることが多い。一般調査期日については、破産手続開始決定と同時に債権調査期日が定められるが（法31条1項・3項)、破産財団をもって破産手続の費用を支弁するのに不足するおそれがあると認められる場合には定めないことができることとなった（留保型。同条2項)。なお、債権調査については、書面による債権調査の制度ができ、調査期間における調査もありうるが（法117条以下)、基本的には従前どおり期日における債権調査が行われている。また、免責審尋期日も現行法では、任意化された。

(7) **多様な選択肢**

このように、破産法は、破産手続の合理化、迅速化を図るため、旧法下で行われていた運用の工夫を採り入れることで、各集会や各期日を定める、定めないまたは代替措置をとるというさまざまな選択肢を認めたのである。どのような運用を行うかは各庁において異なることになるが、大阪地裁の手続の運用の流れについては、本章Ⅰ管財手続の流れを参照されたい。

2 財産状況報告集会の事前準備

破産管財人は、財産状況報告集会において、法157条1項に定められた事項の要旨を報告しなければならない（法158条)。そのため、破産管財人は、裁判所に対し、財産状況報告集会までに、破産手続開始に至った事情、破産者および破産財団に関する経過および現状、役員の責任の査定およびこれに関する保全処分を必要とする事情の有無、その他破産手続に関し必要な事項

Ⅲ 債権者集会

を報告する必要がある（法157条1項）。
　以下、大阪地裁において定型書式化された書式により説明し、東京地裁等の書式を参考として併記する。
(1)　**債権者集会打合せメモ**
　この債権者集会打合せメモは、法が定めるものではないが、破産管財人が裁判所に対し、事件の進行について端的に伝えることができる点で有意義である。
　主に、集会を続行するのか終了するのか、残務の有無、配当見込み、債権調査の予定、免責に関する意見書の提出の予定等の進行予定を明らかにするものである。

【書式48】　債権者集会打合せメモ〔大阪地裁〕

```
平成19年(フ)第○○号
破　産　者　　甲野太郎
（集会期日　平成19年11月29日午後3時）

　　　　　　　　債権者集会打合せメモ（第1回）

　　　　　　　　　　　　　　　　　　　　　　　平成19年11月22日
大阪地方裁判所　第6民事部　○係御中
（担当書記官　○　○殿）
FAX　06-○○○○-○○○○
　　　　　　　　　　　　　　　　　　破産管財人　○　○　○　○
　　　　　　　　　　　　　　　　　　　　　TEL　06-○○○○-○○○○
　　　　　　　　　　　　　　　　　　　　　FAX　06-○○○○-○○○○
1　前回の債権者集会以降の財産関係の変動の有無（続行集会のみ記入）
　　□無　□有（変動内容は今回提出の財産目録・収支計算書記載のとおり）
2　今回の集会で放棄予定の財産－□無　■有（財産目録の番号で表記）
　　（5　　　　　　　　　　　　　　　　　　　　　　　　　）
3　進行予定
```

213

(1) 残務（上記2において放棄予定のものを除く）■有　□無
      □不動産　　（終了までの見込み期間　　か月）
      □売掛金　　（終了までの見込み期間　　か月）
      □訴訟　　　（終了までの見込み期間　　か月）
      □免責観察型（終了までの見込み期間　　か月）
      ■保険解約　（終了までの見込み期間　1か月）
   (2) 配当の見込み　□無　□有　■報酬決定後に判明
      （配当見込みがある場合，配当方法等）
      □簡易配当　□同意配当　□最後配当　□配当実施済
   (3) 債権調査期日
      □既に終了済　□今回実施・終了　■延期
      □指定されていない　□　月　日に指定済
   (4) 免責に関する報告
      ■今回意見書提出　□前回までに提出
      □次回以降意見書提出（　　　　　　　　　　　　　　　のため）
   (5) 今回集会で破産手続を終了するか。
      □終了する（□異時廃止　□破産終結）
      ■終了しない（■換価等未了のため　□換価等終了，配当手続に入るため）
4　集会の運営において特記すべき事項　■無　□有
   （　　　　　　　　　　　　　　　　　　　　　　　　　　　　　　　　）
5　その他特記事項（調査・換価業務において特に留意したこと等）
   ■無　□有（別紙のとおり）

　上記事項をご記入の上，換価等が終了すれば直ちに，遅くとも財産状況報告集会の1週間前までに『財産目録』，『収支計算書』，『預金通帳の写し』，『業務要点報告書』，『免責に関する意見書』（自然人の場合），とともに，当係宛ファックス送信願います。進行について協議すべき事項があれば，裁判所からご連絡いたします。

III 債権者集会

【書式49】 債権者集会打合せメモ〔東京地裁〕

債権者集会打合せメモ

　本件破産事件について，下記事項をご記入のうえ，本書面を集会期日の1週間前までに当庁宛FAXで送信してくださるようお願いいたします。本書面に基づいて，進行予定や本件の報酬予定額等の連絡をすることがあります。

　なお，財団が1件あたり40万円以下の場合は，特記事項がない限り，送信していただく必要はありません。

東京地方裁判所民事第20部　□管財G係
　　　　　　　　　　　　　□管財H係　――FAX 3592—9462
　　　　　　　　　　　　　□管財K　　係　――FAX 3581—2024

破産管財人＿＿＿＿＿＿　TEL　―
　　　　　　　　　　　　FAX　―

事件番号　　平成　　年(フ)第　　号
破産者
第1回集会期日　平成　年　月　日　午前・午後　時　分
これまでの財団収集額　金　　　万　　　円
　※　財団が100万円を超える場合その概要を特記事項に記載してください。
進行予定
　□　異時廃止予定
　□　続行予定
　□　配当予定　　□　簡易配当
　　　　　　　　　□　最後配当
（進行，財団及び主要な管財業務の内容に関する特記事項）

215

(2) 財産目録

財産目録は、破産財団の状況を一覧表形式で表すことで、資産内容、回収状況、残務の有無が把握しやすい。

大阪地裁では、自然人の自由財産拡張手続により、破産管財人が拡張相当と認めたことにより黙示の拡張決定がされたこととなった場合には、破産管財人は財産目録の備考欄に「拡張済み」、残務欄に「無」と記載する。

放棄予定の場合は、備考欄に「放棄予定」、残務欄に「有」と記載し、続行集会の場合には、すでに放棄許可を受けているものは、備考欄に「前回までに放棄済」、残務欄に「無」と記載する。なお、100万円以下の権利の放棄は、許可不要行為とされている（法78条2項2号・3項、規則25条）ので、放棄した場合は、備考欄に「放棄済み」、残務欄に「無」と記載する。

【書式50】 財産目録〔大阪地裁〕

平成○年(フ)第○○号
破産者　甲野太郎

財　産　目　録

破産管財人　○　○　○　○
TEL　○○-○○○○-○○○○
（平成19年11月22日現在の換価状況）
単位：円

番号	科目	評価額	回収額	備考	残務
1	破産予納金	205,000	205,000	H19.○.○付財団組入	無
2	預貯金 ①○○貯金事務センター 　記号・・・番号・・・・・	0	0	残高210,155円 拡張済み	無
	②○○銀行○○支店 　普通口座番号・・・・・	0	0	残高1,576円 相殺予定につき放棄済み	無
	③△△銀行△△支店 　普通口座番号・・・・・	0	0	残高143円 拡張済み	無
3	保険				

III 債権者集会

	①全労災（○○共済） 　　組合員番号○○○○○	0	0	解約返戻金無 放棄済み	無
	②○○生命保険相互(生命保険) 　　証券番号○○○○○	0	0	解約返戻金176,488円 拡張済み	無
	③○○生命保険相互(生命保険) 　　証券番号○○○○○	0	0	解約返戻金245,924円 拡張済み	無
	④○○生命保険相互(生命保険) 　　証券番号○○○○○	655,995	0	解約返戻金655,995円 解約手続中	有
4	車両（登録番号○○○○○○）	10,000	10,000	H19.○.○付財団組入	無
5	不動産	0	0	放棄予定	有
合計	資産総合計	870,995	215,000		

※評価額欄には、額面額ではなく、管財人による評価額（回収見込額）を記載する。
※備考欄には、放棄済み又は放棄予定の財産については額面額を、拡張済みの財産については拡張額を記載する。
※続行集会の場合、放棄済み（又は拡張済み）の財産については、備考欄に「前回の集会までに放棄済み（又は拡張済み）」と記載する。

【書式51】 財産目録〔東京地裁〕

平成○年(フ)第○○号
破　産　者　○○○○
破産管財人弁護士　○○○○

財　産　目　録

（開始決定日＝平成○年○月○日現在）

資　産　の　部

番号	科　目	簿　価	評価額	備　考
1	現金（平成　年　月　日引継）		200,000	
2	保険解約返戻金（○○生命）	700,000	700,000	
3	和服7枚	2,150,000	1,080,000	平成19.3.20付許可により売却
4				
	資産合計	2,850,000	1,980,000	

第4章　管財手続

負　債　の　部

番号	科　　目	届出額	評価額	備　　考
1	普通破産債権（別除権付債権を除く）	5,123,544	4,198,173	
2	別除権予定不足額	11,500,000	8,500,000	
	別除権付債権	(18,000,000)	(21,000,000)	
	負債合計		12,698,173	

破産法157条の報告事項
1　破産手続開始の決定に至った事情　☑　破産手続開始申立書記載のとおり
　　□　破産手続申立書に付加する点は次のとおり（　　　　　　　　　）
2　破産者及び破産財団に関する過去及び現在の状況　☑　破産手続開始申立書及び財産目録記載のとおり　□その他（　　　　）
3　損害賠償請求権の査定の裁判，その保全処分を必要とする事情の有無（破産者が法人の場合に限る。）
　　□　無　□　有（内容　　　　　　　　　　）　□その他（　　　　）
※破産者が所有する○○区○○町1丁目2番地所在家屋番号○○の建物については，○○倍以上のオーバーローン状況にあるため，財団から放棄する。

【書式52】　財産目録〔名古屋地裁〕

財　産　目　録

平成○年○月○日現在

科目	内　　容	評価額	回収額	進行	備　　考
現金	申立代理人の保管現金	¥320,000	¥320,000	○	○／○申立代理人から受領
預金	○○銀行△△支店（普）	¥350,000	¥350,000	○	○／○銀行に解約書類の送付を依頼　○／○銀行から解約書類の送付あり　○／○解約書類を作成し銀行に送付　○／○銀行から入金あり
	□□銀行××支店（普）	¥0	¥0	○	残高××円あり　○／○銀行から貸付金××円と相殺するとの通知あり　なお，銀行の債権届出あり（NO.15）
保険	○○生命の××保険	¥150,000	¥150,000	○	○／○保険会社に解約返戻金の照会　○／○保険会社から返戻金××円との回答あり　○／○破産者から解約返戻金相当額を受領して放棄

Ⅲ　債権者集会

出資金	○○協同組合	¥10,000	¥0	△	○/○組合に脱退・出資金返還請求
電話加入権	052-○○○○-○○○○	¥12,500	¥12,500	○	時価にて売却　○/○代金入金
什器備品	破産者事務所内	¥50,000	¥50,000	○	○/○古物商A, Bで入札, Bがより高額で落札, 同日売却し代金受領
車両	普通乗用自動車 (名古屋11あ2222)	¥250,000	¥0	△	○/○査定協会愛知県支部に価格査定の依頼　○/○査定協会から査定書の送付あり　現在中古自動車業者Aと売却交渉中
不動産	名古屋市△区△町 宅地△ ㎡	¥0	¥0	△	本件不動産には①Aの根抵当(極度額1億円・現在債権額8000万円)②Bの抵当額(現在債権額5000万円)の設定あり ○/○不動産業者Cに価格調査を依頼 ○/○近隣売却事例から時価××万円前後との報告あり ○/○不動産業者Dに仲介依頼
		¥1,142,500	¥882,500		

［進行欄］○換価完了　△換価手続中　×換価未着手　□拡張済み
　　　　　▲拡張につき協議中

【書式53】　財産状況報告書〔福岡地裁〕

平成19年(フ)第1111号

財産状況報告書

平成19年3月1日

破　産　者　○　○　○　○

破産管財人　○　○　○　○　印

（平成19年3月1日現在）

【収入の部】

種　　　類	財産評価額	回収額費	換価未了	換価の状況及び業務の予定
破産予納金	200,000	200,000		19/1/11・引継ぎ
現金（代理人預り金を含む）	100,000	0		換価しない。
預貯金　　　　　　　　（小計）	365,000	300,012		
福岡銀行赤坂支店（12345678）	5,000	0		換価しない。

219

第4章 管財手続

福岡銀行赤坂支店（87654321）	80,000	0		19/1/14・自由財産拡張裁判
西日本シティ銀行	250,000	250,000		19/1/19・解約（20万円につき返還）
郵便局	50,000	50,012		19/1/12・解約済み
この記載例は、平成17年3月10日を財産状況報告集会として、同年1月11日に破産手続開始決定がされたものとして作成したものです。				
保険解約返戻金　　　（小計）	390,000	20,000		
日本生命保険相互会社（FKU-123456）	300,000	0	■	放棄予定（相当額組入後）
日本生命保険相互会社（KLM-567890）	70,000	0		換価しない。
アメリカンファミリー生命	20,000	20,000		19/1/25・解約済み
積立金等　　　　　　（小計）	120,000	120,000		
勤務会社内積立金	40,000	40,000		19/2/1・組入後放棄
互助会積立金	80,000	50,000		19/2/1・解約済み
敷金・保証金　　　　（小計）	165,000	80,000		
自宅敷金	65,000	0		換価しない。
事務所敷金	100,000	50,000	．	19/1/31・原状回復費用と相殺後の金額回収
退職金の（1/8）	800,000	50,000	■	現在積立額（19/7/30・積立完了予定）
売掛金回収額　　　　（小計）	6,000,000	800,000		
城内一郎	2,000,000	0	■	19/1/31・訴え提起
福岡太郎	1,000,000	800,000		19/1/31・当事者間で和解して回収
㈱福岡地載	3,000,000	0		19/1/31・放棄許可（事務所閉鎖、代表者等所在不明）
電話加入権　　　　　（小計）	30,000	30,000		
092-781-3141	15,000	15,000		19/2/1・組入後放棄
192-781-3142	15,000	15,000	■	売却予定（2週間程度）
自動車売却益　　　　（小計）	50,000	0		
トヨタ・カローラ	50,000	0		19/1/15・放棄
日産・サニー	0	0		19/1/31・廃車手続完了
動産売却益　　　　　（小計）	100,000	100,000		
家財道具	100,000	100,000		19/2/1・組入後放棄
什器備品	0	0		19/1/31・放棄（簿価値確認済み）
不動産売却益　　　　（小計）	35,500,000	1,200,000		
東区箱崎1丁目1番1号（山林）	50,000	0	■	買受希望者なし（無価時期未定）
糟屋郡宇美町1丁目1番1号（土地・建物）	25,000,000	1,200,000		19/2/28・売却
メゾン赤坂見附（マンション）	10,000,000	0	■	放棄予定（近日中、剰余見込みなし）
寄託金利息	10	10	■	寄託金口座に関するもの
合計	43,840,010	2,870,022		

【支出の部】

種類	発生額	支払額	支払未了	備考
財団債権（共益費・小計）	258,000	275,000		
管財人報酬	0	0	■	額未確定
管財人事務費用（受領済分）	5,000	5,000		総額未確定（19/3/1・現在）
管財人事務費用（受領未了分）	3,000	0	■	
訴え提起印紙・切手代	10,000	0	■	
預貯金返還分	200,000	200,000		
廃車手続費用	20,000	20,000		
不動産売却登記手数料	50,000	50,000		19/2/28・買受人と折半
財団債権（届出分・小計）	950,000	0		
公租公課	250,000	0		
労働債権	700,000	0		
優先債権（小計）	200,000	0		
公租公課	200,000	0		
労働債権	0	0		額未確定
一般債権	0	0		額未確定
合計	1,438,000	275,000		

収入合計	支出合計	残金
2,870,022	275,000	2,595,022

【負債の状況】

　申立書記載の公租公課　　　　　　　　　540,000円

　申立書記載のその他の債権額　　　　　8,750,043円

　　（合計）　　　　　　　　　　　　　9,290,043円

【今後の進行】

　■換価未了財産あり

　　■　未換価財産については，「収入の部」欄記載のとおり換価する予定である。

　　■　次の財産の換価については，進行協議を希望する。

　・協議をする財産（東区の山林）

　・協議をする財産（退職金の積立てについて）

　　■　残余財産換価のため，続行期日を
　　　<u>2</u>か月程度後に指定されたい。

　□換価終了

第4章　管財手続

> □　破産廃止事案である。財団債権の支払いを完了する必要があるため，続行期日を＿か月程度後に指定されたい。
> □　配当事案である。配当手続を完了する必要があるため，続行期日を＿か月程度に指定されたい。

(3) 収支計算書

破産手続開始決定から財産状況報告集会までの間の破産財団の収支を明らかにするもので，A4判1枚に一覧表形式にするとわかりやすい。

収入の部は，財産目録に対応し，支出の部は，科目ごとに記載する。下欄に財団債権を明記しておくと配当の見通しについてもわかりやすくなる。

【書式54】　収支計算書〔大阪地裁〕

平成19年(フ)第○○号
破産者　甲野太郎

収　支　計　算　書（第○回）

（平成19年9月3日～平成19年11月22日）

収入の部（番号は財産目録に対応）　　　　　　　　　　単位：円

番号	科　　目	金　額	備　　考
1	破産予納金	205,000	H19.○.○付財団組入
4	車　両	10,000	H19.○.○付財団組入
	合計	215,000	

支出の部

番号	科　　目	金　額	明　　細
1	事務費（立替）	2,000	郵便代等
	合計	2,000	

III 債権者集会

```
差引残高              213,000
通帳残高              215,000
財団債権               80,000
  租税等の請求権        80,000
  給料等の請求権             0
  その他                   0
              △△銀行○○支店普通口座預金にて保管
```

【書式55】 収支計算書〔東京地裁〕

収 支 計 算 書

自　平成○年○月○日
至　平成○年○月○日

平成○年(フ)第○○号
破産者　　　　○○○○
破産管財人弁護士　○○○○

(単位：円)

番号	収入の部 摘要	金額	番号	支出の部 摘要	金額
1	現金（ ． ． 引継）	200,000	1	事務費	20,010
2	供託金取戻し	500,000	2	立替金返還（口座開設費用）	100
3	和服売却代金	280,000	3	簡易配当金	350,000
4	口座開設金	100	4	本人返還（自由財産の拡張）	50,000
5	預金利息	10	5	管財人報酬	560,000
	合計	980,110		合計	980,110

差引残高　金　0円

223

(4) 高価品保管口座通帳写し

入出金の状況を示すために提出する。

(5) 業務要点報告書

管財業務の要点をまとめた報告書である。チェック方式になっており、必要な部分を別紙方式で追加することで作成できる。

【書式56】 業務要点報告書〔大阪地裁〕

```
平成19年(フ)第○○号
破産者　甲野太郎

             業務要点報告書（第１回）

                                         平成19年11月22日
大阪地方裁判所　第６民事部　○係　御中
                           破産管財人　大　阪　咲　子　印
                                    TEL　06-0000-0000
                                    FAX　06-0000-0000
第１　破産者・破産手続開始に至った事情（第１回集会のみ記載）
    □申立書記載のとおり　□下記のとおり　■別紙記載のとおり
    （                                                    ）
第２　役員の財産に対する保全処分又は役員責任査定決定を必要とする事情の
    有無（法人について第１回集会のみ記載）
    □有　□無　□調査中　□別紙記載のとおり
第３　破産財団の経過（第１回集会のみ記載）・現状
    ■財産目録及収支計算書記載のとおり
    □破産債権者表記載のとおり　□下記のとおり　□別紙記載のとおり
    （                                                    ）
第４　財団債権及び破産債権
  １　財団債権
    ■収支計算書記載のとおり
    □下記のとおり　□別紙記載のとおり
```

　　　　（　　　　　　　　　　　　　　　　　　　　　　　　）
　　2　届出破産債権額及び確定債権額
　　　□債権調査期日未指定のため不明　■債権調査未了のため確定債権額不明
　　　□下記のとおり　□別紙記載のとおり
　　　（　　　　　　　　　　　　　　　　　　　　　　　　）
第5　配当可能性等
　　　□配当見込み有　□配当見込み無　■現時点では不明　□配当実施済
　　　□下記のとおり　□別紙記載のとおり
　　　（　　　　　　　　　　　　　　　　　　　　　　　　）
第6　今後の換価方針等
　　　□換価業務は終了　■換価業務を継続
　　　□換価方針は以下のとおり　□別紙記載のとおり
　　　（　　　　　　　　　　　　　　　　　　　　　　　　）
第7　その他特記事項
　　　■無　□有（□下記のとおり　□別紙記載のとおり）
　　　（　　　　　　　　　　　　　　　　　　　　　　　　）

【書式57】 破産法157条の報告書〔東京地裁〕

東京地方裁判所民事第20部管財　　係御中

　　　　　　　　　　　　　　　　　平成　　年　　月　　日

平成　年(ﾌ)第　　　号
破　産　者　＿＿＿＿＿＿＿＿＿＿＿＿＿
破産管財人弁護士　＿＿＿＿＿＿＿＿＿＿＿

破産法157条の報告書

1　破産手続開始の決定に至った事情
　□　破産手続開始申立書記載のとおり
　□　破産手続開始申立書に付加する点は次のとおり
　　□　その他
2　破産者及び破産財団に関する過去及び現在の状況
　□　破産手続開始申立書及び財産目録記載のとおり
　□　その他
3　損害賠償請求権の査定の裁判，その保全処分を必要とする事情の有無（破産者が法人の場合に限る。）
　□　無
　□　有
　□　その他

※本書面は第1回の財産状況報告集会の当日にご持参ください。

---

(6)　免責に関する意見書

　免責に関する意見をチェック方式で記載できるようになっている。免責観察型または免責不相当の場合には、必ず理由を記載する（詳細は、第5章参照）。

(7)　自由財産拡張に関する意見書

　大阪地裁では、自由財産拡張手続において、破産管財人と破産者側で見解が一致せず、調整がつかなかった場合に、破産管財人は自由財産拡張に関す

る意見書を提出して、拡張不相当とした意見の理由を詳細に記載する。これは、財産状況報告集会の1週間前までに提出する（詳細は、第3章参照）。

(8) 破産債権者表（債権調査を行う場合）

債権調査期日において、債権調査の結果を発表する場合に認否の結果を記載して提出する。

第4章　管財手続

【書式58】　破産債権者表（個別）〔大阪地裁〕

（注意）　本記載例は，便宜上1枚の用紙に記載しているが，原則として，同性質の債権ごとに別の用紙を使用する。

破　産　債　権

平成19年12月○日

届出番号	枝番	債権者名	〒	住所	種類	届出額	性質
1	1	○○銀行	（省略）	（省略）	貸付金	1,000,000	B
	2	同　上			損害金	200,000	B
2		堺商店こと堺太郎			約束手形金	720,000	B
3	1	○○債権回収㈱			貸付金	12,000,000	別B
	2	同　上			貸付金	20,000,000	別根B
4		○○保証協会			求償債権	3,000,000	B
5		○○保証協会			将来の求償債権	1,000,000	停B
6		大阪太郎			敷金返還請求権	600,000	停B
7		○○リース			リース料債権	1,000,000	B
8	1	山田太郎			給　料	310,000	A-c
	2	同　上			退職金	2,100,000	A-c
	3	同　上			貸付金	500,000	A-c
9	1	○○市役所			固定資産税	300,000	A-a
	2	同　上			延滞金	5,000	A-a
10		○○社会保険事務所			厚生年金保険料	400,000	A-b
					総合計	43,135,000	

※債権の性質欄は，次のような記号を用いて記載する。
・優先的破産債権→A（国税・地方税→A－a，公課→A－b，私債権→A-c）
・一般破産債権→B，劣後的破産債権→C，約定劣後破産債権→D
・別除権付一般破産債権→別B（別Bが根抵当権の場合は別根Bと記載する。）
・上記各債権が停止条件付債権・将来の請求権であるときは停Bなどと記号の冒頭に「停」を付す

III 債権者集会

者 表（個別）

平成19年(ﾌ)第○○号
破　産　者　乙野次郎
破産管財人　大阪咲子
（単位：円）

債権調査の結果			備　考
確定債権額	予定不足額	性質	
1,000,000		B	19.6.15○○保証協会500,000円承継届　旧届出者の残確定額500,000円 19.8.15旧届出者全部取下
0			異議通知済　19.3.9届出一部取下・残額100,000円 19.5.15異議全部撤回・確定額(B)100,000円
720,000		B	19.3.9届出一部取下・残確定額500,000円
12,000,000	1,500,000	別B	19.5.21確定不足額4,000,000円と報告
20,000,000	3,500,000	別根B	19.10.18極度額を超える部分の額5,000,000円と報告
3,000,000		B	19.5.15届出全部取下
1,000,000		停B	19.4.5債権の種類を求償債権に変更　一部取下・残確定額(B)900,000円
600,000		停B	19.10.15条件成就（明渡）300,000円について現実化
1,000,000	800,000	別B	19.5.15債権の性質を別Bと変更　19.7.17確定不足額800,000円と報告
310,000		A-c	19.3.5労働者健康福祉機構270,000円承継届　旧届出者の残確定額40,000円
2,100,000		A-c	19.5.15許可により弁済・残確定額1,100,000円
500,000		B	異議通知済19.5.21債権の性質をBに変更
			19.10.18全部免除
42,230,000	5,800,000		

（注）　債権調査の結果およびその後の債権変動の内容まで記載している。

229

【書式59】 配当表（破産債権者表──一体型）〔大阪地裁〕

□破産債権者表

平成19年12月○日

届出番号	枝番	債権者名	〒	住　所	種　類	届出額	性質
1	1	○○保証協会	(省略)	(省略)	求償債権	500,000	B
	2	○○銀行			損害金	100,000	B
2		堺商店こと堺太郎			約束手形金	500,000	B
3	1	○○債権回収㈱			貸付金	4,000,000	B
	2	同　上			貸付金	20,000,000	別根B
4		○○保証協会			求償債権	900,000	B
5		大阪太郎			敷金返還請求権	600,000	停B
6		○○リース			リース料債権	800,000	B
7		労働者健康福祉機構			給　料	270,000	A-c
8	1	山田太郎			給　料	40,000	A-c
	2	同　上			退職金	1,100,000	A-c
	3	同　上			貸付金	500,000	B
9		○○市役所			固定資産税	300,000	A-a
10		○○社会保険事務所			厚生年金保険料	400,000	A-b
					総合計	30,010,000	

※債権の性質欄は，次のような記号を用いて記載する。
・優先的破産債権→A（国税・地方税→A-a，公課→A-b，私債権→A-c）
・一般破産債権→B，劣後的破産債権→C，約定劣後破産債権→D
・別除権付一般破産債権→別B（別Bが根抵当権の場合は別根Bと記載する。）
・上記各債権が停止条件付債権・将来の請求権であるときは停Bなどと記号の冒頭に「停」を付す

■配当表

平成19年㈦第○○号
破　産　者　乙野次郎
破産管財人　大阪咲子
（単位：円）

債権調査の結果			■配当関係		備　考
確定債権額	予定不足額	性質	配当の手続に参加することができる債権の額	配当することができる額	
500,000		B	500,000	25,000	
100,000		B	100,000	5,000	
500,000		B	500,000	25,000	
4,000,000		B	4,000,000	200,000	有名義
20,000,000	3,500,000	別根B	5,000,000	250,000	19.10.18極度額超過債権額5,000,000円と報告
900,000		B	900,000	45,000	
300,000		B	300,000	15,000	異議通知済
800,000		B	800,000	40,000	
270,000		A-c	270,000	270,000	
40,000		A-c	40,000	40,000	
1,1000,000		A-c	1,100,000	1,100,000	
500,000		B	500,000	25,000	
			300,000	300,000	
			400,000	400,000	
29,010,000			14,710,000	2,740,000	

配当率→優先的破産債権100％，一般破産債権５％

（注）債権調査の結果と簡易配当の内容を一体化させたもの

3　財産状況報告集会の開催

(1)　出席者

　財産状況報告集会には、破産管財人、破産者、申立代理人が出席する。大阪地裁では、管財事件の場合、免責審尋期日を定めないこととしたが、破産者は、この財産状況報告集会には必ず出席する必要があることから、実質的には免責審尋期日を兼ねている状況にある。

(2)　必要的決議事項の廃止

　旧法下においても第1回債権者集会に出席する破産債権者は少なかったが、現行法下においても同様である。

　なお、旧法において、第1回債権者集会での必要的決議事項とされていた①監査委員の選任（旧法170条）、②扶助料の給与、③営業の廃止または継続、④高価品の保管方法（②ないし④は旧法194条）の各決議については、いずれも廃止された。

　監査委員の制度、扶助料の給与の制度は廃止された。

　営業の継続については、原則営業を廃止するものとし、破産管財人が裁判所の許可を得て破産者の事業を継続することができることとされた（法36条）。

　高価品の保管方法は、破産管財人が、破産手続開始後遅滞なく、破産財団に属する財産のうち金銭および有価証券についての保管方法を定め、その保管方法を裁判所に届け出ることとなった（規則51条1項）。

　また、旧法281条に定められていた不換価財産の処分の決議の制度も廃止された。

(3)　財産状況の報告

　破産管財人は、破産者の財産状況について報告する（法158条）。

　債権者が出席した場合には、裁判所に報告した報告書の要旨や財産目録等の資料を配布して説明するとよい。

(4) 口頭の放棄許可

大阪地裁においては、破産管財人があらかじめ財産目録に「放棄予定」と記載していた放棄予定の財産について、口頭の放棄許可申請があったとして、集会時に放棄許可がされる。

(5) 債権調査の結果発表

配当可能事案において、債権調査の結果を発表する場合は、債権調査期日において発表する。

(6) 異時廃止決定

財産状況報告集会までに、すでに換価が終了し、破産手続費用を支弁するのに不足すると認めるときは集会において異時廃止決定がされる（あらかじめ任務終了計算報告集会および廃止意見聴取集会が破産手続開始決定と同時に期日を定められていた場合）。

(7) 続行する場合の取扱い

換価未了等で破産手続を終了できない場合は、財産状況報告集会は終了するが、任務終了計算報告集会および廃止意見聴取集会は続行（延期）する。

また、期日型で債権調査期日が定められていた場合で、債権調査未了のときは、債権調査期日も延期する。

Ⅳ 換価作業

1 はじめに

破産管財人による換価作業は旧法と現行法で基本的に変わっていないが、自由財産の範囲の拡張が認められたこと、裁判所の許可が必要な行為の範囲が限定されたことによる注意点がある。自由財産の拡張については、第3章自由財産を参照されたい。

2 許可が必要な行為と不要な行為

(1) 裁判所の許可を要する行為

法78条2項は、裁判所の個別の許可が必要であると定めているが、同条3項および規則25条により100万円以下の場合と裁判所が許可不要であるとした行為については、許可が不要となる。したがって、旧法下よりも裁判所の許可が必要となる行為が少なくなった。

(2) 許可不要行為の定め

裁判所があらかじめ許可を要しないものとした行為については、個別の許可申請を要しないこととされた（法78条3項2号）。許可を要しない行為の定めは、通常破産手続開始決定と同時になされることが多く、大阪地裁では、以下の行為について、破産手続開始決定と同時に許可不要行為とする旨の定めを行っている（本章Ⅱ1(3)破産手続開始等の決定参照）。

① 自動車の任意売却（100万円以下は本来的許可不要行為である。以下同じ）
② 取戻権の承認
③ 財団債権の承認
④ 有価証券の市場における時価での売却

(3) 許可不要行為と許可申請

なお、従来、預金債権や保険解約返戻金の財団放棄に際して、金融機関や保険会社等から個別の許可書の提出を求められたが、裁判所の許可が不要となったことを説明することとなる。また、自動車の売却に伴う移転登録の際に、当該自動車の売却に関する個別許可を求められることがあったが、この点も裁判所の許可は不要となった。

3 換価の際の注意事項

現行法においては、自由財産拡張手続があることから、破産管財人が換価作業を行うのは、破産財団に属する財産のうち、自由財産拡張決定により自由財産とされた財産を除くものとなる。旧法下において、破産財団から放棄することにより同様の効果をもたらしていたが、これが制度化されたものである。自然人破産の場合、自由財産拡張に関する判断が換価に先行するので、この点について注意が必要である（第3章参照）。個別の財産についての注意事項は次のとおりである。

(1) 現　金

破産管財人は、破産手続開始決定後直ちに破産者ないし申立代理人から現金を受領して引き継ぎ、破産管財人口座に保管する。

(2) 預貯金

破産管財人は、破産手続開始決定後、破産者ないし申立代理人から破産手続開始決定時の残高が記帳されている通帳を受領して残高を確認する。通帳がない場合は破産者に通帳の再発行を受けさせるか、取引履歴を取り寄せさせる。

自然人破産の場合は、自由財産拡張の対象とならず換価の対象となった預貯金であっても、残高が僅少かまたは破産者が口座の使用継続を希望する場合、残高と同額の金銭を破産者に財団組入れさせて、当該預金を放棄することができる。それ以外の預貯金については、破産手続開始決定後速やかに換価の対象となる預金口座の解約手続をとる。

預金先の金融機関が破産債権者である場合、支払停止後に預金口座に破産

者の取引先から振込送金された金員について、当該預金先の金融機関が支払停止の事実を知っていたにもかかわらず相殺処理してくることが多いので、支払停止後の入金の有無を確認し、相殺禁止（法71条1項3号）を主張することを検討する。

　破産管財人が破産手続開始決定後に金融機関に預金残高等の照会を行う際には、預金口座からの自動引落しを防ぐため、当該銀行口座からの入出金を停止したい旨も述べておく。

　労働組合に対する積立金等も預金債権と性質は同じである。

　また、信用組合などの出資金についても、同様に解約手続を取るか、破産者に出資金相当額を財団組入れさせたうえで放棄する。

【書式60】　ご依頼兼ご照会・回答書（金融機関用）

ご依頼兼ご照会

平成19年〇月〇日

株式会社〇〇銀行　御中

　　　　　　　　　　　　　破　産　者　甲　野　太　郎
　　　　　　　　　　　　　破産管財人弁護士　大　阪　咲　子　印
　　　　　　　　　　　　　　　大阪市北区西天満〇丁目〇番〇号
　　　　　　　　　　　　　　　　　　　　　　〇〇ビル〇階
　　　　　　　　　　　　　　　　　　TEL：06-0000-0000
　　　　　　　　　　　　　　　　　　FAX：06-0000-0000

記

　破産者甲野太郎（住所　大阪市〇区〇〇〇丁目〇番〇号）は，平成19年〇月〇〇日午後5時，大阪地方裁判所において破産手続開始決定を受け（事件番号平成19年(フ)第〇〇〇〇号），当職が破産管財人に選任されましたので，同破産者の財産はすべて当職が管理しております。

　ところで，破産者は，貴行に対し，預金債権を有しているようですが，上記のとおり，それらの債権も当職に帰属することになりましたので，いかなる権利を主張する第三者が現れても弁済等をされることのないよう，また，自動引落も停止していただきますようご依頼申し上げます。

なお，破産管財事務遂行上必要がありますので，上記破産手続開始決定日現在の上記破産者の預金債権の種類，口座名義人名，口座番号及び預金残高，破産者名義の貸金庫契約の有無並びに貴行が破産者に対して有しておられる債権の存否及び相殺予定の有無につきまして，その詳細を同封の回答書にご記入の上，当職にご返送されたく，ご照会申し上げます。

また，当該預金を解約いたしますので，必要な書類等がありましたら，当職事務所までご送付くださいますようお願い申し上げます。

添付書類

1　破産管財人証明書（写し）　1通

回　答　書

平成　年　月　日

破産者　　　　　甲　野　太　郎
破産管財人弁護士　大阪咲子殿

　　　　　回答者　御住所
　　　　　　　　　御氏名

記

1　預金債権の　有・無
2　預金債権の種類，金額等
　　種　類
　　口座番号
　　口座名義人
　　現在残高
3　出資金の口数，金額
4　貴行の，破産者に対する債権　有・無
　　その債権の種類・内容
　　債権額
5　貸金庫の　有・無　　口数（　　口）
6　相殺の予定

(解約によって返還可能な預金残高がある場合は，本書とともに解約手続書類をお送り下さい。)

(3) 受取手形・小切手

早期に金融機関を通じて交換に回し、回収する。

(4) 売掛金

申立代理人から債務者一覧表のデータ、売掛金元帳、請求書の控えを受け取って、請求書を作成する。この請求書には、相手方が認める債務の額を記載する回答書を同封し、返送してもらうようにすると便利である。

請求書に対する回答状況をみて、直ちに訴訟提起したほうが有効な場合もあるから、当該破産事件の内容(売掛先の業種)等も考慮して、効率的な回収を行う。

【書式61】 売掛金請求書・回答書

請 求 書

平成19年〇〇月〇〇日

△△株式会社　御中

　　　　　　　　　　破　産　者　甲　野　太　郎
　　　　　　　　　　破産管財人弁護士　大　阪　咲　子　印
　　　　　　　　　　大阪市北区西天満〇丁目〇番〇〇号
　　　　　　　　　　　　　　　　　　〇〇ビル〇階
　　　　　　　　　　　　　　TEL：06-0000-0000
　　　　　　　　　　　　　　FAX：06-0000-0000

拝啓　貴社には益々ご清栄のこととお慶び申し上げます。

　さて、甲野太郎(住所　大阪市〇区〇〇〇丁目〇番〇号)は、平成19年9月3日午後5時、大阪地方裁判所において破産手続開始決定を受け(事件番号平成19年(ﾌ)第〇〇〇〇号)、当職が破産管財人に選任されましたので、同破産者の財産はすべて当職が管理しております。

破産手続開始申立書添付の財産目録によれば，破産者の貴社に対する売掛金は下記記載のとおりです。以下の口座にお振り込み下さいますよう御願い申し上げます。

　　　　　　　　　金　○○○,○○○円

> ○○銀行○○支店　　普通預金　　○○○○○○○
> 破産者○○○○株式会社破産管財人　大阪咲子
> （ハサンシャ○○○○ハサンカンザイニン　オオサカサキコ）

　振込手数料は貴社で御負担下さい。また，管財人からの領収証は特に発行致しませんので，金融機関の振込受領証等をもって代えさせていただきます。
　また，御多忙中まことに恐れ入りますが，債権確認のため，別紙回答書により，平成19年○月○日までにFAXまたは郵送で当職宛ご回答を賜りたく御願いいたします。
　なお，本件に関する御連絡は当職（事務担当　　○○）宛御願いします。

　　　　　　　　　　　　回　答　書

　　　　　　　　　　　　　　　　　　　　平成　　年　　月　　日

破産者　甲　野　太　郎
破産管財人　　○○○○殿
　　　　　回答者　　住　所
　　　　　　　　　　氏　名
　　　　　　　　　　電　話
　　　　　　　　　　FAX
　　　　　　　　　　ご担当者

　下記のとおり私（当社）の○○建設株式会社に対する債務について回答します。
1　破産者甲野太郎に対する債務　　　金　　　　　　　　　円
2　支払予定額
　　※支払方法及び支払日
　　　□　現　　金…振込予定日　平成　　年　　月　　日

　　　　　（管財人口座宛にお振り込み下さい。）
　　　□　約束手形　…支払期日　　平成　　年　　月　　日
　3　不払金額　　　　　　　　　　金　　　　　　　　円
　※理由
　　　□　支払済みの場合
　　（領収書，振込書控等のコピーを添付してください。）
　　　　支払金額　　　…金　　　　　　　円
　　　　支払日　　　　…平成　　年　　月　　日
　　　　支払方法・振込先…
　　　□　その他
　　　（相殺等により全部又は一部の支払を拒絶される場合は，その具体的理由及びその理由の裏付けとなる資料を添付の上，明細などをお書き下さい。）

(5)　**在庫商品・仕掛品・原材料**

　早期に売却することが必要であるが、買受希望者が見つからない場合は、破産債権者の中に希望者がいる場合もあるので連絡するとよい。また、売却価格については、適正価格での売却が必要である。債権者が関心をもっている場合が多いから、複数の業者に見積りを出させたり、入札をするなどの方法で価格の適正性を確保するよう注意する。

　なお、仕入先の債権者が動産売買の先取特権を行使する可能性がある場合も、破産管財人は目的物の引渡義務や差押承諾義務を負うわけではないことから、担保権が実行されるまで目的動産を任意売却して差し支えないが、その場合は売却代金を現金で受領するなどの点に注意が必要である。

(6)　**貸付金**

　貸付金の回収については、基本的に売掛金の場合と同様である。

　なお、破産者が和解金等の長期分割払いの債権を有している場合には、他の財産の換価に要する期間を想定したうえ、当該期間内での分割払いないし一括払いに変更する旨の変更合意を行い、回収のために破産手続が遅延する

ことのないように注意する。変更合意が不可能な場合は、売掛金の場合と同様に、サービサーの利用等を検討する。

(7) 不動産

(イ) 売却価格

　適正な価格で不動産を売却すべきことは当然であるが、必ずしも正式な不動産鑑定までは必要なく、路線価や複数の不動産業者の査定、入札方式で売却を行ったこと、あるいは担保権者の評価などにより、総合的に適正な金額であると認められれば足りる。ただし、買受け希望が多数寄せられている物件等については、入札方式で売却先および価格を決定することが相当であるし、入札の結果、最終的に条件および金額が近接した買受希望者が2社程度残った場合などは、最終段階で競りを行うと、予想以上に高額で売却できる場合がある。

(ロ) 財団組入額

　任意売却の場合の財団組入額は、不動産の売却価格の5％から10％程度を財団に組み入れてもらえるよう担保権者と交渉する。大阪地裁の場合、不動産の仲介手数料や登記費用等を除いた実質的な財団組入額が売却価格の3％を下回る場合には、裁判所は許可しないとされている。上記財団組入基準は担保権消滅手続における財団組入額の基準と連動しているので、この点を担保権者に説明し、理解を求める。

(ハ) 担保権者との交渉

　任意売却を行う場合、買受人の募集と並行して、破産手続開始決定後、早い段階から担保権者との間で売却価格および財団組入額についての交渉を行う必要がある。意向確認については任意売却に関する意向照会書を送付するとよい場合もある。

　なお、規則56条は、任意売却手続における担保権者の利益保護の観点から、破産管財人は、別除権の目的となっている不動産の任意売却をしようとするときは、任意売却の2週間前までに、担保権者に対し、任意売却をする旨および任意売却の相手方の氏名または名称を通知しなければならない旨を定め

241

第4章　管財手続

た。

【書式62】　別除権者の意向照会書・回答書〔福岡地裁〕

　　　　　　　　　　　　　　　　　　　平成　　年　　月　　日

○　○　○　○　御中

　　　　　　　　　　　　破産者　○　○　○　○
　　　　　　　　　　　　破産管財人弁護士　○　　○　　○　　㊞
　　　　　　　　　　　〒000-0000　福岡市中央区大名1-0-101
　　　　　　　　　　　　　電話　000-000-0000
　　　　　　　　　　　　　FAX　000-000-0000

通　知　書

拝啓　皆様，益々ご清栄のこととお慶び申し上げます。
　さて，○○○○は，平成○年○月○日午前○時○分福岡地方裁判所において破産手続開始決定を受け（事件番号・平成○年(フ)第○○○号），当職が同破産者の破産管財人に選任されました。これにより別紙記載の同破産者所有の不動産等はすべて破産財団を構成し，不動産等の破産財団管理権は法律上当職に帰属しました。
　今後，当職は別紙記載の不動産についての売却を進めてまいりますが，その前提として別除権者のご意向を確認したいので，下記の事項について平成○年○月○日までにご回答ください。

記

1　任意売却の希望の有無について
2　売却価格についての意見
3　売却代金から破産財団に組み入れる額（パーセント）についての意見
4　買受希望者の有無

　なお，別除権者において任意売却を希望されない場合は，早急に競売申立てを検討されますようお願いいたします。
　また，債権調査において債権額を認められていたとしても，当職に対し，最後配当に関する除斥期間内までに担保不足額の証明，担保権の放棄等（登記必

要）をしなければ，最後配当に参加できないことがあります（破産法198条3項）のでご注意ください。

回　答　書

1　任意売却の希望の有無について
　□希望します。
　□希望しません。
　　　　□競売申立て済みです。
　　　　　（　　地方裁判所　　平成　年㈱第　　号）
　　　　□競売申立て予定です。

2　売却価格についての意見（資料は必ず添付してください。）
　　□物件　　〜物件　　について金　　　円が相当と考えます。
　　□物件　　〜物件　　について金　　　円が相当と考えます。
　　□金額は一任します。
　　□意見については，以下のとおりです。
　（意見欄）

3　売却代金から破産財団に組み入れる額（パーセント）についての意見
　　□売却代金の　　パーセントが相当と考えます。
　　　（その理由）

　　□現時点での意見はありません。
4　買受希望者の有無
　　□無し
　　□有り

　平成　　年　　月　　日

第4章　管財手続

```
住　所
氏　名
担当者　　　　　　Tel
```

(ニ)　許可申請の際の注意事項

　売却許可申請の際の一般的注意事項は、不動産の場合、特に売却価格の正当性の根拠等が重要となるので、簡単でよいから触れることが望ましい。また、大阪地裁においては、不動産の売却許可について前記3パーセント基準が存するため、許可申請書に財団組入パーセントを記載する。なお、売買契約に際しては、諸費用や固定資産税の負担についても注意を要する。

【書式63】　不動産売却等許可申請書①〔大阪地裁〕

```
平成19年(フ)第○○号
破産者　甲　野　太　郎

　　　　　　　　不動産売却等許可申請書

　　　　　　　　　　　　　　　　　　　　　　平成○年○月○日
　　　　　　　　　　　　　　破産管財人　○　　○　　○　　㊞
　　　　　　　　　　　　　　　　　　　　電話　06-○○○○-○○○○

大阪地方裁判所　第6民事部　○係　御中

第1　許可を求める事項
　1　別紙物件目録記載の不動産について、次の買主に対して以下の代金で売
　　却することとし、別紙（略）のとおり売買契約を締結して、これに伴う所
　　有権移転登記手続を行うこと。
　　　代　金　　金　○○○万円
　　　買　主　　（住所）　○○市○○区○○町○-○
　　　　　　　　（氏名）　○　○　○　○
　2　1の売買に伴い、次のとおり別除権者に受戻金を支払い、別除権を受け
　　戻すこと
```

　　　　　① 第1順位　株式会社○○銀行　　金○○○万○○○円
第2　許可を求める理由
　1　売買代金の相当性
　　　当職は，業者の査定を経た上で，本件不動産について最低入札価格を○○円として○月○日に入札を行った結果，入札者3名の中で上記買主の入札金額が最高価格であった。したがって，上記買主に売却することが相当であると思料する。
　2　別除権者と被担保債権額
　　　① 第1順位　株式会社○○銀行　　根抵当権　極度額金○○○万円
　3　売買代金の使途（決済日平成　　年　　月　　日）
　　　① 別除権の受戻費用　　　　　　　金○○○万○○○円
　　　② 仲介手数料　　　　　　　　　　金　○○万　○○円
　　　③ 抹消登記費用等　　　　　　　　金　　○万　○○円
　　　④ 固定資産税・都市計画税　　　　金　　○万　○○円
　　　⑤ 財団組入額（売買代金の○％）　金　　○万　○○円
　　　　　　　　　　添　付　書　類
□　不動産登記簿謄本　　　　1通
□　（　　　　　　　　　　）　通

【書式64】　不動産売却等許可申請書②〔大阪地裁〕

平成19年(フ)第○○号
破産者　甲　野　太　郎

　　　　　　　　　不動産売却等許可申請書

　　　　　　　　　　　　　　　　　　　　　　　平成○年○月○日
　　　　　　　　　　　　　　　破産管財人　○　　○　　○　　印
　　　　　　　　　　　　　　　　　　　　　電話　06-○○○○-○○○○
大阪地方裁判所　第6民事部　○係　御中
第1　許可を求める事項
　1　別紙物件目録記載の不動産について，次の買主に対して以下の代金で売

245

第4章　管財手続

　　　　却することとし，別紙のとおり売買契約を締結して，これに伴う所有権移
　　　　転登記手続を行うこと．
　　　　　　代　金　　金○○○万円
　　　　　　買　主　　（住所）　○○市○○区○○町○-○
　　　　　　　　　　　（氏名）　○　○　○　○
　　２　１の売買に伴い，次のとおり別除権者に受戻金を支払い，別除権を受け
　　　戻すこと
　　　　　　①　第１順位株式会社○○銀行　　　金○○○万○○○円
第２　許可を求める理由
　　　本日付報告書記載のとおり．

【書式65】　不動産売却等許可証明申請書〔大阪地裁〕

平成○年(ﾌ)第○○号
破産者　甲　野　太　郎

　　　　　　　　　　　許可証明申請書

　　　　　　　　　　　　　　　　　　　　　　　　　　平成○年○月○日
　　　　　　　　　　　　　　　破産管財人　○　　○　　○　　○　印
　　　　　　　　　　　　　　　　電話　06-0000-0000
大阪地方裁判所　第６民事部　○係　御中
　頭書事件について、下記のとおり許可をいただいたことを証明願います．
　　　　　　　　　　　　　　　記
（許可事項）
　破産者が所有する別紙物件目録記載の不動産を次の買主に売却し、所有権移
転登記手続を行うこと．
　　　　　買　主　（住所）　○○市○○区○○町○-○
　　　　　　　　　（氏名）　○　○　○　○
　　　　　　　　　　　　　　　　　　　　　　　　　　　　　　　　以上
　　　　上記証明する．
　　　　　　　平成　　年　　月　　日

246

大阪地方裁判所第6民事部○○係
裁判所書記官

【書式66】 不動産売却等許可申立書〔東京地裁〕

東京地方裁判所民事第20部管財　　係　御中

　　　　　　　　　　　　　　　　平成　　年(フ)第　　　号
　　　　　　　　　　　　　　　　破　産　者

| 本件につき
許可する。
　東京地方裁判所民事20部
　　　裁判官 | 本件につき
許可があったことを証明する。
　前同日　東京地方裁判所民事20部
　　　裁判所書記官 |

不動産売却等許可申立書

1　申立ての趣旨

　財団に属する別紙「物件の表示」記載の不動産を以下の内容で別紙売買契約書（案）により売却し，所有権移転登記手続をすること

　売買代金から，後記のとおり別除権者に金員を支払って，別除権を受け戻すことにつき許可を求める。

2　売買契約の内容

　①買主の表示　住所：

　　　　　　　　氏名：

　②売買代金額・諸費用（下記6）

　③売買契約の内容：別紙売買契約書記載のとおり

3　別除権者の表示

　　別除権者：

　　現存被担保債権額：金　　　　円　弁済額：金　　　　円

4　財団組入れ額　　金　　　　　　円

5　管財人が保有する疎明資料（添付は不要）

　　□不動産登記簿謄本　　　通　　□買付証明書　　　　通

247

第4章　管財手続

　　　□競売の評価書　　　　通　　□固定資産評価証明書　　　通
　　　□その他
　6　売買経費等計算書

売買代金額（外税）	円
財団組入額	円
固定資産税・都市計画税	円
司法書士費用	円
仲介手数料	円
消費税	円
その他	円
別除権者への弁済金	円

　7　備考
　　　平成　　年　　月　　日
　　　　　　　　　　　破産管財人弁護士　　　　　　　　　印
　　　　　　　　　　　　　　　　　　　　　　　　　　以　上

　㈱　担保権消滅請求

　現行法において、担保権消滅手続が導入された（法186条以下）。旧法下において、オーバーローンの不動産を売却する際、無剰余の後順位担保権者が不当に高額の担保抹消料を請求し、任意売却が困難になるという問題があったことから、認められたものである。実際には、後順位担保権者との担保抹消交渉の際に、最終的な手段として担保権消滅手続により抹消ができることを説明することで任意売却を実現している。有利な条件として利用することになるであろう。

　㈻　賃貸中の不動産についての注意事項

　破産者所有の不動産が賃貸マンション等の収益物件である場合には、収益性が極めて低く、赤字となるために放棄を検討すべきような例外的な場合を除き、賃料の回収によって積極的に財団の増殖を図るべきである。

① マンションの場合のように管理業務が重要であり、必要に応じて管理会社との間で管理委託契約を締結し、適正に管理を行うことが必要な場合もある。賃料未払いの賃借人に対しては、売掛金の場合と同様に、適正に催告を行い、支払わない場合は訴訟等の法的措置をとる。
② 賃貸マンション等に空室がある場合は、破産管財人の管理権限に基づいて新規に賃貸借契約を締結し、新たな賃借人を入居させて賃料回収額の増加を図ることも可能であるが、民法の改正により短期賃貸借の制度は廃止されたので、新規賃借人との間の賃貸借契約の内容には注意が必要である。
③ 賃借人から敷金・保証金等を受領している場合の処理は本章Ⅴ5(2)を参照されたい。

(ト) 賃貸中の不動産の放棄

担保権者が競売に固執するなど任意売却の可能性がなくなった場合には、やむを得ず放棄することとなるが、第1順位の抵当権者に抵当権に基づく物上代位として賃料を差し押さえること（担保不動産収益執行でも同じ）を求め、一定期間経過後に放棄するのが適当である。

(チ) 危険物や有害物質が存在する場合の放棄

近年問題が多いが、最終的に放棄することもやむを得ないとしても、裁判所と十分に協議したうえで対応する必要があるので注意する。

(リ) 不動産の破産財団からの放棄

担保権者と調整がつかず任意売却できない場合（担保権消滅手続の利用も難しい場合）や換価が困難な場合には、当該不動産の破産財団からの放棄を検討せざるを得ない。

別除権の目的となっている不動産を破産財団から放棄すると、別除権者は、競売申立てをするか別除権を放棄して不足額を確定させないと配当手続に参加できない（根抵当権者の極度額超過分については配当に参加可）。

この別除権者の不利益を回避するため、規則56条は、法人破産の場合に、2週間前までに別除権者に放棄予定である旨を通知すべきとしている。

第4章 管財手続

　これは、実務上行われてきた点を特に法人破産の場合について規定したものである。

【書式67】　放棄許可申請書〔福岡地裁〕

平成○年(フ)第○○号

財団放棄許可申請書（不動産）

破産者　○　○　○　○

　上記破産者に対する頭書破産事件について，次の理由により，別紙物件目録記載の不動産を財団から放棄することの許可を申請します。

許可を求める理由

1　本件不動産については，御庁に競売申立てがなされており（平成○年(ケ)第○○○号），最低売却価額が○○○○円と定められているが，第1順位抵当権者（申立債権者）○○○○の被担保債権額は○○○○円，第2順位抵当権者○○○○の被担保債権額は○○○○円であり，その被担保権合計額○○○○円は，最低売却価額の2倍を超えており，到底剰余の見込がない。
2　本件不動産について，管財人において任意売却を試みたが，買受希望はなく，このままであれば，固定資産税等の財団債権が増加するだけである。
3　なお，本件不動産に担保権を有する債権者に対し，本件不動産を放棄する予定である旨については，○月○日発送の文書により通知済みである（規則56条）。

添付書類

　　不動産登記簿謄本
　　評価証明書
　　残債務証明書
　　不動産の時価に関する資料

　　平成○年○月○日

　　　　破産管財人弁護士　○　○　○　○　印

福岡地方裁判所第4民事部　　御中

【書式68】　通知書（不動産放棄予定）〔福岡地裁〕

平成○年(フ)第○○号

通　　知　　書

別除権者　各位

　　　　　　　　　　　　平成○年○月○日
　　　　　　　　　　　　〒000-0000
　　　　　　　　　　　　福岡市○○区○○1－0－101
　　　　　　　　　　　　破産者　○　○　○　○
　　　　　　　　　　　　破産管財人弁護士　○　　○　　○　　○　　印
　　　　　　　　　　　　電話　000-000-0000
　　　　　　　　　　　　FAX　000-000-0000

拝啓　皆様，益々ご清栄のこととお慶び申し上げます。
　さて，当職は○○○○の破産管財人として別紙物件目録記載の不動産（以下「本物件」という）について売却を進めてまいりましたが，（売却できない理由を記載してください。）から売却は困難な状況にあります。
　そこで，本通知より1か月以内に買受希望者等の情報提供がなされない場合は，裁判所の許可を受け，本物件を破産財団から放棄させていただきます。
　なお，当職が本物件を破産財団から放棄した後に，別除権の放棄をされる場合の通知の相手方は当職ではありませんので（破産者が法人の場合には清算人を選任した上で清算人に通知をすることになります。），別除権の放棄を検討されている場合は，当職が本物件を破産財団から放棄する前にされることをお勧めします。

敬　具

【書式69】 通知書（不動産を放棄した旨）〔福岡地裁〕

平成○年(フ)第○○号

　　　　　　　　　　通　　知　　書

別除権者　各位

　　　　　　　　　　　平成○年○月○日
　　　　　　　　　　　　〒000-0000
　　　　　　　　　　　　福岡市○○区１－０－101
　　　　　　　　　　　　破産者　○　○　○　○
　　　　　　　　　　　　破産管財人弁護士　○　　○　　○　　○　印
　　　　　　　　　　　　電話　000-000-0000
　　　　　　　　　　　　FAX　000-000-0000

拝啓　皆様、益々ご清栄のこととお慶び申し上げます。
　さて、先般当職が別紙物件目録記載の不動産（以下「本物件」という）について破産財団から放棄する予定である旨の通知をしましたが、買受希望者等の情報提供がなされませんでしたので、平成○年○月○日に裁判所の許可を受け、本物件を破産財団から放棄しましたので通知します。
　なお、今後、別除権の放棄をされる場合の通知の相手方は、当職ではありませんのでご注意ください（破産者が法人の場合には清算人を選任した上で清算人に通知をしてください。）。

　　　　　　　　　　　　　　　　　　　　　　　　　敬　具

---

(8)　機械・工具類

　債権者も関心があるところであり、買取りを依頼したり、入札することも検討するとよい。
　安価な工具類等は、破産者本人に財団組入れさせて放棄するとか、親族に買い取らせるなどの方法もある。

(9) 什器備品・家財道具

什器備品のうち、事務机やロッカー等については業者等に一括で売却して片づけるほかないことが多い。

破産者の所有する家財道具は、骨董品等の高価品を除いて基本的には差押禁止動産に該当するから、破産財団を構成せず、換価不要である。

(10) 自動車

(イ) 査定の要否

自動車については、自由財産拡張がされない限り、基本的に査定をとってそれ以上の価格で売却を行うようにする。ただ、普通自動車で初年度登録から7年、軽自動車・商用の普通自動車で5年以上を経過している場合は、新車時の車両本体価格が300万円未満であり、外国製自動車でないときにはほぼ無価値であることが多いから、損傷状況等からみて無価値と判断ができる場合は、査定せず破産管財人が適宜決めた価格（数万円から数千円程度が多い）で売却ができるし、財団組入れ放棄の処理も可能である。

(ロ) 売却手続

売却にあたっては、売買契約書を作成し、現状有姿での引渡しを条件とするとともに瑕疵担保責任を負わない旨の条項を加える（ただし、買受人が消費者の場合は、消費者保護法との関係で問題を生じることがあるから、買受人に十分な説明を行うよう留意する）。また、できるだけ自動車税を買主負担とするよう努力する。

売却後は、買主が登録の変更をできるように、買主に対して、普通自動車の場合は①譲渡証明書、②車検証、③委任状、④破産管財人証明書の4点の書類を、軽自動車の場合は①軽自動車検査協会あての自動車検査証記入申請書、②車検証、③委任状、④破産管財人証明書の4点の書類をそれぞれ交付する。トラック等の大型車の場合には、あらかじめ買受申出者に自動車保管場所証明書（いわゆる車庫証明）の入手を依頼し、保管場所の確保を確認したほうがよいこともある。

(ハ) 所在不明の場合

　盗難によって車両が所在不明となっている場合には、盗難届を提出したうえ、その受理証明を添付して陸運局で廃車手続を行い、新たに自動車税が課税されないようにする。

　また、行方不明の自動車の場合でも車検が切れるまでは自動車税が課税されるが、破産管財人が課税当局に相談のうえ、自動車税報告書を提出することで、車検切れ後の課税の留保を受けることができる。なお、行方不明の自動車の所在の追及方法であるが、普通自動車の場合、自動車の占有者が車検を更新しようとするときには未納自動車税の全額を支払わなければ更新手続ができないので、車検が切れる時期が迫っている場合には、課税当局に相談のうえ、継続検査用納税証明書発行事前連絡依頼書を提出しておくと、占有者が車検の更新手続をとろうとした際に課税庁からその旨の連絡を受けることができ、自動車の占有者およびその所在を確認する一助となることがある。

【書式70】　自動車廃車許可申請書〔福岡地裁〕

平成○年(フ)第○○号

　　　　　　自動車廃車手続及び財団債権承認許可申請書

　　　　　　　　　　　　　　　　　　　　　破産者　○　○　○　○

1　許可申請の趣旨
　(1)　上記破産者に対する頭書破産事件について、別紙自動車目録記載の自動車の廃車手続すること
　(2)　上記廃車手続に伴う費用○○○円を財団債権として承認すること
　の許可を申請します。

2　許可申請の理由
　本件自動車は初年度登録は平成○年であり、すでに○○年を経過しており、財産的価値はないため、廃車手続する必要がある。（あるいは、本件自動車は破産手続開始決定以前より盗難により所在不明となっているが、初年度登録は

平成○年であり、すでに○○年を経過しており、財産的価値はないため、廃車手続する必要がある。）

　上記廃車手続に伴う費用は添付の見積書のとおりであり、この費用は法148条1項2号に該当する。

　添　付　書　類
　1　自動車権査証（写）　　1通
　2　見積書　　1通

　　　　　　　　　　平成○年○月○日
　　　　　　　　　　破産管財人弁護士　　○　　　○　　　○　　印
　　　　　　　　　　福岡地方裁判所第4民事部　　　御中

（別紙）

　　　　　　　　　自　動　車　目　録

　　　車　　名　　○○○　　○○○○
　　　車両番号　　○○○　○　○○
　　　型　　式　　○○○○
　　　車台番号　　○○○○○○○

（注）　目録の代わりに、自動車検査証写しでも可。

⑾　電話加入権

　自然人の破産者については、自由財産拡張がされない限り、すべて換価する。電話加入権は通常100万円以下であるので許可は不要である（法78条2項8号）。評価額については、電話加入権買取業者の買取価額が参考となる。

⑿　有価証券

　有価証券の市場における時価での売却は、100万円以下の場合は本来的に許可不要であるし、大阪地裁では価額を問わず許可不要行為とされている。

これは、売却の遅延により市場価格が低下することを回避する目的であるから、原則として、破産手続開始決定後、速やかに証券会社を通じて売却する。

非上場会社の株式は、価格の算定が問題となるが、結果的に当該会社の役員、株主等の関係者や関連会社ないしその関係者に売却することが多いと思われるので、当該会社の代表者等に対して買受けの意向がないか打診したうえ、会社の決算書類等の提示を受けて価格について協議する。

(13) 保証金等

(イ) 賃借保証金

破産者が賃借中の不動産の賃借保証金は破産財団を構成する。高額な保証金を差し入れている案件では、破産手続開始決定後の賃料が財団債権とされることから、なるべく早期に明渡しを行い、保証金の減少を防止すべきである。また、高額な原状回復費用の特約や、敷引特約がある場合は、貸主と交渉して相当な範囲に限定するよう努力する。

なお、自然人である破産者が、居住用の賃借建物に、破産手続開始決定後も引き続き居住することを希望する場合は、自由財産拡張がされない限り、契約書上の返還予定金額から滞納賃料および原状回復費用予定額として60万円を控除した残額を破産財団構成財産とみて、同額を財団組入れさせたうえで放棄することが可能である。

(ロ) 宅地建物取引業法、旅行業法等に基づく弁済業務委託保証金等

解約に6カ月程度の時間を要するので、破産手続開始決定後、速やかに解約手続をとる。

(14) 保険解約返戻金

自由財産拡張がされない限り、常に全額を換価する。解約返戻金額についての資料がない場合は、申立代理人に追完を求める。

なお、不動産に火災保険が付されている場合および自動車に任意保険が付されている場合は、事故や火災に備えて、これらの財産の売却が完了した後に解約する。

【書式71】　ご依頼兼ご照会・回答書（保険会社用）

ご依頼兼ご照会

平成○年○月○日

○○○株式会社　御中

破産者　甲　野　太　郎
破産管財人弁護士　　大　阪　咲　子　㊞
大阪市北区西天満○丁目○番○号
○○ビル○階
TEL：06-0000-0000
FAX：06-0000-0000

記

　破産者甲野太郎（住所　大阪市○区○○○丁目○番○号）は，平成19年9月3日午後5時，大阪地方裁判所において破産手続開始決定を受け（事件番号平成19年(ﾌ)第○○○○号），当職が破産管財人に選任されましたので，同破産者の財産はすべて当職が管理しております。

　ところで，破産者は貴社との間に保険契約（○○○○・証券番号○○○○）を締結しているとのことであります。

　つきましては，破産者と貴社との間の保険契約の解約による返戻金の有無とその金額につき，下記欄にご回答をお願いいたします。

　なお，解約返戻金があれば，解約の手続きをお願いしたく思いますので，必要な書類を当職事務所までご送付くださいますようお願い申し上げます。

添付書類

1　破産管財人証明書（写し）　　1通

回　答　書

平成　　年　　月　　日

破産者　　　　　甲　野　太　郎
破産管財人弁護士　○○○○殿
　　　　回答者　住所

　　　　　　　氏名
　　　　　　　　　　　　　記
1　解約返戻金の　有・無
2　解約返戻金がある場合，その金額　　金　　　　　　　円
　（解約返戻金がある場合は，本書とともに解約手続書類をお送り下さい。）

(15) 退職金

　法律上、破産手続開始決定の時点で退職した場合に支給される退職金の4分の1が差押可能財産であり、自由財産拡張がされない限り破産財団を構成するが、退職までの間に懲戒解雇され、退職金を受給できなくなるなどのリスクも存することから、大阪地裁では、上記金額をさらに半分にした8分の1が破産財団を構成するものとして評価している。ただし、破産手続開始決定前に退職し、支給を受けた場合には、退職金請求権が現金または預金等の財産に変化することとなるので、基本的には全額が破産財団を構成することになるので注意する。また、半年以内に定年を迎えるなど、解雇リスクが極めて少ない場合には、8分の1ではなく、4分の1に近い額を基礎とする場合もあるから、裁判所と相談する。

　換価の方法は、基本的に破産者本人から財団組入れさせる方法による。

(16) ゴルフ会員権

　会員権相場が存在する場合、市場で売却するが、相場が存在しないもの、名義変更の停止措置がとられているものについては実際には換価が困難である。また、預託金据置期間が経過していないゴルフ会員権については、預託金返還請求権の即時行使ができない。

　したがって、相場が存在せず、据置期間も経過していないゴルフ会員権については、念書売買を行うか、破産者または関係者に安価で売却するなどの方法を試み、これが不可能なら、ゴルフ場経営会社が繰上償還に応じない場合は、放棄を検討するほかない。

　もっとも、民事再生や会社更生手続中のゴルフ場については、計画案が可

決、認可されていれば、サービサー等が再生債権等として買い取る場合が多いので、この方法による換価を検討する。

なお、ゴルフ会員権の譲渡担保における第三者対抗要件は、確定日付のある証書によるゴルフ場経営会社への通知または承諾であるから、債権者が単に会員権証書を預かっているだけでは破産管財人には対抗できず、破産管財人が証書を取り戻すことで換価可能である。

(17) 貸金業者に対する過払金返還請求権

利息制限法の制限利率を超える利息を徴求している消費者金融業者（クレジットカードのキャッシングを含む）、商工ローン業者に対しては、利息制限法に基づく引直計算の結果、過払金が発生している可能性がある。

借増しを行っていない場合、5年程度の取引があれば過払金発生を疑う必要がある。さらに、7年以上取引が継続していれば、過払金が発生している可能性が極めて高い。なお、消費者金融業者等が破産申立てに際して送付してくる債権調査票の取引開始日は、事実と異なる場合があるので、破産者に対し、当初契約日の確認を行うことが必要である。過払金発生の可能性があれば、消費者金融業者等に対し、取引履歴の開示を求める（最高裁においても取引履歴の開示義務が認められている（最判平成17・7・19民集59巻6号1783頁））。この際、ファクシミリで履歴開示の要請を行ったうえで、担当者に電話し、履歴開示を約束させることが効果的である。なお、開示された履歴についても、取引の途中からに限定した一部開示の場合もあることから、注意が必要である。履歴の開示を受けた後、利息制限法に基づく引直計算を行い、過払金が発生していれば、消費者金融業者等に対し、過払金の返還請求を行う。なお、過払金返還請求の際、悪意の受益者の法定利息（民704条）を請求する（最判平成19・2・13民集61巻1号182頁）。この場合も、ファクシミリと電話を併用すれば、早期の回収交渉を行うことができる。この際、消費者金融業者等は、貸金業法43条のみなし弁済を主張することがあるが、最近の判例（最判平成18・1・13民集60巻1号1頁）の傾向からはみなし弁済が成立する余地はほとんどなくなったといえる。このように、貸金業者がみなし弁

済を主張する場合または取引履歴を開示しない場合は、破産者の陳述、ATM の振込用紙や領収証および振込通帳等の証拠状況を勘案して早期の訴え提起を検討する。

(18) **貸金庫内の財産**

破産者が事業者の場合、金融機関の貸金庫に資産を保管している場合があるので、金融機関に対して預金残高等の照会をする場合には、同時に貸金庫の有無も照会する（預金残高照会の回答書に貸金庫の有無に関する回答欄を加えておくとよい）。

(19) **租税の申告義務**

自然人破産の場合は、破産者自身に申告義務があり、破産管財人に申告義務はない。ただ、申告により還付されるものがある場合（なお、申告費用より還付が多い場合に限る）は、破産管財人は、破産者に代わって税務申告を行う。

V 倒産実体法

1 はじめに

　ここでは、倒産実体法のうち、各種契約の効力、取戻権、別除権、否認権、相殺権について、消費者破産、個人事業者破産に関連する範囲で解説する。したがって、法人破産の場面と異なる側面があることをご了承いただきたい。

2 双方未履行の双務契約

　双方未履行の双務契約の取扱いについては、旧法59条および同60条の規定していたところと基本的に変わっていない。すなわち、法53条は、双務契約について破産者および相手方が破産手続開始の時において双方未履行の場合に、破産管財人に契約の解除または履行の選択権を認めている。そして、破産管財人が契約の解除を選択した場合、相手方は損害賠償について破産債権者となる（法54条1項）。また、相手方は、破産者の受けた反対給付が破産財団中に現存するときは、その返還を請求することができ、現存しないときは、その価額について財団債権者となる（同条2項）。逆に、破産管財人が履行を選択した場合は、相手方の債権は、破産手続開始前に破産者が履行を遅滞していた部分も含めて財団債権となり（法148条1項7号）、相手方にも債務の履行を請求することになる。

　相手方は、破産管財人に対し、相当の期間を定め、その期間内に契約の解除を選択するか、履行の選択をするかを確答すべき旨を催告することができる。この場合、破産管財人がその期間内に確答をしないときは、契約の解除を選択したものとみなされる（法53条2項）。この規定は、民法631条前段に規定する期間の定めのある雇用契約における使用者の破産に伴う破産管財人の解約の申入れの場合および同法642条第1項前段に規定する請負契約の注文者の破産に伴う破産管財人の契約の解除の選択の場合に準用される（法53

261

条3項)。

　双方未履行の双務契約については、旧法下においても解釈と運用に委ねられていた場面であるが、現行法においても若干の改正がされたが、基本的には解釈と運用に委ねられることとなる。

3　継続的給付を目的とする双務契約

　継続的給付契約は、典型的には、電気、ガス、水道等の供給契約が該当するが、継続的な給付に対し、給付ごとまたは一定期間ごとに給付の対価を支払う契約である。ただ、労働契約は含まれない(法55条3項)。

　破産者に対して継続的給付の義務を負う双務契約の相手方は、破産手続開始申立て前の給付に対する支払いがないことを理由に破産手続開始後の給付を拒むことはできない(法55条1項)。したがって、破産手続開始申立て前に電気、ガス、水道等の料金の滞納があったとしても、供給者側は破産手続開始後に供給を拒絶することはできない。この規定は、再建型の法的手続において規定のあったところであるが(民再50条、会更62条)、同趣旨の規定が破産法においても新設されたものである。破産手続開始後に破産管財人が、短期間でもライフラインを存続させることで換価等の管財業務がスムーズに行えるという場合に、この規定が役立つこととなる。

　相手方が、破産手続開始申立て後破産手続開始前にした給付に対する対価は、財団債権となる。一定期間ごとに債権額を算定すべき継続的給付については、申立ての日の属する期間内の給付にかかる対価が財団債権となる(法55条2項)。1カ月ごとの検針の場合、前回の検針以降破産手続開始申立て前の期間分についても日割計算されるのではなく、財団債権化されることになる。財団債権とならない破産手続開始申立て前の給付にかかる対価は破産債権となるが、自然人破産の場合には、電気、ガス、水道料金の最後の6カ月分について優先的破産債権となる(法98条、民310条)。

　なお、自然人破産において、破産手続開始決定後に破産者の生活に必要な電気、ガス、水道料金は、財団債権ではなく、破産者本人が負担することと

なる。

4 雇用契約

　使用者が破産手続開始決定を受けたときは、期間の定めのある雇用契約であっても、労働者または破産管財人は、民法627条の規定により解約の申入れをすることができる（民631条前段）。この場合、労働者は、破産管財人に対し、解約の申入れをするか否かを、一定期間内に確答するよう催告でき、期間内に確答がないときは解約の申入れを選択したとみなされる（法53条3項）。ただし、解約によって生じた損害賠償は請求できない（民631条後段）。この場合には、法54条の規定は適用されない。

　使用者の破産の場合、たいていは破産手続開始申立て前に労働者を解雇しているので、上記規定の適用の場面は少ないであろう。

　労働者が破産手続開始決定を受けても、雇用契約には何ら影響がない。使用者は、労働者が破産手続開始決定を受けたことを知ったとしても、これをもって不利益扱いはできない。

5 賃貸借契約

　賃貸借契約は、賃貸人が目的物を賃借人に使用収益させる債務と賃借人の賃料を支払う債務が対価関係に立つ双務契約であり（民601条）、破産手続開始決定の時において、双方未履行の双務契約となる。このような双方未履行の双務契約において、法53条1項は、破産管財人のみが契約解除か履行の選択権を有すると規定している。

　ただ、破産者が賃借人（たとえばアパートやマンションの一室を借りている場合）の場合と賃貸人（たとえばアパートやマンションの大家）の場合で取扱いが異なるので、以下場合ごとに解説する。

(1) 賃借人破産の場合

　(イ) 破産管財人のみに解除と履行の選択権あり

　賃借人が破産手続開始決定を受けた場合について、民法621条は、賃貸人

にも解約申入れができることを定めていた。これに対しては、賃借人に具体的な債務不履行もないのに単に破産したという点のみで賃貸人に解約を認めることは賃借人の保護の趣旨に反することから、正当事由がない場合は解約できない、そして賃借人の破産自体は正当事由にはならないと解されていた。現行法では、この民法621条を削除し、法53条の一般原則に従うことになった。これに伴い、賃貸人は、破産管財人に対し、相当の期間を定め、契約の解除または履行を選択するかを催告することができるだけとなった（法53条2項）。

　(ロ)　**破産管財人が履行を選択した場合**

　破産管財人が履行を選択した場合は、破産手続開始決定後の賃料は財団債権となり（法148条1項7号）、破産債権に先立って弁済されることとなる（法151条）。破産手続開始決定前の賃料は破産債権となる。

　(ハ)　**破産管財人が解除を選択した場合**

　破産管財人が解除を選択した場合、破産管財人は原状回復して目的物を明け渡し、賃貸人から敷金の返還を受けることとなる。ただ、原状回復の範囲・程度については賃貸人が負担すべき部分もあり、破産財団に影響することから十分な交渉が必要である。

　破産管財人の解除によって賃貸人に損害が生じたときには、賃貸人の損害賠償請求権は破産債権となる。敷金返還請求権がある場合には、賃貸人はその範囲で未払賃料等の相殺ができるが、法的には破産管財人の目的物の明渡しがあったときに当然充当されることになる。

　なお、破産手続開始後、目的物の明渡しまでの間の賃料または賃料相当損害金は財団債権となるので、破産財団との関係で注意が必要である（法148条1項8号）。

　(ニ)　**破産者が居住用建物を継続して賃借する場合の取扱い**

　ただ、自然人の居住用建物（アパートやマンション）で、破産者が破産手続開始決定後も賃料を支払って継続的に居住する場合は、多くの場合に居住用建物の敷金返還請求権が自由財産として拡張決定される運用となる。この

場合は、破産財団外で破産者本人が継続的に賃料を支払い、賃貸借契約を継続することとなる。その後に破産者が賃料不払いとなった場合には賃貸人から債務不履行解除されるおそれがあるが、これは通常の賃貸借契約における場合と同様である。

定型的な賃貸借契約書には、賃借人が破産した場合に、当然に解除されるとの特約条項がみられるが、破産の事実自体では信頼関係が破壊されるわけではないので、この特約条項の効力は否定され、かかる条項を基に賃貸人が解除することはできない。

破産手続開始決定前にすでに賃料不払いの債務不履行があった場合についても、破産者本人が破産手続開始決定後に遅れながらも賃料を支払っていくこととなるので、賃貸人が債務不履行解除できるかどうかは信頼関係が破壊されたかどうかの事情により結論を異にする場合がある。

(2) 賃貸人破産の場合

(イ) 破産管財人の解除権の制限

賃貸人が破産手続開始決定を受けたとしても、①賃借権について登記がある場合、②建物所有目的賃貸借契約で借地上に賃借人名義で登記した建物がある場合、③建物賃貸借契約で賃借人が引渡しを受けている場合など賃借権に対抗要件が備わっている場合は、法53条1項・2項の適用はなく、相手方の有する請求権は財団債権となる（法56条）。すなわち破産管財人に解除権はなく、賃貸借契約が継続することとなる。逆に、対抗要件を具備していない賃貸借契約の場合（たとえば、土地の賃貸借契約で未登記かつ地上建物も未登記の場合等）は、上記の法53条が適用される。

居住用のアパートやマンションの場合、賃借人は当然引渡しを受け居住しているので、対抗要件を備えた賃貸借として破産管財人は解除することはできない。ただ、その後の処理方法により違いが生じてくる。

(ロ) 破産管財人が任意売却した場合

破産管財人は、賃貸人であった破産者の所有するアパートやマンションを収益物件として、担保権者と協議して第三者に任意売却する努力をする。買

受希望者が出現し、担保権者の了解を得、破産裁判所の許可を得て任意売却する場合、通常、破産管財人は従前の賃貸借契約をそのまま買主に承継し、敷金返還請求権も敷引部分を除く契約上の返還部分を免責的債務引受けしてもらう。この場合、賃借人の賃借権および敷金返還請求権は契約どおり保護される。

　(ハ)　競売された場合

　破産管財人による任意売却ができず、担保権者が申し立てた不動産競売手続により競落された場合には、賃借人の賃貸借契約が短期賃貸借契約として保護されるものか、されないものかにより事情を異にする。短期賃貸借契約として保護される場合は、その範囲内で賃貸借が継続されるが、逆に保護されない場合は、明渡しをしなければ、引渡命令が出され、強制的に明渡しをさせられる場合がある。

　また、平成15年の担保・執行法の改正に伴い、民法395条の短期賃貸借制度が廃止され、平成16年4月1日以降の賃貸借の場合（経過措置については、改正法附則5条を参照）には賃借人には6カ月の明渡猶予期間を与えられるだけとなったので注意が必要である（改正後の民法395条）。

　(ニ)　賃料の前払い、賃料債権の処分の取扱い

　旧法63条は、賃料の前払い、賃料債権の処分は破産宣告のときにおける当期および次期に関するものを除いて破産債権者に対抗できないと定めていたが、昨今の資産の流動化・証券化といった経済活動の流れから現行法ではこれを削除した。ただ、これは積極的に賃料の前払い、賃料債権の処分を奨励するものではなく、濫用的な譲渡等の処分行為は、破産管財人による否認権行使の対象にもなるので、慎重な判断が必要である。

　(ホ)　破産債権者の賃料債務を受働債権とする相殺の取扱い

　旧法103条は、破産債権者は破産宣告のときにおける当期および次期の賃料について相殺ができ、敷金があるときはその後の賃料債務についても同様であると定めていたが、その規定しているところが明確でない等の理由から、現行法では削除された。したがって、賃借人が賃貸人に対し別途貸付金債権

や売掛金債権を有していた場合、無制限で賃料債務を受働債権として相殺が可能となった。ただ、賃借人の自働債権が敷金返還請求権の場合、賃貸借契約が終了して明渡しが行われて初めて具体化する債権であり、賃貸借契約継続中に相殺することはできないと解されている。

(ヘ) 敷金返還請求権の取扱い

敷金返還請求権は、破産債権となる。ただ、賃貸借契約を解約し、明渡しをした後にようやく具体化する債権である点で、貸付金や売掛金といった通常の破産債権と異なる。前述したとおり不動産が任意売却され買主が承継する場合には保護されるが、競落された場合には、保護されない場合があり、賃貸借契約継続中には相殺もできないという制限がある。なお、「敷金」ではなく「保証金」とされている場合でもほとんどの場合は、敷金と同様の扱いとなるが、保証金が多額になると敷金的性格の部分と貸付金的性格の部分で区分されることになるので注意が必要である。

なお、破産債権としての届出をしていたとしても（法103条4項）、最後配当の除斥期間満了までに賃貸借が終了して明渡しが行われない限り、配当を受けることはできない（法198条2項）。

(ト) 敷金返還請求権を有する場合の寄託請求

敷金返還請求権を有している賃借人は、賃貸借契約を継続する場合、破産手続開始後も賃料を支払い続ける必要があり、賃料の支払いを拒むことはできない。賃料を支払わないと破産管財人から債務不履行解除をされるおそれがあるのは、通常の賃貸借契約の場合と同様である。ただ、法70条後段は、破産債権者である賃借人が賃料を支払う際に、破産管財人に対し、敷金返還請求権の額の限度で弁済額の寄託を請求できることを規定している。これにより、賃借人が寄託請求し、かつ、最後配当の除斥期間満了までに賃貸借契約を終了して明渡しを完了した場合には、具体化した敷金返還請求権と賃料請求権を相殺する旨の意思表示をして、寄託金の返還を受けることによって、当初から相殺をした場合と同様の利益を得ることになる。

(チ) 民事再生法・会社更生法における取扱いの違い

破産法の改正に伴い、民事再生法、会社更生法についても改正が行われ、民事再生法51条、会社更生法63条が、法56条を準用しているので、賃貸人の解除権の制限が規定された。また、旧法63条の削除に伴い、これを準用していた民事再生法、会社更生法においても賃料の前払い、賃料債権の処分の制限が撤廃された。賃借人が賃貸借契約を終了して明渡しを完了した場合に、具体化した敷金返還請求権（再生債権、更生債権）の一部が共益債権化され、残額が再生債権、更生債権として再生計画案、更生計画案による弁済を受けることになる。

破産法と違いが生じているのは、債権者が賃料債務を受働債権とする相殺の取扱いであり、注意を要する。賃借人である再生債権者、更生債権者が、売掛金や貸金債権といった再生債権、更生債権と再生、更生手続開始決定後に弁済期が到来すべき賃料については、再生、更生手続開始のときにおける賃料の6カ月分に相当する額を限度として、債権届出期間内に限り相殺ができることとなった（民再92条2項、会更48条2項）。また、相殺をせずに実際に賃料を支払った場合には、再生、更生手続開始のときにおける賃料の6カ月分に相当する額の範囲内における弁済額を限度として敷金返還請求権が具体化した場合、共益債権として弁済を受けられることとなっている（民再92条3項、会更48条3項）。

6 請負契約

請負契約については、注文者の破産の場合、請負人の破産の場合の双方につき、一部改正されたが、それ以外の点は、従前どおり解釈に委ねられている。

(1) 注文者破産の場合

注文者が破産手続開始決定を受けた場合、請負人または破産管財人は、契約を解除することができる（民642条1項）。請負人は、破産管財人に対し、契約を解除するか、履行を選択するか一定期間を定めて確答するよう催告することができ（法53条3項）、催告期間内に確答がない場合は、契約解除とみ

なされる（同条2項）。解除された場合、請負人のすでにした仕事の報酬および報酬に含まれない費用は破産債権となる（民642条1項）。改正前の民法642条2項では、損害賠償請求権について認められていなかったが、改正後の民法642条2項は、破産管財人が解除した場合に限り、請負人の損害賠償請求権は破産債権となるとした。

破産管財人が履行を選択した場合は、それまでの報酬請求権を含め、請負代金全額が財団債権となる（法148条1項7号）。

(2) **請負人破産の場合**

請負人破産の場合においては、旧法64条が削除された。旧法64条1項は、破産管財人が必要な材料を提供して破産者に仕事をさせることができると規定していたが、その必要性が十分に基礎づけられず、かえって無用の混乱を招くと指摘されていたことから削除された。

請負人が破産手続開始決定を受けた場合は、法53条により、破産管財人が解除か履行の選択をすることになる（代替的・非個人的労務の場合に適用されるとの解釈については、現行法は手当てをしておらず、なお解釈に委ねられる）。

注文者は、破産管財人に対し、契約を解除するか、履行を選択するか一定期間を定めて確答するよう催告することができ、催告期間内に確答がない場合は、契約解除とみなされる（法53条2項）。

解除された場合、請負人が破産手続開始決定時までにした工事を注文者に引き渡し、注文者は、請負人が仕事に使用していない前途金や提供した材料またはその価格を財団債権として請求できることになる（法54条2項）が、この点は、旧法下から争いがある点であり、現行法も解釈に委ねているので、実務上は、和解的な処理がなされる場合が多いであろう。また、損害賠償請求権は破産債権となる（法54条1項）。

破産管財人が履行を選択した場合は、その報酬は破産財団に属する。

7　取戻権

(1)　取戻権の取扱い

　破産法は、旧法と同様に、破産者に属しない財産を破産財団から取り戻す権利である取戻権を認めている（法62条）。取戻権については、破産法以外の実体法に基づく場合を一般の取戻権（同条）、破産法に基づく場合を特別の取戻権（法63条・64条）という。

(2)　一般の取戻権

　一般の取戻権は、第三者が、破産者に対し、破産手続開始決定前からある財産を自己に引き渡すことを求める権利を有していた場合に、その第三者は、破産管財人に対しても権利を主張できることを定めている（法62条）。ただ、すべての場合に主張できるわけではなく、破産管財人は第三者性を有するので、破産管財人に対抗するには、実体法に基づく所有権等の権利について登記等の第三者対抗要件が必要となる。

　また、第三者のもとにある財産について破産管財人が引渡しを請求した場合に、第三者が引渡請求を拒絶できるという意味で、取戻権には拒絶できる権利としての側面もある。

(3)　特別の取戻権

　特別の取戻権については、旧法と同様に次の三つが規定されている。

(イ)　運送中の物品の売主の取戻権（法63条1項）

　隔地者間売買において、売主が売買目的物を発送後、買主が代金全額を弁済せず、かつ、到達地で物品を受け取らない間に買主について破産手続開始決定があったときは、売主はその物品を取り戻すことができる。ただし、破産管財人が代金の全額を支払って、その物品の引渡しを請求することも可能である。

(ロ)　問屋の取戻権（法63条3項）

　物品の買入れの委託を受けた問屋がその物品を委託者に発送した場合についても売主の取戻権と同様である。

(ハ) 代償的取戻権（法64条）

取戻権の目的物が破産手続開始決定の前後を問わず譲渡された場合には、公平の見地から反対給付の請求権または反対給付として受けた財産の給付を代償的に請求することができる。

(4) 譲渡担保の取戻禁止規定の削除

現行法において、旧法との違いがあるのは、旧法88条が定めていた譲渡担保の取戻禁止規定が削除されたことである。従前、立法論として批判も強かったところであり、削除された。これに伴い、民事再生法、会社更生法においても同様に削除された（民再52条2項、会更64条2項参照）。

(5) リース物件の取扱い

コピー機等のリース物件の場合、コピー機等の所有権はリース会社にあり、この所有権は破産管財人にも対抗できることを根拠に取戻権とする見解と、実質は担保権であることを根拠に別除権とする見解があるが、いずれの見解をとっても破産の場面では手続外で権利が行使でき、リース業者には残債権と目的物の返還により受けた利益との差額の清算義務があるので、実質的な違いはない。いずれにしても、リース会社が返還を要求する場合に返還を拒むことはできない。コピー機等のリース物件の引揚後にその価値分を清算してもらい、破産債権額を確定することとなる。

(6) ローン支払い中の物件の場合

自動車等をローンを組んで支払いをしている途中で破産した場合、自動車等の所有権は、通常は販売会社やローン会社に所有権留保されているので、リース物件の場合と同様に返還を拒むことはできない（これを取戻権とするか、別除権とするかについては、同様に実質的な違いはない）。自動車の場合に注意すべき点は、自動車には登録制度があり、登録（通常は、所有者として販売会社またはローン会社、使用者として購入者）という第三者対抗要件が必要となる（なお、軽自動車の場合は登録ではなく、占有が第三者対抗要件である）。

近年、自動車の登録を販売会社やローン会社ではなく、購入者本人を所有者とし、販売会社やローン会社が登録上記載されておらず、単に契約書の約

271

款上所有権留保となっている場合があるが、この場合には第三者対抗要件を具備しておらず、破産管財人に対抗できないので、破産管財人が第三者に売却したとしても、販売会社やローン会社は何らの主張もできないこととなる。

8　別除権

別除権は、破産手続開始の時において破産財団に属する財産につき特別の先取特権、質権または抵当権を有する者がこれらの権利の目的である財産について破産手続によらないで行使できる権利である（法2条9項・65条）。例としては、自宅の土地建物を担保に住宅ローンを組んで購入した場合、融資した金融機関は抵当権者として破産手続開始後にも競売を申し立てることができるのは、この別除権に基づくものである。

(1) 破産管財人の別除権者への関与

別除権者は、破産手続外で権利を行使することができるとしても、破産管財人が破産財団のために積極的に換価を進められるよう別除権者に対する関与が認められ、別除権の目的財産を任意売却する場合の担保権消滅許可の申立ての制度（法186条ないし191条）および商事留置権の消滅請求の制度（法192条）がある。

また、破産管財人は民事執行法その他強制執行の手続に関する法令の規定により、別除権の目的財産を換価することができ、別除権者はこの換価を拒むことはできない（法184条2項）。この点は、旧法203条1項にも定められていたが、民事執行法63条および同法129条（これらを準用する場合を含む）にある無剰余執行禁止の原則が適用されるため、担保割れしているいわゆるオーバーローン物件の場合には強制換価ができず、結局は破産管財人の換価が進まない事態に陥るという問題が指摘されていた。現行法においては、これらの無剰余取消しの規定は適用されないこととなった（法184条3項）。

別除権者の処分をすべき期間の指定と権利喪失の規定は旧法204条と同様だが（法185条1項・2項）、処分期間の指定に関する裁判に対しては即時抗告ができることとなった（同条3項）。

(2) 別除権者の破産手続への関与

別除権者も、別除権の行使によって債権の満足を受けられない場合には、その弁済を受けられない債権額（不足額）についてのみ破産債権者として破産手続に参加することができる（法108条1項）。これを不足額責任主義という。別除権者が破産債権の届出をする場合、一般の破産債権者の行う破産債権の届出（法111条1項）に加えて、別除権の目的財産と別除権の行使によって弁済を受けることができないと見込まれる債権額（予定不足額）を届け出る必要がある（同条2項）。この予定不足額は、破産管財人が作成する認否書に記載される（法117条1項4号）。

また、別除権者が最後配当に参加するには、最後配当の除斥期間内に、破産管財人に対し、担保される債権の全部もしくは一部が破産手続開始後に担保されないこととなったことを証明し、または弁済を受けることができない債権の額（不足額）を証明する必要がある（法198条3項）。この証明ができない場合は、最後配当から除斥されるので、配当を受けることはできない。ただ、別除権者と破産管財人の間で別除権協定により担保権の一部が放棄される場合など、被担保債権の全部または一部が破産手続開始決定後に担保されないこととなった場合には、その額について、破産債権者として権利行使することができる（法108条1項ただし書）。なお、現行法では、根抵当権の場合、極度額を超える部分は不足額とみなされることとなった（同条4項）。破産管財人は、極度額を超える部分の額を配当表に記載する必要がある（法196条3項）。

別除権者が中間配当に参加する場合は、除斥期間内に、破産管財人に対し、目的財産の処分に着手したことを証明し、不足額を疎明することで足りるが（法210条1項）、配当額は寄託される（法214条1項3号）。

(3) 別除権の目的財産の任意売却

破産管財人は、別除権の目的財産を担保権付きのまま任意売却することもできる。その場合でも別除権者は、別除権を有したままとなる（法65条2項）。したがって、別除権者が破産債権者として権利を行使するためには、不足額

責任主義が適用されるので、前述のとおり配当に参加するための各種制限がある。

そこで、別除権者の権利に配慮して、破産管財人が担保権付きのまま任意売却する際には、任意売却の2週間前までに、担保権者に対し、任意売却する旨およびその相手方の名前を通知しなければならない（規則56条前段）。

9　否認権

否認権については、大きく改正がされたが、消費者破産・個人事業者破産において問題となる点につき若干ポイントを指摘するに止める。

(1) 改正のポイント

① 否認の要件面について、詐害行為否認と偏頗行為否認の二つの類型を分けて規定した（法160条・162条）

② 詐害行為否認において、対価の均衡を欠く代物弁済について、対価相当超過部分のみの否認が認められた（法160条2項）

③ 詐害行為否認において、適正価格による不動産等の財産処分の否認の要件を明確化し、否認が認められる場合を限定した（法161条）

④ 偏頗行為否認において、危機時期を、支払停止に代え、支払不能により画することとした（法162条1項）

⑤ 同時交換的行為（融資と担保権設定が同時にされる場合等）を偏頗行為否認から除外した（法162条1項柱書のかっこ書）

⑥ 時期的限定の「1年」の基準時を破産手続開始申立て時とした（法166条）

⑦ 詐害行為否認の効果について、取引の萎縮的効果を排除するために、相手方の原状回復請求権を原則として財団債権とし（法168条1項2号）、破産管財人に差額償還の選択権を認めた（同条4項）

⑧ 否認権のための保全処分の制度を新設した（法171条・172条）

⑨ 否認権の行使方法として、否認の請求の制度を設け（法174条）、請求認容決定には仮執行宣言をすることができることとなった（法175条5

⑩　否認の訴えおよび否認の請求事件の管轄を破産裁判所の専属管轄とした（法173条2項）
⑪　否認の登記が見直され、抹消登記が認められた（法260条）
⑫　無償行為否認（法160条3項）、対抗要件否認（法164条）、執行行為否認（法165条）は、実質的な改正はない

(2) 住宅ローンを組んでいる不動産の売却

破産者が、破産手続開始申立て前に、住宅ローンを組んでいる金融機関（担保権者）に相談して、オーバーローンとなっている自宅不動産を売却して担保権者に返済した場合、適正価格での売却で、法161条の要件に該当しないものであれば、否認されることはないであろう。

(3) 対価的均衡を欠く代物弁済をした場合

債権者の要求により、債務の消滅のために、対価的均衡を欠く代物弁済をした場合、詐害行為否認の要件を満たすと、その消滅した額に相当する部分以外の部分について否認される（法160条2項）。

(4) 一部の債権者のみに弁済した場合

実質的危機時期に一部の債権者のみに弁済をすることは、破産債権者の平等に反するので、法162条の偏頗行為否認の要件に該当する場合は、否認される。特に破産者の親族または同居者は内部者として債権者の悪意の立証責任が破産管財人から債権者に転換される（法162条2項1号・161条2項3号）。

(5) 否認に関する経過措置

現行法の施行前にされた行為の否認については、現行法第6章第2節（法171条から175条までを除く）および234条から236条までの規定にかかわらず、なお従前の例による（法附則4条）。

10　相殺権

(1) 相殺禁止の範囲拡張

現行法では、相殺禁止の範囲が拡張された。旧法は、相殺禁止の範囲を画

する危機時期を支払停止または破産申立てとしていたが（旧法104条）、現行法は、支払不能後に、破産者に対して債務を負担した場合や破産債権を負担した場合についても一定の要件の下で相殺を禁止した（法71条1項2号・72条1項2号）。

そのほかに、時期的限定の「1年」の基準時を破産手続開始申立て時とした（法71条2項3号・72条2項3号）。偏頗行為否認において、同時交換的行為を除外したのと同様に、破産者に対して債務を負担していた者が危機時期に破産者との契約によって破産債権を取得した場合を除外した（法72条2項4号）。

(2) 破産管財人の催告権

破産管財人は、一般調査期日終了後、1カ月以上の熟慮期間を定めて、相殺権を行使できる破産債権者に対し、催告ができることとし、期間内に確答がない場合は、破産債権者の相殺権行使はできないこととした（法73条）。

(3) 破産管財人による相殺

旧法下で実務上争いがあった点であるが、破産管財人からの相殺を裁判所の許可を条件として認めた（法102条）。

(4) 相殺の禁止に関する経過措置

現行法の施行前に破産債権者につき破産者に対する債務負担の原因が生じた場合における破産債権者による相殺の禁止および現行法の施行前に破産者に対して債務を負担する者につき破産債権の取得の原因が生じた場合における当該者による相殺の禁止については、法71条および72条の規定にかかわらず、なお従前の例による（附則5条）。

VI 破産手続の終了

1 破産手続の終了の種類

　破産手続の終了は、破産債権者に配当を行って終結（終結決定）するのが本来であるが（法220条）、同時廃止（法216条）、異時廃止（法217条）および同意廃止（法218条）の各廃止決定がされる場合がある。
　このほかにも、破産手続開始決定に対する即時抗告により破産手続開始決定を取り消す決定が確定した場合には、遡及的に効力を失う（法33条3項）。
　また、破産手続に優先する再建型の民事再生法、会社更生法により、破産手続開始決定が失効する。民事再生手続開始決定または会社更生手続開始決定により破産手続は中止され（民再39条1項、会更50条1項）、再生計画認可決定確定または更生計画認可決定確定により破産手続は失効する。
　旧法は、強制和議認可決定確定を破産手続の終了事由としていたが、現行法は強制和議の制度を廃止した。
　以下、同時廃止決定、異時廃止決定および終結決定について説明する。なお、同意廃止については、適用される場面は少ないであろうことから、説明を省略する。

2 同時廃止決定

　裁判所は、破産財団をもって破産手続の費用を支弁するのに不足すると認めるときは、破産手続開始決定と同時に、破産手続廃止の決定をしなければならない（法216条1項）。
　消費者破産や個人事業者破産の多くは、この同時廃止決定により破産管財人による破産管財手続を経ないまま破産手続が終了する。

3　異時廃止決定

　裁判所は、破産手続開始の決定があった後、破産財団をもって破産手続の費用を支弁するのに不足すると認めるときは、破産管財人の申立てまたは職権で、破産債権者の意見を聴取したうえで、破産手続廃止の決定をしなければならない（法217条1項）。

　異時廃止決定に先立つ破産債権者の意見聴取については、債権者集会において行う場合（法217条1項後段）のほか、書面にて意見聴取を行う方法がある（同条2項）が、大阪地裁では、従前どおり、債権者集会において意見聴取を行う。

　異時廃止決定がされるのは、破産管財人の報酬等の手続費用は確保できたが、租税債権等の財団債権が多額で、破産債権者に対する配当ができない場合である。破産財団が財団債権の総額を弁済するのに足りないことが明らかになった場合における財団債権については、法148条1項1号（破産債権者の共同の利益のためにする裁判上の費用の請求権）および2号（破産財団の管理、換価及び配当に関する費用の請求権）の財団債権を他の財団債権に先立ち弁済し（法152条2項）、そのうえで他の財団債権を按分弁済する（法152条1項本文）。

　異時廃止決定は、通常、廃止意見聴取集会と計算報告集会を同一期日に実施して、決定される。

　異時廃止決定は、その主文および理由の要旨が公告され、その裁判書が破産者および破産管財人に送達される（法217条4項）。

　異時廃止決定により、破産財団についての管理処分権は破産者に復帰することになるが、破産管財人が破産手続内ですでに行った破産財団の処分や訴訟追行は効力を保持するので、破産者もこれに拘束されることとなる。

　大阪地裁においては、破産管財人は、裁判所に対し廃止決定証明申請を行い、発行された証明書をもって債権者等に対応することとしている。

VI 破産手続の終了

【書式72】 破産手続廃止の申立書〔大阪地裁〕

```
平成19年㋬第○○号
破産者　甲野太郎
```

破産手続廃止の申立書

平成○年○月○日

大阪地方裁判所　第6民事部　○係　御中

破産管財人　○　○　○　○　印
TEL 00-0000-0000
FAX 00-0000-0000

　頭書破産事件について，破産財団の現況は，平成○○年○○月○○日付収支計算書のとおりであり，他に破産財団の資産と認めるべき財産はありません。なお，財団債権は，別紙一覧表（略）のとおり，合計金○○○，○○○円であります。

　したがって，破産財団をもって破産手続の費用を支弁するのに不足すると認めますので，破産手続の廃止を申し立てます。

　なお，上記破産廃止に関する意見を聞くための債権者集会を招集する場合，同集会で異議がないときは，併せて，任務終了による計算報告のための債権者集会の招集を申し立てます。

添付書類
1　収支計算書（第○回）
2　預金通帳（写し）
3　交付要求書（写し）

【書式73】 廃止決定証明申請書〔大阪地裁〕

```
平成19年㋬第○○号
破産者　甲野太郎
```

廃止決定証明申請書

平成○年○月○日

279

第4章　管財手続

```
大阪地方裁判所　第6民事部　○係　御中
                    破産管財人　○　　○　　○　　○　印
                                    TEL  00-0000-0000
                                    FAX  00-0000-0000
　頭書破産事件について，平成○年○月○日破産手続廃止決定がなされたことを証明願います。
```

4　終結決定

　裁判所は、最後配当（法195条以下）、簡易配当（法204条以下）または同意配当（法208条）が終了した後、任務終了の計算報告集会（法88条4項）、または、書面による計算報告の申立てにつき裁判所が定めた異議申述期間（法89条2項）が経過したときは、破産手続終結の決定をしなければならない。これに先立ち、破産管財人は、任務が終了した場合、計算の報告書を提出しなければならない（法88条1項）。現行法では、上記の書面による計算の報告も可能となっているが（法89条）、大阪地裁では、従前どおり、債権者集会で計算の報告を行う。

　終結決定は、その主文および理由の要旨が公告されるとともに、破産者に通知される（法220条2項）。

【書式74】　任務終了による計算報告のための債権者集会の招集申立書〔大阪地裁〕

```
平成19年(フ)第○○号
破産者　甲野太郎

              任務終了による計算報告のための
                 債権者集会の招集申立書

                                    平成○年○月○日
大阪地方裁判所　第6民事部　○係　御中
```

```
                           破産管財人  ○  ○  ○  印
                                      TEL  00-0000-0000
                                      FAX  00-0000-0000
　頭書破産事件について，任務終了による計算報告のための債権者集会の招集
を申し立てます。
```

【書式75】　任務終了の計算報告書〔大阪地裁〕

```
平成19年(フ)第○○号
破産者　甲野太郎

                  任務終了の計算報告書

                                          平成○年○月○日
大阪地方裁判所　第６民事部　○係　御中
                           破産管財人  ○  ○  ○  印
                                      TEL  00-0000-0000
                                      FAX  00-0000-0000
　頭書破産事件について，破産管財人の任務が終了しましたので，別紙収支計
算書のとおり報告します。
```

#　第5章

免責

第5章 免責

I 免責許可申立て

1 はじめに

　免責とは、自然人たる破産者の経済的な更生を図るため、破産者を破産手続開始決定時において負担していた破産債権について法的追及から解放する制度である。破産手続終了後、破産者が債権者から責任を追及され続けた場合、破産者が経済的に再生する余地はあり得ない。そのため、法は破産者の経済的更生を図るため、一定の要件のもと免責許可の決定によって破産者の法的責任を消滅させ、債権者の追及から解放することにしたのである。実務的には、個人破産の場合、免責許可決定を得ることが破産手続をとることの最終目的であり、多重債務者の救済という観点からは、免責許可の決定を得ることが最重要課題であるといえる。

2 みなし申立て

　多重債務者が自己破産を申し立てた場合、実務上、ほぼ全件において免責許可申立てが同時に行われていた。個人である債務者が破産する場合、債務者は破産による清算そのものではなく、実質的には、その次に予定されている免責許可決定を目的として自己破産を申し立てているからである。
　ところが、破産手続と免責許可手続は別個の手続であったことから、旧法では、自己破産申立てとは別途に免責許可の申立てを必要としていた（旧法366条の2）。
　しかし、上記のとおり、実務上では、自己破産申立てと免責許可申立ては一連一体の関係にあることから、現行法はその実体に着目し、個人の債務者が自己破産を申し立てた場合、例外的に債務者が反対の意思を表示しない限り、原則として、免責許可の申立てをしたものとみなす規定を設けた（法248条4項）。よって、個人の債務者は、自己破産申立てをするだけで、免責

許可を申し立てたことになり、免責許可申立ては不要となっている。

また、仮に自己破産申立ての際に免責許可申立てを望まない意思表示をした場合であっても（法248条4項ただし書）、破産手続開始の申立てがあった日から破産手続開始の決定が確定した日以後1カ月を経過するまでの間であれば、免責許可の申立てをすることができる（法248条1項）。

3　債権者名簿の提出

旧法では、債務者は破産申立ての際に債権者一覧表を提出し（旧法138条）、免責許可を申し立てる場合も同時に債権者名簿を提出することを要していた（旧法366条の3）。しかし、破産申立てにおける債権者一覧表と免責許可申立てにおける債権者名簿は同様であることがほとんどであることから、実務では、同時廃止事件の場合、破産申立て時に提出した債権者一覧表を免責許可申立ての債権者名簿に援用する運用がとられていた。

現行法では、実務の実体に鑑み、手続の簡素化を図り、加えて、免責許可申立てにおいて、みなし申立てが新設されたことから、破産申立て時に提出した債権者一覧表を免責許可申立ての債権者名簿とみなすことにしたのである（法248条5項）。よって、自己破産申立てに際して提出した債権者一覧表は、それを援用する旨の意思表示を要せず、そのまま免責許可申立てにおける債権者名簿として扱われる。

また、従来、個人債務者の管財事件の場合、債務者は免責許可申立ての際に届出債権者・未届債権者、破産管財人の認否などを整理した債権者名簿を提出していたが、みなし免責許可申立てとみなし債権者名簿の規定によって、その必要もなくなった。

なお、破産申立てにおける債権者一覧表を免責許可申立てにおける債権者名簿とみなす措置は、みなし免責許可申立てを前提としたものであるので、破産申立て時に免責許可申立てを望まない意思表示した後、破産手続開始決定の確定日の1カ月以内に免責許可申立てをする場合は（法248条1項）、従来どおり、破産申立て時の債権者一覧表とは別に債権者名簿を提出する必要

285

がある。

4　個別執行の禁止

(1)　新設規定の趣旨

　現行法では、免責許可の申立てがなされた場合、免責許可決定の確定までの間、債権者による個別の強制執行は禁止され、すでになされている強制執行は中止される（法249条1項）。

　従来、同時廃止事案では、破産宣告（現行法では破産手続開始決定）と同時に破産手続が廃止されるため、それ以後、免責許可決定の確定までの間、債務者は債権者から強制執行を受ける危険にさらされていた。実際に破産宣告・同時廃止決定から免責確定までの間に消費者金融を中心とした債権者が債務者の財産に対し、訴訟を提起し、個別に強制執行をする事案が数多く見受けられた。このような強制執行が許されれば、債務者は強制執行の恐怖にさらされ、会社員であれば、給料の差押えを受け、生活に大きな支障を来し、場合によっては、会社を退職せざるを得ない状況に追い込まれ、免責許可決定後の生活設計が立たなくなるなど実務上大きな問題となっていた。

　そこで、現行法は、免責許可の申立てがなされた場合、個別の強制執行を禁止する規定を新設した（法249条1項）。すなわち、①免責許可の申立てがあり（法248条4項のみなし免責許可申立てによって、自己破産の申立てだけで足りる）、②同時廃止（法216条1項）の規定による破産手続廃止の決定があったときは、免責申立てについての裁判が確定するまでの間は、破産者の財産に対する破産債権に基づく強制執行、仮差押え、仮処分、破産債権を被担保債権とする一般の先取特権の実行、留置権（商法の規定によるものを除く）による競売、破産債権に基づく国税滞納処分はすることができず、すでになされていたものは中止されることになったのである。

　よって、債権者が債務者に対し、貸金返還請求訴訟を提起し、債務名義をとろうとした場合やすでに債務名義をとられている場合であっても早期に自己破産を申し立てることによって、個別の強制執行を受ける危険はなくなり、

会社員であっても給与の差押えを受ける危険を回避することができる。

なお、この個別執行中止・禁止の対象には非免責債権も含まれるため、債務の性質に関係なく債務者は保護されることになる。

(2) 個別執行中止の効力

すでに強制執行がなされていた場合、免責手続中は強制執行の効力は中止されるにすぎず、免責許可の決定が確定したときに効力を失う（法249条2項）。実務上の手続は、執行裁判所に自己破産申立事件および免責許可申立事件の事件番号と強制執行の中止を促す旨の上申書（【書式76】）を提出すれば、強制執行は中止され、中止された強制執行は免責許可決定の確定によって当然に失効する。したがって、免責許可の申立て以前から給与の一部が差し押さえられていた場合、免責手続中は差押対象範囲の給与部分については支給されず、免責許可決定が確定したときに、債務者が執行裁判所に免責許可決定確定証明書を提出すれば、その部分（破産手続終結の決定後免責許可決定確定までの間の差押対象範囲の給与）を受け取れることになる。

【書式76】 執行中止用上申書〔大阪地裁〕

平成○年(ル)第○○号　債権差押命令申立事件
債　権　者　××××株式会社
債　務　者　○　○　○　○
第三債務者　株式会社△△△△

　　　　　　　　　　　　　　　　　　　　平成○年○月○日

大阪地方裁判所　第14民事部　御中

　　　　　　　　　　　　債務者　　○　　○　　○　　○
　　　　　　　　　　　　代理人弁護士　○　　○　　○　　○　印
　　　　　　　　　　　　　　　（電話　00-0000-0000）

　　　　　　上　申　書（執行中止用）

　頭書事件について、債務者は自己破産・免責許可を申し立て、下記のとおり、破産手続開始決定と同時に破産手続廃止の決定を受けました（破産法216条1

第5章 免　責

項)。
　　よって，頭書執行手続を中止されますよう上申いたします(同法249条1項)。
記
　　　事件番号：平成○年(フ)第○○号
　　　破　産　者：○　○　○
　　　破産手続開始決定：平成○年○月○日　午後○時
以上

添　付　書　類

1　破産手続開始決定正本（写し）　　1通

【書式77】　強制執行手続中止上申書〔福岡地裁〕

強制執行手続中止上申書

当　事　者　　別紙当事者目録記載のとおり

　上記当事者間の福岡地方裁判所平成○年(ル)第○○号債権差押命令事件につき，債務者が申し立てた破産手続開始申立事件（福岡地方裁判所平成○年(フ)第○○号）において，免責許可の申立てがあり，かつ，破産法216条1項の破産手続廃止の決定があったので，上記差押命令手続を中止されたく上申します。
　　　　平成○年○月○日
　　　　　　　　債務者代理人弁護士　○　○　○　○　印
福岡地方裁判所第4民事部（債権執行係）　御中
添付書類
　　破産手続開始決定及び破産手続廃止決定正本

(注)　法249条1項による強制執行の中止申請である。同時廃止の場合であり、破産手続開始決定後直ちに申請がなされることが多いことから、免責手続の係属証明は不要である。

【書式78】　強制執行取消上申書〔福岡地裁〕

強制執行取消上申書

　　　　　　　　　　　　当　事　者　　別紙当事者目録記載のとおり
　上記当事者間の福岡地方裁判所平成○年(ル)第○○号債権差押命令申立事件につき，債務者が申し立てた破産手続開始申立事件（福岡地方裁判所平成○年(フ)第○○号）において，免責許可決定が確定したので，上記差押命令を取り消されたく上申します。
　　　　　　　　　平成○年○月○日
　　　　　　　　　　　　債務者代理人弁護士　　○　　○　　○　　○　印
福岡地方裁判所第4民事部　御中

添付書類
　　免責許可決定正本又は写し
　　免責許可決定確定証明書

（注）　法249条2項による強制執行取消上申書である。本書式は債権差押命令の取消しに係るものであるが、事件の表示を変更すれば、不動産強制競売手続に係る執行取消上申書となる。

第5章 免責

II　免責許可申立て後の手続

1　免責審尋期日

　旧法では破産者の免責審尋は必要的であったが（旧法366条の4第1項）、現行法は免責審尋を必要的とした規定を削除し、免責審尋期日の開催を任意的としている。旧法下においても裁判所は免責許可の要件を審査するため必要な調査をすることができ（旧法366条の20・110条2項）、免責審尋期日を開催しなくても免責の許可・不許可の判断について必要な調査をすることは可能であった。実務的には、破産手続における債務者審尋において、事実上、免責不許可事由の有無の調査が行われており、多くの事案において免責審尋期日は形式化していた。そこで、現行法は免責審尋期日の開催を任意的なものにして、実務に応じた柔軟な運用ができるようにしたのである。
　このように、免責審尋期日を開催するか否かは、各裁判所の判断に委ねられた。たとえば東京地裁では、同時廃止、管財事件を問わず、全件免責審尋期日を実施しているが、大阪地裁ではいずれも実施していない。もっとも、大阪地裁では、免責許可に問題のありそうな事件については、例外的に集団による免責審尋を実施している。

2　意見申述に関する変更

　旧法では、裁判所は破産管財人に免責不許可事由の有無を調査させ、免責審尋期日にその結果を報告させることができ（旧法366条の5）、その審尋期日またはその期日において裁判所が定める1カ月以上の期間内に破産債権者等の利害関係人は免責許可の申立てについて異議を申し立てることができることになっていた（旧法366条の7第1項）。すなわち、破産債権者の異議申立期間は、破産管財人による調査および報告の後に設定されていたのである。
　しかし、実務的には、破産管財人は破産債権者の異議申立てを端緒として

免責不許可事由について調査する場合が多く、異議申立期間を破産管財人の報告の後に設定することは必ずしも合理的ではなかった。また、現行法では免責審尋期日の開催が任意的になったことから、免責審尋期日を前提とした異議申立期間の設定は法制上整合しなくなり、一方で、免責審尋期日の開催の有無にかかわらず、管財人は免責不許可事由に関する調査を報告することができるようになったことから（法250条1項）、免責審尋期日後に異議申立期間を定める必要性もなくなった。

　そこで、現行法は免責審尋期日の開催の有無とは無関係に破産手続開始決定以降に破産債権者が免責に対する意見を述べることのできる期間（意見申述期間）を定めることにした（法251条1項）。これによって、意見申述期間を財産状況報告集会の前に設定すれば、破産管財人は債権者から出された意見をもとに免責不許可事由を調査し、報告することができるようになり、免責審尋期日の実施を任意化した現行法とも整合する。

　東京地裁では、管財手続の場合、破産手続開始決定と同時に意見申述期間を決定し、その期間は財産状況報告集会の当日までである。大阪地裁では、同じく破産手続開始決定と同時に定められ、その期間は2週間前までである。同地裁では、破産管財人の免責に関する調査結果の報告は、財産状況報告集会の1週間前に提出することになっているので財産状況報告集会の2週間前までに破産債権者から意見申述がなされていれば、破産管財人は調査結果を報告するにあたって、申述された意見を考慮することができるからである。ところで同地裁の運用においては、財産状況報告集会に債権者が出頭し、破産者の免責不許可事由に関する情報を提供した場合、その意見はどのように取り扱われるかが問題となる。この場合、意見申述期間はすでに経過しているが、免責に対する意見は、破産管財人の調査の端緒であるから、同地裁では一定の期間（2週間程度）を定めて、債権者に対し、書面による意見の提出を求め、事実上の意見として取り扱うこととしている。

　同時廃止事件の場合、東京地裁では、破産手続開始決定と同時に意見申述期間が定められ、その期間は免責審尋期日までである。大阪地裁では、破産

手続開始決定と同時に意見申述期間が決定され、その期間は破産手続開始決定の約2カ月後である。意申述期間の公告の効力が生じた日から1カ月間以上という法律上の要件を満たすためである（法251条3項）。

　なお、旧法は免責申立てに対し、異議を申し立てることができるとしていたが（旧法366条の7第1項）、現行法は「異議」という用語を「意見申述」に改めた。免責手続における「異議」は、そもそも免責不許可事由に該当する具体的事実の主張であるにもかかわらず、「異議申立て」という用語からは不服申立てを想起させ、適正ではないとの批判があった。そこで、現行法では「意見申述」という用語に改め、実質的内容に即したものに変更したのである。

3　破産管財人による免責不許可事由等の調査

(1)　免責不許可事由等の調査時期

　旧法では、裁判所は破産管財人に免責不許可事由の有無を調査させ、その結果を審尋期日において報告させることができると規定されており（旧法366条の5）、免責審尋期日において破産管財人が口頭で免責不許可事由に関する調査結果を報告することを予定していた。

　しかし、現行法によって免責審尋期日の開催が任意化され、免責審尋期日が開催されない運用が可能になったこと、旧法下でも実務上、免責不許可事由の調査結果の報告は口頭ではなく書面によってなされていたことから、免責審尋期日において破産管財人が調査結果を報告するという当該規定（旧法366条の5）は法制上の整合性・必要性の観点から不要なものとなった。

　そこで、現行法は当該規定を設けず、それに替えて、裁判所は破産管財人に免責不許可事由の有無（法252条1項各号）または裁量免責にあたって考慮するべき事情（法252条2項）を調査させ、その結果を書面で報告させることができることにした（法250条1項）。よって、免責審尋期日を開催しない運用であっても、破産管財人は裁判所に対し、免責不許可事由等の調査結果を報告できることになった。

II 免責許可申立て後の手続

(2) 破産管財人による調査対象の拡張

　旧法では、裁判所は破産管財人に免責不許可事由の有無について調査・報告をさせることができるとされていた（旧法366条の5）。しかし、破産者は破産管財人に対し、破産に関し必要な説明をする義務があり（法40条1項1号）、破産管財人は破産者に対し、説明を求める権限がある（法83条1項）ことから、破産管財人は破産者が破産に至る経緯についても知る立場にあり、免責不許可事由の存否だけではなく、裁量免責の当否を判断するために必要な事情についても十分に把握することができる。また、旧法においても、実務上、破産管財人に裁量免責の当否について調査させていたことがほとんどであった。そこで現行法は、免責不許可事由の存否に限らず、裁量免責を判断するにあたって考慮するべき事情についても破産管財人に調査・報告させることとしている（法252条2項）。

【書式79】 免責に関する意見書〔大阪地裁〕

```
事件番号　大阪地方裁判所　平成19年(フ)第○○号
破産者　　甲　野　太　郎

              免責に関する意見書

                              平成○年○月○日
大阪地裁　第6民事部　　係　御中
                    破産管財人　○　○　○　○　印
                        （□内にチェックしたもの）
    1 ☑　免責不許可事由はない。
    2 □　免責不許可事由はあるが，免責相当である。
         不許可事由　□浪費　□詐術　□その他（　　　）
    3 □　免責は不相当である。
       理由（□免責観察型　又は□免責不相当　の場合には必ず理由を記載）
```

293

第5章 免　責

【書式80】　免責調査報告書〔名古屋地裁〕

```
平成○年(フ)第○○号
破産者　　○○○○

　　　　　　　　　　　　免責調査報告書
　　　　　　　　　　　　　　　　　　　　　　　　　平成○年○月○日
名古屋地方裁判所民事第2部破産　[☑01□02□03]　係　御中
　　　　　　　　　　　　　破産管財人弁護士　○　　○　　○　　○　　印
```

第1　免責不許可該当事由の有無（252条1項）および裁量免責
　　　（同条2項）に関する調査（250条1項）

　1　加害目的の財産の隠匿・損壊等破産財団価値減少行為（252条1項1号）
　　　　□あり（詳細は別紙のとおり）　☑なし（□補足説明は別紙のとおり）
　2　破産手続開始遅延目的の，著しい不利益条件による債務負担・信用取引
　　　商品の著しい不利益な処分（252条1項2号）
　　　　□あり（詳細は別紙のとおり）　☑なし（□補足説明は別紙のとおり）
　3　特定債務に対する，義務なき担保の供与，債務消滅行為等（252条1項
　　　3号）
　　　　□あり（詳細は別紙のとおり）　☑なし（□補足説明は別紙のとおり）
　4　消費・射幸行為（252条1項4号）
　　　　□あり（詳細は別紙のとおり）　☑なし（□補足説明は別紙のとおり）
　5　詐術による信用取引等（252条1項5号）
　　　　□あり（詳細は別紙のとおり）　☑なし（□補足説明は別紙のしおり）
　6　業務・財産状況帳簿等の隠滅，偽造等（252条1項6号）
　　　　□あり（詳細は別紙のとおり）　☑なし（□補足説明は別紙のしおり）
　7　虚偽の債権者名簿の提出（252条1項7号）
　　　　□あり（詳細は別紙のとおり）　☑なし（□補足説明は別紙のしおり）
　8　裁判所の調査に対する説明拒否・虚偽説明（252条1項8号）
　　　　□あり（詳細は別紙のとおり）　☑なし（□補足説明は別紙のしおり）
　9　不正手段による破産管財人等への職務妨害（252条1項9号）
　　　　□あり（詳細は別紙のとおり）　☑なし（□補足説明は別紙のしおり）
　10　7年以内の免責申立（252条1項10号）

　　　　　□あり（詳細は別紙のとおり）　☑なし（□補足説明は別紙のしおり）
11　説明義務違反、重要財産開示義務違反、免責調査協力義務違反等破産者
　　の義務違反（252条1項11号・40条1項1号・41条・250条2項）
　　　　　□あり（詳細は別紙のとおり）　☑なし（□補足説明は別紙のしおり）
12　破産手続開始決定に至った経緯その他の事情（252条2項）

　第2　免責に関する意見（裁量免責に関する事情を含む）
　　☑　免責許可が相当である
　　　　☑免責不許可事由はない。
　　　　□免責不許可事由があるが，裁量免責（252条2項）が相当である。

　　□　免責不許可が相当である。

(3)　破産者および意見申述人に対する意見聴取の廃止

　旧法では免責申立てに対し、破産債権者から異議が申し立てられた場合、裁判所は破産者および異議申立人の意見を必ず聞かなければならなかった（旧法366条の8）。しかし、異議の内容にかかわらず、常に破産者等から、意見を聴取しなければならないとする必要性は乏しかった。そこで、現行法では、裁判所による破産者および異議申立人への必要的な意見聴取制度を廃止した。このように制度を廃止しても、裁判所は職権で必要な調査ができるのであるから（法8条2項）、いつでも破産者または意見申述人から意見を聴取することができ、また破産管財人に意見の内容を調査させることもできることから（法250条1項）、不都合はなく、むしろ事案に応じた柔軟な方法によって、破産債権者の意見を審査ができるようになったのである。

4　破産者の調査協力義務

　旧法では、破産者は破産管財人に対して説明義務を負い（旧法153条）、その義務違反は免責不許可事由になっていた（旧法366条の9第1項5号）。しかし、説明義務の対象は「破産ニ関シ必要ナル」事項であり、直接的に免責不許可事由や裁量免責に関する事由を対象とするものではなかった。そのため破産者が免責不許可事由に関し、破産管財人の調査に対し、協力を拒んだ場合であっても、その一事をもって免責不許可の意見を出すことはできなかった。

　そこで、現行法は、破産者に対し、免責不許可事由または裁量免責に関する事項の調査に協力する義務を課し、その義務に違反することを免責不許可事由にした（法252条1項11号）。これによって、破産管財人は免責不許可事由の有無に関する事項や裁量免責を判断するために必要な事項について、破産者が調査に協力しなかった場合、破産管財人は調査協力義務違反を免責不許可事由として、免責不許可相当の意見を出すことができる。前述したとおり、破産管財人の調査対象は、免責不許可事由の有無および裁量免責を判断するにあたって考慮するべき事情に拡大され、破産管財人は非常に広汎な範囲に調査義務を負うことになった。その反面、破産管財人の調査権限の対象も拡大され、破産者に調査協力義務を課し、破産者が調査に協力しなかった場合は、免責不許可の意見書を出せるようにして、破産管財人の権限を強化したのである。

5　免責許可決定の時期

　旧法では、免責審尋期日において裁判所が定める1カ月以上の期間内に破産債権者等の利害関係人は免責許可の申立てについて異議を申し立てることができることになっていたことから（旧法366条の7第1項）、免責許可の決定が下されるのは審尋期日から1カ月以上経過した後であった。

　しかし、現行法では、免責審尋期日の開催が任意になったことから、その

後の異議申立期間という制度がなくなり、それに代わって、破産開始決定以後に公告の効力が生じた日（官報掲載された日の翌日）から1カ月以上の期間をもって、債権者の意見申述期間を設けることになった。よって、現行法では、上の期間的な要件を満たし、かつ破産管財人の免責に関する調査報告があれば、いつでも免責許可決定を下すことが可能になっている。

東京地裁および大阪地裁では、管財事件において、財産状況報告集会が続行されない限り、終了後、約1週間から10日間程度で免責許可について決定している。

一方、同時廃止事件においては、東京地裁では、免責審尋期日から約1週間後に、大阪地裁では、意見申述期間満了日の約1週間後に決定されている。

免責許可の決定は確定によって効力を生じる（法252条7項）。旧法では免責許可決定が確定した場合、その旨を公告しなければならなかったが（旧法366条の14）、免責許可決定が確定した場合には、不服を申し立てられないことから、確定の公告をすることに手続上重要な意味はなく、手続の合理化を図るという観点から現行法では免責許可決定が確定した場合の公告の制度を廃止した。

【書式81】　免責確定用証明申請書〔福岡地裁〕

平成○年(フ)第○○号

証　明　申　請　書

破　産　者　　○　○　○　○

　上記破産者に対する頭書破産手続開始申立事件について、平成○年○月○日になされた免責許可決定が平成○年○月○日確定したことを証明願います。

　　　　　　　　　　平成○年○月○日
　　　　　　　　　　申　請　人　　住所　　○○市○○区○○町○-○-○
　　　　　　　　　　　　　　　　　氏名　○　　○　　○　　○　㊞

福岡地方裁判所第4民事部　　御中

III　免責不許可事由

　旧法では、免責不許可事由として独自に規定されている行為以外に、倒産犯罪に該当する行為があった場合を免責不許可事由とするとの規定があったが（旧法366条の9第1号）、現行法では免責不許可事由を独立して列挙する規定となった（法252条1項）。

　現行法の免責不許可事由と旧法のそれを比較すると次のとおりである。

1　財産隠匿行為等（法252条1項1号）

　債権者を害する目的で、破産財団に属し、または属すべき財産の隠匿、損壊、債権者に不利益な処分その他の破産財団の価値を不当に減少させる行為をしたことである。

　旧法では、「自己モシクハ他人ノ利益ヲ図ル目的」または「債権者ヲ害スル目的」の場合も免責不許可事由とされていたが（旧法374条1号）、新法では「債権者を害する目的」がある場合だけに限定された。一方、隠匿等の対象となる財産は、「破産財団ニ属スル財産」（旧法374条1号）だけでなく、新法は「破産財団に属し、又は属すべき財産」と規定し、対象財産を拡大している。また、旧法では、破産財団の負担を虚偽に増加させることが免責不許可事由とされていたが（旧法374条2号）、現行法では、破産財団の価値を不当に減少させる行為を免責不許可事由としている。

2　債務負担・廉価処分（法252条1項2号）

　破産手続の開始を遅延させる目的で、著しく不利益な条件で債務を負担し、または信用取引により商品を買い入れてこれを著しく不利益な条件で処分したことであり、旧法の規定と同様である（旧法375条2号）。

3 偏頗行為 (法252条1項3号)

特定の債権者に対する債務について、当該債権者に特別の利益を与える目的または他の債権者を害する目的で、担保の供与または債務の消滅に関する行為であって、債務者の義務に属せず、またはその方法もしくは時期が債務者の義務に属しないことをしたことである。旧法では、「破産ノ原因タル事実アルコトヲ知ルニ拘ラス」と規定され（旧法375条3号）、破産の原因を知っていたことが要件とされていたが、現行法では要件とされていない。また、現行法では、特定の債権者に特別の利益を与える目的をもっていた場合だけでなく、他の債権者を害する目的をもっていた場合も免責不許可事由となるとされ、目的が拡大されている。

4 浪費等 (法252条1項4号)

浪費または賭博その他の射幸行為をしたことによって著しく財産を減少させ、または過大な債務を負担したことであり、旧法と同様である（旧法375条1号）。

5 詐術 (法252条1項5号)

破産手続開始の申立てがあった日の1年前の日から破産手続開始の決定があった日までの間に、破産手続開始の原因となる事実があることを知りながら、当該事実がないと信じさせるため、詐術を用いて信用取引により財産を取得したことである。

旧法では、破産宣告前1年内とされていたのが（旧法366条の9第2号）、現行法では申立ての日の1年前から破産開始決定の日までとされ、対象期間が広げられている。

6 帳簿隠匿行為等 (法252条1項6号)

業務および財産の状況に関する帳簿、書類その他の物件を隠匿し、偽造し、

第5章　免　責

または変造したことである。

　旧法では対象となる帳簿類を「法律ノ規定ニヨリ作ルベキ商業帳簿」に限定していたが（旧法344条3号・375条4号）、現行法では、「業務及び財産の状況に関する帳簿、書類その他の物件」に拡大された。また、旧法では、商業帳簿を作成しないこと、財産の現況を知るに足るべき記載を記録しなかったことが免責不許可事由であったが（旧法同条）、現行法では、これら不作為は免責不許可事由から除かれ、帳簿等の隠匿、偽造、変造だけを免責不許可事由としている。

7　虚偽の債権者名簿の提出等（法252条1項7号）

　免責申立てに際し、虚偽の債権者名簿を提出することであり、この点については旧法の規定（旧法366条の9第3号前段）と同様であるが、旧法では財産状態について虚偽の陳述をすることも同条号で免責不許可事由としていたところ（同条号後段）、現行法ではこれを削除し、252条1項8号（説明拒否行為）・9号（職務妨害行為）・11号（義務違反行為）等の規制に委ねた。なお、ここでいう債権者名簿は、みなし免責申立（法248条4項）によって債権者名簿とみなされる債権者一覧表（同条5項）を含むものである。

8　説明拒否行為等（法252条1項8号）

　破産手続において裁判所が行う調査において、説明を拒み、または虚偽の説明をしたことである（法252条1項8号）。
　旧法では、旧法366条の9第3号後段において、財産状態について虚偽の陳述をなしたことを免責不許可事由としていたが、現行法では、裁判所の調査に対して説明を拒んだ場合も不許可事由とした。

9　職務妨害行為等（法252条1項9号）

　不正の手段により、破産管財人、保全管理人、破産管財人代理または保全管理人代理の職務を妨害したことである（法252条1項9号）。

これは現行法で新設された不許可事由である。破産管財人等の管財業務の円滑な遂行を促進しようとした趣旨であり、破産管財人の職務権限を強化するために新設されたものである。

10　再度の免責申立て （法252条1項10号）

免責許可の決定が確定した場合、その確定の日から7年以内に免責許可の申立てがあったこと、給与所得者等再生において再生計画が遂行された場合、その再生計画認可決定確定の日から7年以内に免責許可の申立てがあったこと、および民事再生法235条1項により免責の決定が確定した場合、その再生計画認可決定確定の日から7年以内に免責許可の申立てがあったことである。

旧法では、免責申立て前10年内に一度免責を受けたことがある場合が不許可事由とされていたが（旧法366条の9第4号）、現行法はその期間を7年に短縮したものである。この規定は、平成17年1月1日以降の自己破産申立てに適用されるため、その時点において、前の免責許可決定確定日から7年を経過していれば、2度目の免責許可申立ては免責不許可事由とはならない。

また、現行法では、民事再生法の改正に応じて、給与所得者等再生手続をとったことがある場合、再生手続において免責の決定を受けたことがある場合等も免責不許可事由としている。

11　義務違反行為 （法252条1項11号）

破産者等の説明義務（法41条1項1号）違反、破産者の重要財産開示義務（法41条）違反、免責についての調査協力義務（法250条2項）違反、その他破産法に定める義務に違反したことを免責不許可事由とするものである。

旧法においても破産法に定める義務に違反することが免責不許可事由とされていたが（旧法366条の9第5号）、現行法では、新設または改正された破産者の重要な義務を明示的に列挙したうえで破産法上の義務に違反した場合を免責不許可事由としている。これは現行法において破産者の義務が広がっ

第5章 免責

たことに伴い、破産者の義務違反を明示的な免責不許可事由とすることによって、破産管財人の権限強化をより明確にしたものである。

Ⅳ 非免責債権

1 非免責債権の拡大

　旧法では、破産者を免責することが適当でないと考えられる債権を非免責債権として列挙し、それに該当する債権は非免責債権として免責の効果が及ばないものとしていたが、現行法では、社会の要請にのっとって、旧法の非免責債権の範囲を拡大している。拡大の方向性は、一つは、生命・身体の保護を重視し、それに対する侵害に基づく損害賠償支払義務の非免責化であり、今一つは、破産者が養育者、扶養者として負担する義務を非免責化したことである。

2 生命・身体に対する侵害行為による損害賠償請求権の非免責化

　現行法は、人の生命・身体の安全をより尊重するため、破産者が故意または重大な過失によって加えた人の生命または身体を害する不法行為に基づく損害賠償請求権を非免責債権とした（法253条1項3号）。
　旧法では、破産者が悪意をもって加えた不法行為に基づく損害賠償請求権を非免責債権としており（旧法366条の12第2号）、現行法においても、同様の規定は存在する（法253条1項2号）。しかし、現行法は人の生命・身体を害する不法行為の場合は、「悪意」ではなく「故意又は重大な過失」であっても非免責債権とし、その範囲を拡大した。よって、悪質な飲酒運転によって人身事故を引き起こした場合のような重過失に該当する不法行為に基づく損害賠償請求権は非免責債権になるものと考えられる。

3 養育費等の非免責化

　旧法では、養育費や扶養に関する請求権は非免責債権とされておらず、破

産宣告の前日までに発生した養育費等の請求権については免責の効果が及び、免責許可決定の確定によりその支払義務を免れることになっていた。

これに対し、現行法は、民法752条（夫婦同居・扶助の義務）、同法760条（婚姻費用の分担）、同法766条（子の監護）、同法877条から880条（扶養の規定）およびこれらの義務に類する義務で契約に基づくものから生じる請求権を非免責債権とした（法253条1項4号イないしホ）。よって、破産開始決定までに発生している養育費等の滞納分については、その支払義務は免責されないことになる。そして、破産開始決定後に生じる将来の養育費等の請求権は、免責の対象外であり、支払義務を免れることはないので、現行法では、既発生・未発生を問わず、養育費等の支払義務を免れることはできない。

4　非免責債権の種類

すでに述べた非免責債権を含め、現行法において規定されている非免責債権は次のとおりである（法253条1項）。

(1)　**租税等の請求権**（法253条1項1号）

旧法と同様である（旧法366条の12第1号）。免責許可の効力の及ばない財団債権に属する国税または国税徴収の例による公租公課等を除き、破産債権たる関税、とん税、特別とん税（国税徴収法2条1号）、登録税（登録税法1条）などをいう。

(2)　**破産者が悪意で加えた不法行為に基づく損害賠償請求権**（253条1項2号）

旧法と同様である（旧法366条の12第2号）。「悪意」とは単なる故意ではなく、他人を害する積極的な意欲すなわち「害意」を意味すると考えられている。

(3)　**破産者が故意または重大な過失により加えた人の生命または身体を害する不法行為に基づく損害賠償請求権**（法253条1項3号）

現行法での新設規定である。「悪意」が「害意」という積極的な加害意思を意味することから、生命および身体の保護をより厚くするために、生命ま

たは身体に対する不法行為の場合は、「故意又は重大な過失」によるものであっても非免責債権としたものである。

(4) **夫婦間の協力および扶助の義務**（民752条）、**婚姻から生ずる費用の分担の義務**（民760条）、**子の監護に関する義務**（民766条）、**親族間の扶養義務**（民877条〜880条）、**および以上の義務に類する契約に基づく義務に係る請求権**（法253条1項4号イ・ロ・ハ・ニ・ホ）

これらもすでに述べたとおり、新設規定である。

(5) **雇用関係に基づいて生じた使用人の請求権および使用人の預り金の返還請求権**（法253条1項5号）

勤労者保護の社会政策的見地から例外とされたものである。旧法においては、給与債権のうち一般の先取特権のある部分についてだけ非免責債権と規定され（旧法366条の12第3号）、平成15年の民法308条の改正前は、最後の6カ月分の給与債権だけが一般先取特権が及ぶとされていたことから、非免責債権となるのも最後の6カ月分だけであった。しかし、民法308条が改正され、一般先取特権について最後の6カ月間に限定されないようになったことから、現行法においても、一般先取特権のある部分という限定は削除された。

なお、旧法においては、雇い人の預り金および身元保証金返還請求権についても非免責債権にあたると規定されていたが（旧法366条の12第4号）、現行法においては、雇い人の預り金（同条前段）は非免責債権とされているが、身元と保証金返還請求権権（同条後段）には免責の効果が及ぶことになった。

(6) **破産者が知りながら債権者名簿に記載しなかった請求権（ただし破産手続開始決定があったことを知っていた債権者の請求権は除く）**（法253条1項6号）

旧法と同様である（旧法366条の12第5号）。破産者が知っているにもかかわらず、債権者名簿に載せられなかった破産債権者は、免責に対する意見を申述する機会を与えられず、免責に対する防御の機会が完全に奪われてしまうため、破産債権者が破産手続開始の決定がなされたことを知っていた場合を除き、非免責債権としたものである。破産債権者が破産手続の開始決定が

第5章　免責

あったことを知っていた場合は、破産手続に参加するべきであり、非免責債権として保護する必要がないからである。

(7) **罰金等の請求権**（法253条1項7号）

旧法と同様である（旧法366条の12第6号）。罰金等は刑罰ないし秩序罰であって、本人にその苦痛を与えることを目的とすることから、性質上免責されないものである。

5　個人再生における非免責債権の取扱い

破産法の改正に伴い、民事再生法においても非免責債権に関する改正がなされ、上記4(1)から(5)の債権について、原則として非免責債権とし、例外的に当該再生債権者の同意がある場合を除き、債務の減免の定めその他権利に影響を及ぼす定めをすることができないこととなっている（民再229条3項）。

V　免責観察型

1　コンセプト

　大阪地裁では、浪費、賭博等の免責不許可事由があり、そのままでは免責を受けることが困難な債務者について、破産管財人を選任し、破産管財人がいわば保護観察官のように、一定期間、債務者の家計管理等について指導・監督しつつ、裁量免責事情としての経済的更生へ向けた努力を評価、観察し、その結果についての破産管財人の報告内容を斟酌して、裁量免責が相当であれば裁量免責を行うという免責観察型の管財事件が実施されている。

　なお、免責観察型の管財事件では大半の場合、裁量免責とされることが予想されるが、免責観察型の管財事件においても、裁量免責が不相当となる場合もありうる。

2　対象事件

　同時廃止事件として申し立てられたが、裁判所において記録を検討した結果、免責不許可事由が存在し、しかも裁量免責のためには、訓戒、反省文、家計簿の作成等の相当処置では不十分であると判断される事案を対象としている。

　免責観察型の管財事件が実施される以前に、裁判所から免責のために積立てのうえ、按分弁済を指示される事案があったが、そのような事案が免責観察型の管財事件の対象事件とされている。

　したがって、裁量免責の余地がない事件は、免責観察型の管財事件とはならない（このような場合、裁判所から破産申立ての取下げ勧告がなされることが多いようです）。

　なお、当初から免責観察型の管財事件として申し立てられることも考えられるが、免責に問題があっても、必ず、免責観察型の管財事件になるとは限

307

第5章　免　責

らないので、申立代理人の立場からすれば、当初から免責観察型の管財事件として申し立てることは通常しないと思われる。

3　予納金

　大阪地裁においては、弁護士による代理人申立てである場合には、同時廃止のための予納金のほかに、官報公告費用を裁判所に納め、さらに破産管財人に当初5万円程度を引き継げることが裁判所で確認されれば、その時点で破産管財人を選任して破産手続開始決定をし、残額15万円について、新得財産から3カ月ないし6カ月の期間内に分割して財団組み入れさせるようにしている。

　なお、司法書士が申立てに関与している場合には、20万円全額を破産管財人に引き継げることが裁判所において確認されない限り、破産手続開始決定はなされない。

4　運　用

(1)　上申書の提出

　破産管財人は、分納型の場合、分納の予定について破産者および申立代理人と協議して、両名からその予定について記載した連名の上申書(【書式82】)の提出を受ける。

(2)　引継予納金を超える積立ての要否の判断等

　破産管財人は、原則として、前期引継予納金額以上の積立ては求めないものとする。しかし、免責不許可事由に該当する行為の内容や程度、現在の収入および支出の状況等を勘案して、裁量免責事情の補完のためにはさらなる積立てを行って、債権者に按分弁済を行うことが必要かつ可能と判断した場合、追加積立てを破産者に指示することができる。ただし、判断に迷う場合には、裁判所と相談することが望ましい。

　追加積立ての要否は、手続のできるだけ早い段階で判断し、破産者および申立代理人と協議のうえ、積立金額、期間および分配方法を決定する。その

内容が決まったら、前記(1)と同様に、その内容を記載した連名の上申書（【書式82】）の提出を受ける。

この追加積立分については、引継予納金と異なり、直接管財人が受領するのではなく、原則として、申立代理人の預かり口座に保管し、最終的には申立代理人において按分弁済を行うことになる。したがって、その旨を申立代理人と協議し、理解を得ておく必要がある。

(3) 家計収支表の受領、破産者との面談

破産者は、毎月家計簿をつけ、これに基づいて家計収支表を作成し、管財人事務所に上記の財団組入金とともに、持参し、破産管財人と面談し、指導を受ける。

【書式82】 上申書（免責観察型用）

平成○年(ﾌ)第○○号
破産者　　○○○○

上　申　書（免責観察型用）

平成○年○月○日

破産管財人　○　○　○　○　殿

申立人　○　○　○　○　印
申立人代理人弁護士　○　○　○　○　印

　頭書事件について，貴職より免責不許可事由に該当するおそれがあるとの指摘を受けましたので，私（申立人）は，今後，破産手続の終結までの間，家計簿を付け，家計管理を行って節約に努めるとともに，毎月の家計収支表を翌月○日までに貴職の事務所に持参して提出し，貴職の指導を仰ぎます。
　当職（申立人代理人）は，上記趣旨を申立人に説明し，貴職に協力するよう指導いたします。
　なお，私（申立人）は，下記のとおり，財団組入れを任意に行い，貴職の管財業務に協力いたします。

記

第5章 免責

平成〇年〇月〇日限り	金〇〇万円
平成〇年〇月〇日限り	金〇〇万円
平成〇年〇月〇日限り	金〇〇万円
平成〇年〇月〇日限り	金〇〇万円
平成〇年〇月〇日限り	金〇〇万円
平成〇年〇月〇日限り	金〇〇万円
合　　計	金〇〇万円

以上

第6章

復権

第6章　復　権

I　復権の意義

　復権とは破産手続開始決定により破産者に加えられた公法上・私法上の権利並びに資格についての制限を解き、その法的地位を回復させるものである。わが国の破産法は非懲戒主義をとり、破産法には破産者から公法上・私法上の資格を剥奪する直接規定はないが、他の法令によって破産者の公法上・私法上の能力制限が定められている。破産者の能力制限の主なものは次のとおりである。

・卸売業者（卸売市場法17条1項4号イ）
・貸金業者（貸金業法6条1項2号）
・警備業者（警備業法3条1号）、警備員（同法14条1項・3条1号）
・一般建設業（建設業法8条1号）、特定建設業（同法17条・8条1号）
・公証人（公証人法14条2号）
・公認会計士、公認会計士補（公認会計士法4条4号）
・司法修習生（司法修習生に関する規則17条3号）
・司法書士（司法書士法5条3号）
・質屋（質屋営業法3条1項5号）
・社会保険労務士（社会保険労務士法5条3号）
・証券取引外務員（金融取引法64条の2第1項1号・29条の4第1項2号ロ）
・生命保険募集人、損害保険代理店（保険業法279条1項1号）
・税理士（税理士法4条3号）
・測量業者（測量法55条の6第1項1号）
・宅地建物取引業（宅地建物取引業法5条1項1号）
・宅地建物取引主任者（宅地建物取引業法18条1項3号）
・土地家屋調査士（土地家屋調査士法5条3号）
・一般廃棄物処理業者（廃棄物の処理及び清掃に関する法律7条5項4号イ）
・産業廃棄物処理業者（廃棄物の処理及び清掃に関する法律14条5項2号イ・7

・特別管理産業廃棄物処理業者（廃棄物の処理及び清掃に関する法律14条の4第5項2号・14条5項2号イ・7条5項4号イ）
・風俗営業を営もうとする者（風俗営業等の規制及び業務の適正化等に関する法律4条1項1号）
・風俗営業の営業所管理者（風俗営業等の規制及び業務の適正化等に関する法律24条2項2号・4条1項1号）
・不動産鑑定士、不動産鑑定士補（不動産の鑑定評価に関する法律16条3号）
・不動産鑑定業者（不動産の鑑定評価に関する法律25条1号）
・弁護士（弁護士法7条5号）
・弁理士（弁理士法8条10号）
・後見人（民847条3号）
・後見監督人（民852条・847条3号）
・保佐人（民876条の2第2項・847条3号）
・保左監督人（民876条の3第2項・847条3号）
・補助人（民876条の7第2項・847条3号）
・補助監督人（民876条の8第2項・847条3号）
・旅行業者（旅行業法6条1項5号）
・旅行業務取扱主任（旅行業法11条の2第5項本文・6条1項5号）
・一般労働者派遣事業者（労働者派遣事業の適正な運営の確保及び派遣労働者の就業条件の整備等に関する法律6条3号）

　なお、株式会社の取締役、監査役、清算人、有限会社の取締役は、従来、破産手続開始決定を受けた場合、復権しなければ各役職に就任することはできなかったが（旧商法254条の2第2号・280条1項・254条の2第2号・430条2項・254条の2第2号、旧有限会社法32条、旧商法254条の2第2号）、会社法では、資格制限の根拠条文であった旧商法254条の2第2号に代わり、会社法331条が制定され、同条では「破産手続開始決定を受け復権していない者」を欠格事由にあげておらず、取締役等については、破産手続開始決定を受け

313

第6章　復　権

たことによる資格制限は撤廃された。中小企業法人の破産の場合、代表者が法人の債務を保証している場合がほとんどであり、法人と同時に代表者も破産手続をとることが通常であるが、このような場合、代表者が不動産等換価に時間のかかる財産を所有し、免責許可決定の確定まで相当の期間を要する場合も多く見受けられたため、代表者をして、早期に経済的更生を図らせる趣旨から、「破産手続開始決定を受け復権していない者」を取締役等の欠格事由から排除した。その結果、代表者は破産手続開始決定によって当該法人の取締役を当然に失職するが（会社法330条、民653条）、取締役の選任手続を経れば、復権をまたずして、法人の取締役として就任することができることになった。

II　復権の手続

1　当然復権

　破産者の申立てによらず、各要件に該当する場合に当然に復権する事由である。現行法の当然復権事由は次のとおりであり、強制和議手続が廃止されたことに伴って、強制和議認可決定の確定（旧法366条の21第1項2号）が削除されたこと以外は旧法366条の21第1項と同様である。

(1)　**免責許可の決定が確定したとき**（法255条1項1号）

　旧法366条の21第1項1号と同様である。破産債権者に対する債務の全部につき、その責任を免れるのであるから、破産手続開始決定によって破産者に加えられた各種の権利並びに資格についての制限が解かれて、申立てによらず当然に復権する。

(2)　**債権者の同意による破産手続廃止の決定が確定したとき**（法255条1項2号）

　旧法366条の21第1項3号と同様である。破産者が届出債権者全員の同意を得たとき、または同意をしない破産債権者に対し裁判所が認める相当な担保を供したときは、破産手続廃止の申立てができ、その場合、破産裁判所は破産手続廃止の決定をしなければならない（法218条1項）。この決定が確定した場合、破産手続は終結して、破産者は財産の管理・処分権限を回復することになるから、破産手続開始決定による権利並びに資格の制限から解放され、復権するのである。

(3)　**再生計画認可の決定が確定したとき**（法255条1項3号）

　旧法366条の21第1項4号と同様である。破産手続開始決定後に民事再生が申し立てられると、裁判所は破産手続によることが「債権者の一般の利益に適合する」と判断した場合、再生手続の申立てを棄却しなければならないが（民再25条2号）、そうではないと判断した場合、すなわち破産手続が「債

権者の一般の利益に適合する」とは判断できない場合、裁判所は再生手続開始決定をすることになり、同決定により破産手続は中止される（同法39条1項）。そして、再生手続において再生計画が認可され、それが確定すると破産手続きは効力を失う（同法184条1項）。よって、再生計画認可決定が確定した場合、破産手続開始決定の効果である資格制限から解放されるものである。

(4) **破産者が、破産手続開始の以後、法265条の罪（詐欺破産罪）について有罪の確定判決を受けることなく10年を経過したとき**（法255条1項4号）

旧法366条の12第1項4号と同様である。破産手続開始決定から10年を経過すれば、破産手続は終了しているであろうし、破産手続開始後10年間という長期にわたって破産者の身上の拘束を継続することは、人道上好ましくないからである。

2 申立てによる復権

(1) 復権の申立て

破産者が弁済その他の方法により破産債権者に対する債務の全部について責任を免れたときは、破産者の申立てによって、復権の決定が下される（法256条1項）。旧法と同様の規定である。当然復権事由にあたらない破産者であっても、弁済その他方法によって債務の全部を消滅させた場合、破産手続開始決定によって破産者の身上に課せられた効果を消滅させ、復権させることは、非懲戒主義の立法例からは当然であり、免責制度の導入以前から定められていたものである。

なお、旧法では、裁判所は申立てによる復権決定が確定した場合、公告することを要していたが（旧法372条）、現行法では廃止している。復権が確定した以上、不服を申し立てることができないのであるから、公告することに手続的に重要な意味は認められないからである。

【書式83】 復権の申立書

```
                                        平成○年○月○日
○○地方裁判所第○民事部　御中
                    本籍　○○県○○市○○町○丁目○番○号
                    住所　○○県○○市○○町○丁目○番○号
                    申立人（破産者）　○　○　○　○　印

                復　権　申　立　書

　申立人は，平成○年(フ)第○○号破産事件において，平成○年○月○日，○○
地方裁判所より破産手続開始決定を受けたが，破産債権者全員から破産債権者
に対する債務につき全額の免除を受けたので，破産法第256条に基づき復権の
申立てをする。

                疎　明　資　料

1　債務免除契約　　5通
```

(2) 債権者の意見申述

　旧法では、破産債権者は、復権の申立てがあり、それが公告された場合、公告の効力が生じた日から3カ月以内に裁判所に対し、異議を述べることができた（旧法369条・370条）。これに対し、現行法は免責において、債権者の異議申立てを意見申述に変更したことと同様に、不服申立てを想起させる用語を廃し、復権の決定理由に該当しない具体的事実の主張という実質的内容に則した用語である「意見申述」に変更した。

　さらに、旧法では異議の申立てがあった場合、裁判所は破産者および異議を述べた破産債権者から意見を聴取することを要していたが（旧法371条）、現行法ではこれを廃止した。これは免責申立てに対し、破産債権者が異議を述べた場合の裁判所の意見聴取制度を廃止したことと同様であり、必要的に意見聴取する必要性に乏しかったからである。

第6章 復権

【書式84】 復権に対する意見陳述書

```
平成○年㈲第○○号　復権申立事件
                                    平成○年○月○日
○○地方裁判所第○民事部　御中
                    ○○県○○市○○町○○丁目○番○号
                    申立人（破産債権者）　○○○○株式会社
                    上記申立人代表者　○　　○　　○　　○　㊞

                 復権に関する意見書

　頭書事件につき，破産者○○○○から平成○年○月○日付けで復権の申立てがなされているが，申立人は，以下の理由により，復権は不相当であると思料する。
　すなわち，破産者の申立てにより復権の決定がなされるためには，「破産者が弁済その他の方法により破産債権者に対する債務の全部についてその責任を免れた」ことが必要であるところ，破産者は，申立人に対する不法行為に基づく損害賠償債務の支払をしていない。破産者は，復権申立の疎明資料として，申立人との間で締結したとする債務免除契約を提出しているが，当該契約は破産者により偽造されたものであるから，裁判所は破産法第256条に基づく復権決定をすることができないことは明らかである。
                                          以上
```

III　復権の効果

　旧法では、免責の効果に関する規定が存在せず、その効果が不明確であるとの批判があった。そこで、現行法では、「復権の効果は、人の資格に関する法令の定めるところによる」と規定し、復権の効果を明らかにしている(法255条2項)。「人の資格に関する法令」とは、破産者の資格を制限する破産法以外の法令によって、資格制限を定めるものである。

　復権による資格制限からの解放は免責許可決定の確定（法255条1項1号）または申立てによる復権の決定（法256条1項）の確定によって、将来に向かって効力を生じる。

第7章

罰則

第7章 罰　則

I　罰則規定の改正

1　破産手続罪

　旧法の罰則規定においては、破産実質罪を中核に据え、破産手続罪に傍流的地位しか与えていなかったが、今日における破産制度の救済法的理念を考慮すれば、詐欺破産罪などを処罰する合理性に乏しく、むしろアメリカ法に倣い、破産手続罪を強化すべきであるという議論もあるところであった。
　現行法では、より一層破産手続の適正かつ公正な遂行を確保するため、破産手続罪につき以下のとおり、規定されている。
(1)　破産管財人等の特別背任罪（法267条）
　旧商法の罰則中には、会社整理の場合の整理委員・監督員・管理人の特別背任罪につき、明文の規定がおかれていたが（旧商法486条2項）、旧法の管財人・保全管理人などについては規定がなかった（なお、会社更生法にもこの種の規定はなかった。商法上の整理手続よりもはるかに強力な手続であり、かつ機関の責任も大きく特別背任に当たる行為を処罰する必要性がより大きいのに集団的債務処理手続内での不統一であるとの指摘もあったところである）。
　これを受けて現行法では、破産管財人、保全管理人またはいずれかの代理が、図利加害目的をもって任務違背行為を行い債務者に財産上の損害を与えた場合には特別背任罪（法267条）で罰せられることになっている（刑法犯との比較。背任罪）。
(2)　破産者などの協力義務に関する罪
　破産開始決定後、破産管財人は破産財団に帰属する財産の調査をし、確保に努めなければならない。その際、破産者の財産につき最も知っているのは破産者自身であるから、財産調査を効率的に行うには破産者の協力が不可欠である。そこで、協力義務を具体化した規定を新設し、義務の内容、義務を負う者の範囲を明確化すると共に、それぞれの義務に対応して、各義務に反

した場合の罰則も規定されている。

　(イ)　**重要財産開示拒絶等の罪**（法269条）

　破産者は破産手続開始決定後遅滞なくその所有する財産の内容を記載した書面を裁判所へ提出する義務を負う（法41条・重要財産開示義務）。

　かかる重要財産開示義務の実効性を確保すべく、破産者が法41条の規定による書面の提出を拒むか、虚偽の書面を裁判所に提出したときは3年以下の懲役もしくは300万円以下の罰金、またはこれを併科するものとしている。

　(ロ)　**審尋における説明拒絶等の罪**（法271条）

　債務者が破産手続開始申立ての審尋、または免責許可申立ての審尋において裁判所が説明を求めた事項について説明を拒むか、虚偽の説明をした場合も3年以下の懲役もしくは300万円以下の罰金、またはこれを併科するものとしている。本条においては、破産手続開始決定の存在を前提としないので、主体は破産者ではなく、債務者となっている。

　(ハ)　**説明および検査の拒絶等の罪**（法268条）

　旧法にも、「破産に関し必要なる説明を為すことを要す」として、破産者のほか、一定の者に対して説明義務が課されていた（旧法153条）。

　現行法では、説明義務を負う者を明確化し、説明義務を負う者の範囲を拡張している。つまり、説明義務を負う者として、破産者、その代理人、破産会社の理事・取締役・執行役・監事・監査役および清算人およびこれに準ずる者および破産会社の従業員と規定している（法40条1項）。

　かかる説明義務の実効性を確保するために、法40条1項の規定に反して、その説明義務を負う者が、説明を拒んだり、虚偽の説明をした場合等には、3年以下の懲役もしくは300万円以下の罰金に処し、またはこれを併科するものされている（法268条）。

　(ニ)　**破産管財人等に対する職務妨害の罪**（法272条）

　破産管財人などに対する管財業務への妨害行為というのはしばしばみられるところであるが、旧法においては、かかる妨害行為への罰則規定はなかった。したがって、偽計業務妨害罪（刑法233条）あるいは威力業務妨害罪（同

法234条)で対応していた。

　現行法では破産管財人の職務をより一層保護すべく、偽計または威力を用いて、破産管財人、保全管理人、破産管財人代理または保全管財人代理の職務を妨害した者には、3年以下の懲役もしくは300万円以下の罰金に処し、またはこれを併科することとした（法272条）。

　㈱　**破産者等に対する面会強請等の罪**（法275条）
　ヤミ金融のような違法業者が、破産手続が開始したにもかかわらずその破産者あるいはその親族等に対し、破産債権の弁済を求める、または求めて面会を強要し、あるいは極端な場合には脅すというようなことが実務ではみられた。

　旧法にはこれらの行為を取り締まる規定はなく、刑法（恐喝罪あるいは強要罪など）等により対応せざるを得ない状況であった。

　現行法では、かかる実情を受けて、相殺権者間の平等を確保し、破産者の経済的な再起を確保するため、破産者またはその親族その他の者に破産債権を弁済させ、または破産債権につき破産者の親族その他の者に保証をさせる目的で、破産者またはその親族その他の者に対して、面会を強請し、または強談威迫の行為をした者は、3年以下の懲役もしくは300万円以下の罰金に処し、またはこれを併科することとした（法275条）。

2　破産実質罪

　破産実質罪においても、旧法における過怠破産罪を削除するなどして、規定の構成を大きく変更している。

　⑴　**詐欺破産罪**（法265条）
　現行法では従来の詐欺破産罪と過怠破産罪の区別をとりやめ、過怠破産罪を削除している。そしてすべての犯罪に、「債権者を害する目的」（加害目的）を必要とされることになった（法265条以下）。

　したがって、破産実質罪については、図利加害目的の有無によって法定刑を異にしていた旧法とは異なり、加害目的の存在を前提にして、行為態様の

軽重によって、法定刑が異なるということになった。

　債務者が経済的に破綻して破産に至る場合、破産手続開始の前後を問わず破産者の財産を隠匿する、損壊する、あるいは無用の債務を負担するというような形によって実質的に自己の財産を減少させるというようなことが行われることがしばしばで、これによって総債権者の利益が害されてしまう。

　そこで、現行法では、旧法における詐欺破産罪および過怠破産罪に規定されていた各行為態様のうち、上記のような破産者が実質的に自己の財産を減少させ総債権者の利益を害するような一定の行為類型をこの詐欺破産罪（法265条）に規定して処罰の対象としている。

　詐欺破産罪では、破産手続の開始の前後を問わず、債権者を害する目的で、次の各行為について、破産手続の開始決定が確定したときは、10年以下の懲役もしくは1000万円以下の懲役、またはこれを併科するものとして（法265条1項）、一番重い刑を科している。

　同罪の対象となる行為については、

① 債務者の財産を隠匿し、または損壊する行為（法265条1項1号）、
② 債務者の財産の譲渡または債務の負担を仮装する行為（同項2号）、
③ 債務者の財産の現状を改変してその価格を現存する行為（同項3号）、
④ 債務者の財産を債権者の不利益に処分し、又は債権者に不利益な債務を債務者が負担する行為（同項4号）

の四つが個別に規定されている。

　また、法265条2項に一般規定をおいて、破産管財人の承諾その他の正当な理由がなく、その債務者の財産を取得し、または第三者に取得させた者も前項と同様に処罰することとして、個別の規定（上記1号ないし4号）に当てはまらない行為でも破産財団の財産を減少せしめる行為を行った者については処罰することとしている。

　詐欺破産罪（法265条）では、旧法における374条1号・2号の行為をそのまま残し、破産財団に属すべき財産の減少または債務の増加を図る行為として、同1号、2号と共通する3号を新設し、さらに旧法における375条2号

325

(過怠破産罪)を4号として法265条(詐欺破産罪)に規定している。

(2) 特定の債権者に対する担保の供与等の罪

現行法では、債務者が、特定の債権者に対する債務について、他の債権者を害する目的で、担保の供与または債務の消滅に関する行為であって、債務者の義務に属せずまたはその方法もしくは時期が債務者の義務に属しないものをし、破産手続の開始の決定が確定したときは、5年以下の懲役もしくは500万円以下の罰金に処し、またはこれを併科するものとしている(法266条)。

旧法では、過怠破産罪(法375条3号)として規定されていたものであるが、他の債権者に対する加害目的を要件として加えたものである。

(3) 業務および財産の状況に関する物件の消滅等の罪

現行法では、破産手続開始の前後を問わず、債権者を害する目的で、債務者の業務および財産の状況に関する帳簿、書類その他物件を隠滅し、偽造し、または変造した者は、債務者について破産手続開始の決定が確定したときは、3年以下の懲役もしくは300万円以下の罰金に処し、またはこれを併科するものとした(法270条)。

本条の処罰対象となる行為については、旧法では374条3号・4号(詐欺破産罪)あるいは375条3号・4号(過怠破産罪)で規定されており、図利加害目的の有無によってその法定刑が異なっていた。しかし、現行法では、加害目的を必ず必要とし加害目的がない場合は処罰しないこととしている。そして、行為態様の軽重を判断して、法定刑については、旧法よりも軽くなっている。

(4) 過怠破産罪における浪費などによる罪の削除

旧法における過怠破産罪(法375条)に関して、「浪費又は賭博その他の射倖行為を為し因て著しく財産を減少し又は過大の債務を負担すること」(同1号)については削除された。

(5) 目 的

旧法では詐欺破産罪の成立に故意のほか、図利加害目的を必要としていた。

しかし現行法では「自己若シクハ他人ノ利益ヲ図リ」（図利目的）という目的は削除され、「債権者を害する目的で」（加害目的）のみが規定されることとなった。

この点、旧法における図利目的については債務者が本条の各行為を行う際こうした図利目的を全くもたないということは考えられない等の批判があったところであり、これらの批判を受けて削除されたものと思われる。

3 その他

(1) 監守居住制限違反罪の削除

旧法では、破産宣告後、裁判所や破産管財人が破産財団の形成・確保のため、破産者の所在や生活・行動を把握する必要から①破産者は裁判所の許可を得なければその住居地を離れることができないこと（旧法147条）、②裁判所が必要と認めるときには破産者の引致を命ずることができ（旧法148条）、③破産者が逃走したり、財産を隠匿するおそれがある場合には裁判所は監守を命じることができる（旧法149条）とし、破産者等の身体や自由に一定の限度で制約が加えていた。そして、かかる規定の実効性を確保するため、旧法では監守居住制限義務に違反した場合には、1年以下の懲役または5万円以下の罰金に処すこととされていた（旧法377条）。

しかし、これらの措置は、たとえ破産手続を円滑に進行させるという正当な目的によるものであったとしても、個人の自由に対する過度に重大な制約で、かかる制度は、現代において必要性に乏しいとの議論もあった。

これを受けて、現行法では監守、つまり破産者がその居住地を離れないようにその行動を監視する制度は破産者の自由に対する著しい制約であること等を理由として廃止され、さらに罰則である監守居住制限違反罪（法377条）が削除された。これにより、破産者が破産手続中に裁判所の許可を得ず居住地を離れても刑罰を科せられることはなくなった。

(2) 自首による任意的減免規定の削除

自首の場合の任意的減免の規定（旧法381条2項（贈賄罪）および旧法382条

2項（説明及び検査の拒絶等の罪））が存在していたが、それぞれ削除された。

かかる自首減免の規定は、刑法（刑法42条1項）の自首による任意的減刑の規定があることから、任意的免除の適用の有無にその意義があった。

よって、これらの規定が削除されたことにより、自首をしても刑罰を免除されるということはなくなったが、刑法の規定があるので、任意的減刑については残るということになる。

(3) 罰則の内容

破産法の手続の適正な進行の確保を強化するため、現行法では罰則規定において、特に罰金刑が加重されている。また、旧法における法定刑ではたとえば詐欺破産罪（旧法374条）では懲役刑が規定されているのみであったが、現行法ではすべての規定で、選択刑として罰金刑を規定している。また懲役刑と、罰金刑を併科することもできるようになった。

各犯罪に対して柔軟に処罰できるようになった。

(4) 両罰規定

法277条に両罰規定が設けられ、法人の代表者または法人もしくは人の代理人、使用人その他の従業者が（罰則規定の一部を除き）違反行為を行ったときには、行為者のほか、その法人または人に対しても、各本条の罰金刑を科することとされた。

この規定により、旧法の準債務者の詐欺破産罪（旧法376条）および第三者の詐欺破産罪（旧378条）は現行法では削除された。なお、旧法での準債務者の詐欺破産罪は旧詐欺破産罪および過怠破産罪に、第三者の詐欺破産罪は旧詐欺破産罪に限られていたので、現行法では処罰の範囲が拡大されたことになった。

(5) 整備法

集団的債務処理手続内での不統一という観点から、破産法の改正に伴い、破産法の罰則規定と同様の構成内容の規定が（それぞれの手続における固有の罰則を除き）、民事再生法および会社更生法でも整備された。

II　説明義務違反

1　説明義務の明定

　破産開始決定後、破産管財人は破産財団に帰属する財産の調査をし、確保に努めなければならない。その際、破産者の財産につき最も知っているのは破産者自身であるから、財産調査を効率的に行うには破産者の協力が不可欠である。そこで、旧法においても、破産者および一定の者に対して、破産者その他一定の者に説明義務について規定していた（旧法153条）。

　ただ、旧法においては破産者の従業者に対して説明義務を課す規定がなかった。しかし、従業者が破産者の資産状況等を破産者や代表者以上に把握している場合があり、そういう場合にはこれらの者に説明をさせる必要がある。

　そこで、現行法では、説明義務を負う者を明確化し、説明義務を負うべき者を妥当な範囲に拡張するべく、説明義務を負うべき者の範囲を以下のように規定している（法40条1項）。

① 　破産者およびその代理人
② 　破産者の理事、取締役、執行役、監事、監査役および清算人
③ 　②に掲げる者に準ずる者
④ 　破産者の従業者（①の代理人に該当する者を除く）。ただし、裁判所の許可がある場合に限る。

　以上のとおり破産者の従業者も説明義務を負う者として規定されていたが、およそすべての従業者に説明義務を負わせることは酷であるため、限定すべく裁判所の許可を必要とした。

　また、説明義務を負うべき者として、法40条1項で定められた上記①ないし④に該当する者以外にも、上記①～④に掲げる者であった者も含められている（法40条2項）。

2　説明義務違反

　旧法でも破産者等の説明義務の実効性を確保し、破産手続の適正な進行を確保するため、同説明義務違反の行為をした者には、1年以下の懲役または5万円以下の罰金に処せられることとされていた（旧法382条）。
　現行法では同義務の実効性の確保をさらに強化するため、法40条1項の規定に反して、説明を拒み、または虚偽の説明をした者は、3年以下の懲役もしくは300万円以下の罰金、またはこれを併科するものとし（法268条1項）、重い法定刑となっている。
　また、法40条1項2号〜5号に掲げる者または当該各号に掲げる者であった者（以下、「説明義務者」という）だけでなく、その説明義務者の代表者、代理人、使用人その他従業者が、その説明義務者の業務に関し、法40条1項の規定に反して、説明を拒み、または虚偽の説明をした場合にも、3年以下の懲役もしくは300万円以下の罰金、またはこれを併科するものとして（法268条1項）、処罰の対象範囲を拡大している。

3　破産管財人の調査権限

　破産手続の適正な進行を確保するため、旧法においても破産に関し破産者らに説明義務を課していたが、現行法では説明義務を負う者を明確化し、説明義務を負うべき者を妥当な範囲に拡張するべく、説明義務を負うべき者の範囲を規定している（法40条1項）。
　そして、破産者等の説明義務の反面として、法40条1項各号に掲げる者、および同条2項に掲げる者に対して同条の規定による説明を求め、または破産財団に関する帳簿、書類その他の物件を検査することができるとして、破産管財人に説明を求める権限があることも明確にされた（法83条1項）。
　さらに、破産会社に子会社が存在する場合、破産会社と子会社などとはその資産ないし業務において、密接に関連する場合が少なくない。破産管財人としては、破産会社の資産状況などを調査するうえで、子会社など関連会社

についてもその業務ないし財産状況を調査する必要が生じる場合が存在する。

そこで、破産管財人が、職務を行うため必要があるときは、破産者の子会社に対してその業務および財産の状況につき説明を求め、またはその帳簿、書類、その他の物件を検査することができるものとされている（法83条2項）。

なお、破産者の子会社とは破産者が株式会社の総株主の議決権の過半数または有限会社の総社員の議決権の過半数を有する場合における当該株式会社または有限会社のことをいう。

また、破産者の子会社または破産者およびその子会社が他の株式会社の総株主（あるいは、他の有限会社の総社員）の議決権の過半数を有する場合には、破産管財人は当該他の株式会社（他の有限会社）に対しても、調査できることとされている（法83条3項）。

4 説明および検査拒絶の罪

前項の破産管財人の調査権限の実効性を強化するため、破産管財人の調査に協力しない場合には以下のとおり罰則が定められている。

まず、破産者が法83条1項の説明を拒むか、または検査に対して拒絶した場合には、3年以下の懲役もしくは300万円以下の罰金、またはこれを併科することとされている（法268条3項）。

また、法83条2項に規定する破産者の子会社（同条3項で破産者の子会社とみなされる者を含む）の代表者、代理人、使用人その他従業者が、その破産者の子会社の業務に関し法83条2項の規定による説明を拒むか、または検査に拒絶した場合も3年以下の懲役もしくは300万円以下の罰金、またはこれを併科することとされている（法268条3項）。

なお、両罰規定として、法人の代表者または法人もしくは人の代理人、使用人その他の従業者がその法人または人の業務または財産に関し、前記法268条3項・4項違反の行為をした場合には、同行為者を罰するほか、その法人または人に対しても、300万円以下の罰金に処するものとしている（法277条）。

331

第7章 罰 則

III 面会強請等

1 趣 旨

　特にヤミ金融のような違法な金融機関が、破産手続が開始したにもかかわらず、その破産者あるいはその親族に対して破産債権の弁済を求める、求めて面会を強要し、あるいは極端な場合には脅すというようなことが現実になされている。

　破産手続開始決定がなされると、およそ債権者は自らの権利を行使することが禁止され、破産管財人による平等に配当を受けるという手続が進むが、ヤミ金融のような方法は、まさに他の債権者が禁止されている中で実力をもってその債権者間の平等を害しようとする行為である。またこういう行為が行われると個人である破産者の経済的な再起が妨げられるという弊害がある。

　これらの行為に対しては、貸金業法による取締りや刑法犯（恐喝、強要等）による処罰も考えられるが、そもそも貸金業者でない場合もあり、恐喝に至らないまでも、破産の局面に限定して特にそういう保護を図る必要がある場合があるということで独自に規定されたものである（法275条）。

　現行法では、これらの実情を受けて、そのような行為に対して罰則でこれを取り締まるということになり、証人等威迫罪（刑法105条の2）や集団的・常習的面会強請・強談威迫（暴力行為等処罰に関する法律2条）において用いられている「面会の強請」、「強談」「威迫」を、破産法の規定に取り込み、これを広く処罰の対象に含めている。

2 主体・客体

　行為の主体に特に限定はない。破産手続が進行している状況において債権者間の平等を保とうという前号の趣旨からいえば、特に、ヤミ金業者などの違法業者である必要はないし、金融業者である必要すらない。

行為の客体は、「破産者（個人である破産者に限り、相続財産の破産にあっては相続人。（略））又はその親族その他の者」とされており、自然人の破産事件であれば、その破産債権に関し行われる行為であれば、客体はいかなる者でもよいということになり、制限はない。

　したがって、個人破産事件であれば破産債権に関して、たとえば破産者の友人や婚約者など破産者と親族関係にない人に対して本条各行為を行っても、適用があることになる。

　そして、自然人の破産事件であれば、消費者破産の場合であろうと、事業者破産の場合であろうと、本条の適用はある。

　一方、法人破産事件の場合には本条の適用はない。

3　目　的

　本条では、主観的要件として故意のほか、目的を必要とし、その内容は、破産者またはその親族その他の者に破産債権を弁済させる目的、または破産債権につき破産者の親族その他の者に保証させる目的である。

4　行　為

　「面会強請」とは、正当な理由がなく、相手方の意思に反して面会を要求することをいう（大判大8・7・8刑録25輯843頁（旧警察犯処罰令1条4号及び暴力行為等処罰に関する法律2条に関するもの））。

　「強談威迫」とは、「強談若しくは威迫」の意味である。そして、「強談」とは、言語により強いて自己の要求に応ずるよう迫ることをいい、「威迫」とは、言語・動作・態度等により、相手方に不安・困惑の念を抱かせることをいう（大判大11・10・3刑集1巻513頁）。

　面会の強請は、相手方に対して面前で要求すれば、それはすでに面会となり、面会の強請ともいえなくなるので、一般に間接的な形態で行われる場合が多いといえる。

　また強談も、威迫も、相手方を目前にして行う行為であり、書面・電話な

第 7 章 罰 則

どによる間接的なものは含まない。

　したがって、相手方の面前で要求するような場合のみならず、間接的な接触に過ぎない面会を強いて求めた場合にも、本条が適用されることになる。ただし、面会強請には主観的要件として目的（弁済させるとか、保証をさせるとか）が必要となる。

　なお、本条の行為は「破産債権について」なされる必要があるが、免責手続がすでに終了し、当該破産債権が非免責債権とされた場合には、本条が適用されないことに注意する必要がある。

5　具体的事例

　たとえば、債権者の中にいわゆるヤミ金などの無登録業者がおり、破産申立て後も、ヤミ金業者がいまだに自宅や会社などに押しかけて取立てをしようとしてくる場合、「強談」、あるいは場合によっては「威迫」にあたるので、本条により処罰の対象となる。

　また、無登録業者が破産者の両親に対しても、電話などで破産者の債務について保証するよう強要しているような場合、「保証させる目的」をもっているといえ、「面会を強請」していれば、本条の処罰の対象となると思われる。

　さらに、企業が倒産に瀕しており、企業の労働者や労働組合等が労働債権確保等のために使用者に対して団体交渉を申し入れる等さまざまな行動をとることが予想されるが、このような労働債権確保のための行為にまで本条の処罰の対象になるのかということも、一見「面会強請」にあたるとも思われ問題になる。

　本条で処罰の対象となっているのは個人債務者が破産した場合に限定されている。よって、企業破産の場合にはおよそ対象にならない。したがって、ほとんどの場合、労働組合が存在するほどの事業であれば、会社形態で行われていることが大半だと思われるので、その場合には適用外となる。

　また、個人事業者の場合であっても、労働条件等に関する団体交渉という

ことであれば、その破産債権について弁済をさせ、あるいは破産債権について破産者の親族その他の者に保証をさせるという目的からは外れるので、本条で処罰の対象となることは考えにくい。

巻末資料

（巻末資料）　同時廃止および自由財産拡張基準全国調査の結果

　平成17年1月1日、ようやく新破産法（以下、「新法」という）が施行された。本稿で取り上げる自由財産拡張制度等の新設された制度も多くあるが、手続の基本的な流れや、同時廃止と管財手続という構造に大きな変化はない。法改正前から実務的には、少額管財・小規模管財（B管財）・簡易管財等の実務的な運用上の工夫により、激増する破産事件に対処してきたが（これらの「新・管財手続」の拡大については、小松陽一郎・野村剛司「新・管財手続への全国的な流れに向けて」自由と正義平成15年9月号98頁以下に詳しい）、新法は、これらの運用上の工夫を立法的に取り入れたのである。ただ、今回の法改正によっても追いつけない部分があるくらいまでに実務が先行しているのが現実である。

　予想されたことであるが、新法についての対応は、各地でばらつきがある。新法は、破産手続に関する規定について多くのメニューを設けたが、各地の運用にはおおむねの共通性があるといえる。これに対し、個人破産に関し、とくに自由財産拡張制度は、立法趣旨と法文化の技術的難点とが複雑に絡み合い、さらに同時廃止基準との関係も大きな問題となっている。

　そこで、今回全国50の地方裁判所のほとんどの庁の同時廃止基準および自由財産拡張基準を、全国倒産処理弁護士ネットワーク（以下、「全倒ネット」という）等を通じて弁護士の観点で調査した結果を分析し、参考となる点や問題点を紹介することにより、各地で再度いかなる基準による運用が妥当であるかについて議論し、運用改善の契機になることを期待するものである（本報告は、季刊事業再生と債権管理109号（2005年夏号）94頁以下に、また、そのダイジェスト版を金融法務事情1741号（2005年6月15日号）17頁以下に掲載している）。

1　全国調査実施の経緯

(1)　事件数の推移

　破産法改正の議論中にも破産申立ては激増し、平成15年にはピークの25万件を超えた。その後、新法が成立した平成16年は平成14年の水準に減少し、新法施行後の平成17年の申立件数はさらに減少しているが、1～3月は例年新受件数が比較的少ないこともあり、全体的な減少傾向にあるのかについては、まだ予断を許さない。

（巻末資料） 同時廃止および自由財産拡張基準全国調査の結果

```
新受件数（対前年比〔％〕）
平成13年　16万8811件
平成14年　22万4467件（133.0）
平成15年　25万1800件（112.1）
平成16年　22万0261件（87.4）
平成17年　19万3179件（87.7）
平成18年　17万4861件（90.5）（速報値）
平成19年5月まで　6万4462件（89.4）（速報値）
（注）　平成17年以降分は、今回追加した。
```

(2) 　3回の全国調査

　前述の新・管財手続の実施状況を調査したのが、平成15年の1回目の全国調査であった（支部も含め19庁のデータが集まり、前述のとおり発表した）。次に、自由財産拡張基準の議論の前提となると考え、平成16年4月の民事執行法改正を契機に、同時廃止基準について2回目の全国調査を行った（24庁のデータが集まり、この結果は、全倒ネット編『論点解説　新破産法』下巻78頁以下に掲載されている）。そして、今回、新法施行に伴う3回目の全国調査の実施となった。

(3) 　各地の連携の動き

　この間、各地の弁護士間の連携の動きはさらに加速した。

　当職らの所属する近畿弁護士会連合会管内での意見交換会の開催は、定期的に行われた（新法施行後も継続している）。また、大阪弁護士会倒産法改正問題検討特別委員会では、小規模管財メーリングリストを形成し、全国の先生方にも参加していただいてきたが、これを全単位会から少なくとも1名参加していただくことで、メーリングリストによる全国ネットを形成し、今回の全国調査を行うことができた。さらに、全倒ネットとも提携し、調査協力を求めた。

(4) 　全国調査の結果

　各地の弁護士から運用基準のデータ提供を受け、これらをまとめたのが、本稿添付の一覧表である（ご協力いただいた弁護士の方々にはこの場をお借りしてお礼を申し上げる。なお、提供されたデータは、弁護士の観点でまとめたものであり、各裁判所の公式見解ではないことから、誤りがあればご指摘いただきたい。また、平成17年5月末日までに収集したデータであり、その後に運用基準の改定が行われている場合もあるので、その点はお含みおき願いたい）。以下、括弧内の項目の後の数字は一覧表の項目番号を示す。

（巻末資料）　同時廃止および自由財産拡張基準全国調査の結果

2　自由財産拡張基準の各地の特徴と分析

(1)　自由財産とその範囲の拡張（項目20、21）

まず、新設された自由財産拡張制度について、各地の基準の特徴を紹介し、分析する。

自然人の破産において、破産法上の自由財産は、99万円以内の金銭および差押禁止財産である（新法34条3項）。しかし、破産者の経済的更生のためには、必ずしもこれらの自由財産だけでは十分でないことから、新法は、自由財産拡張制度を新設し、裁判所は、破産管財人の意見を聴いたうえで、破産者の生活状況、破産手続開始の時において破産者が有していた差押禁止財産等の種類および額、破産者が収入を得る見込みその他の事情を考慮して、自由財産の範囲を拡張する決定をすることができるとした（新法34条4項・5項）。

(2)　民事局案と東京地裁・大阪地裁の基準（資料1ないし3）

この規定だけでは、いかなる場合に自由財産の拡張が行われるのかが明らかでないため、各庁において、一定の基準が設けられている（基準の有無については、〈図表1〉参照）。

大きくは、いわゆる民事局第2次修正案（以下「民事局案」という。**資料1**）、東京地裁の基準（**資料2**）、大阪地裁の基準（**資料3**）がある。

①　民事局案は、20万円基準を設け、この範囲内であれば黙示の拡張決定があったものとする（基準1）。これを超えた場合は、原則換価し、例外的に破産管財人の意見を聴いて換価しないこともできる（基準2）。20万円を超える預貯金・生命保険解約返戻金を換価した場合に、20万円を返還することを認める（基準3−(1)）。また、換価した財産と換価しない財産の合計が99万円以下の場合、破産者への金銭返還も認める（基準3−(2)）。基準によることが不相当な場合は、別途破産管財人の意見を聴いて判断する（基準4）。特徴としては、基準2で原則換価するとしながらも、基準3で金銭返還を認める点である。

〈図表1〉　自由財産拡張基準の有無

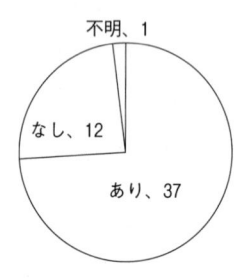

不明、1
なし、12
あり、37

※「なし」は、検討中も含む

（資料1）民事局第2次修正案

平成16年5月20日付
　破産手続における債務者財産の換価に関する基準案（第2次修正案）
（注1）この案は、平成16年2月26日に実施された高裁所在地地裁ほか5庁の破産事件担当者と最高裁民事局担当者との協議の際に提示された案について、2度目の修正を加えたものである。
（注2）この案は、債務者財産換価のための基準案であり、破産事件を同時廃止とするか管財人を選任するかについての基準を示すものではない。同時廃止とするかどうかは、当該事件について、破産財団をもって破産手続の費用を支弁するのに不足すると破産裁判所が認めるかどうかによって決められるものである。
1　換価等をしない財産
　(1)　個人である債務者が有する次の①から⑩までの財産については、原則として、破産手続における換価又は取立て（以下「換価等」という。）をしない。
　　①　99万円に満つるまでの現金
　　②　残高が20万円以下の預貯金
　　③　見込額が20万円以下の生命保険契約解約返戻金
　　④　処分見込価額が20万円以下の自動車
　　⑤　居住用家屋の敷金債権
　　⑥　電話加入権
　　⑦　支給見込額の8分の1相当額が20万円以下である退職金債権
　　⑧　支給見込額の8分の1相当額が20万円を超える退職金債権の8分の7
　　⑨　家財道具
　　⑩　差押えを禁止されている動産又は債権
　(2)　上記(1)により換価等をしない場合には、その範囲内で自由財産拡張の裁判があったものとして取り扱う。
2　換価等をする財産
　(1)　債務者が上記1の①から⑩までに規定する財産以外の財産を有する場合には、当該財産については、換価等を行う。ただし、管財人の意見を聴いて相当と認めるときは、換価等をしないものとすることができる。
　(2)　上記(1)ただし書により換価等をしない場合には、その範囲内で自由財

(巻末資料) 同時廃止および自由財産拡張基準全国調査の結果

産拡張の裁判があったものとして取り扱う。
3 換価等により得られた金銭の債務者への返還
 (1) 20万円を超える預貯金の払戻し又は20万円を超える生命保険契約解約返戻金の返戻があった場合において、管財人の意見を聴いて相当と認めるときは、その金銭の中から20万円を債務者に返還させることができる。
 (2) 換価等により得られた金銭の額及び上記1の①から⑦までの財産（⑦の財産にあっては、退職金の8分の1）のうち換価等をしなかったものの価額の合計額が99万円以下である場合において、管財人の意見を聴いて相当と認めるときは、当該換価等により得られた金銭から管財人報酬及び換価費用を控除した額の全部又は一部を債務者に返還させることができる。
 (3) 上記(1)により債務者に返還された金銭に係る財産については、自由財産拡張の裁判があったものとして取り扱う。
4 この基準によることが不相当な事案への対処
 この基準によることが不相当と考えられる事案については、管財人の意見を聴いた上、この基準と異なった取扱いをするものとする。

（資料２） 東京地裁の自由財産拡張基準

1 換価等をしない財産
 (1) 個人である破産者が有する次の①から⑩までの財産については、原則として破産手続きにおける換価または取立て（以下「換価等」という。）をしない。
  ① 99万円に満つるまでの現金
  ② 残高が20万円以下の預貯金
  ③ 見込み額が20万円以下の生命保険契約解約返戻金
  ④ 処分見込価格が20万円以下の自動車
  ⑤ 居住用家屋の敷金債権
  ⑥ 電話加入権
  ⑦ 支給見込み額8分の1相当額が20万円以下である退職金債権
  ⑧ 支給見込み額の8分の1相当額が20万円を超える退職金債権の8分の7
  ⑨ 家財道具
  ⑩ 差押えを禁止されている動産または債権

(2) 上記(1)により換価等をしない場合には、その範囲内で自由財産拡張の裁判があったものとして取り扱う。
2 換価等をする財産
 (1) 破産者が上記の①から⑩までに規定する財産以外の財産を有する場合には、当該財産については、換価等を行う。ただし、管財人の意見を聴いて相当と認めるときは、換価等をしないものとすることができる。
 (2) 上記(1)ただし書きにより換価等をしない場合には、その範囲内で自由財産拡張の裁判があったものとして取り扱う。
3 換価等により得られた金銭の債務者への返還
 (1) 換価等によって得られた金銭の額及び上記1の①から⑦までの財産（⑦の財産にあっては、退職金の8分の1）のうち換価等をしなかったものの価額の合計額が99万円以下である場合において、管財人の意見を聴いて相当と認めるときは、当該換価等により得られた金銭から管財人報酬及び換価費用を控除した額の全部または一部を破産者に返還させることができる。
 (2) 上記(1)により破産者に返還された金銭に係る財産については、自由財産拡張の裁判があったものとして取り扱う。
4 この基準によることが不相当と考えられる事案については、管財人の意見を聴いた上、この基準と異なった取扱いをするものとする。

（資料3） 大阪地裁の自由財産拡張基準

自由財産拡張制度の運用基準

1 下記①ないし⑥の財産であって、その評価額（注1）が20万円以下の場合
　原則として、拡張相当とする。（なお、4の<u>99万円上限基準</u>が適用される場合があることに注意）
　　　　　　記
　① 預貯金・積立金
　② 保険解約返戻金
　③ 自動車
　④ 敷金・保証金返還請求権
　　（契約書上の金額から滞納賃料及び60万円（明渡費用等）を控除し

（巻末資料）　同時廃止および自由財産拡張基準全国調査の結果

　　　　た額で評価する。）
　　⑤　退職金債権
　　　　（原則として、支給見込額の8分の1で評価する。ただし、例えば、退職金支給が近々に行われるような場合については、4分の1とするなど、事案に応じた評価を行う。）
　　⑥　電話加入権
　　　（注1）　例えば、保険解約返戻金が複数口あるなど、同じ項目の財産が複数ある場合には、<u>拡張申立てがされている個々の財産</u>を評価した上で、それを合算した<u>項目別の総額</u>をもって「評価額」とする。したがって、15万円の保険解約返戻金が2口あるとき（合計額30万円）でも、1口についてのみ拡張申立てがされている場合は、20万円以下と評価して拡張相当とする。
2　前記1①ないし⑥の財産であって、その評価額が20万円を超える場合
　(1)　(2)の場合以外は、拡張相当とする。（なお、4の<u>99万円上限基準</u>が適用される場合があることに注意）
　(2)　破産者の生活状況や収入見込みに照らして、当該財産を自由財産としなくとも経済的再生の機会を十分確保できると見込まれる場合（拡張を認めることが相当でない事情がある場合）は、拡張不相当とする。
　　　　この場合に当たるかどうかの判断は、具体的事案によるが、次のような類型が考えられる。
　　ア　破産者の世帯収入が継続的に又は反復して一定水準以上を維持する見込みがあり、毎月の家計収支において相当程度の余剰が生じている、又は生じることが見込まれる類型
　　（拡張不相当な例）
　　・破産者自身又は同居の配偶者が高収入を得ており、家計収支表上継続的に相当程度の余剰が生じることが見込まれる場合
　　・直近の家計収支表上余剰は少ないが、支出において浪費が認められ、それが改善されれば、継続的に相当程度の余剰が生じることが見込まれる場合
　　イ　当該財産が破産者の経済的再生に必要とはいえない類型
　　　（拡張不相当な例）
　　・所有の自動車が事業や通勤等のために不可欠とはいえない場合
3　前記1①ないし⑥以外の財産（注2）及び破産手続開始後に発見された

（巻末資料） 同時廃止および自由財産拡張基準全国調査の結果

　　財産の場合
　　　原則として、拡張不相当とする。
　　　ただし、破産者の生活状況や今後の収入見込みその他の個別的な事情に照らして、当該財産が破産者の経済的再生に必要不可欠であるという特段の事情が認められる場合には、例外的に、拡張相当とする。（なお、4の99万円上限基準が適用される場合があることに注意）
　（注2）具体的には、有価証券、貸付金、売掛金、不動産等である。
　4　1ないし3の指針に従って拡張されると、最終的に自由財産合計額が99万円を超える場合（現金や拡張相当とされるべき20万円以下の財産も合計額に算入することに注意）
　　　99万円を超えないように配慮して、拡張不相当とする財産を選択する（注3、4）。
　　　ただし、調査の結果、3の特段の事情が認められる場合には、裁判所と99万円を超える拡張の可否について十分協議する。
　（注3）同じ項目の財産が複数ある場合は、その一部を選択できる。
　（注4）一部の財産につき換価を行った上、99万円を超えないように配慮して、換価により得られた金銭から管財人報酬及び換価費用を控除した額の全部又は一部を破産者に返還するという措置をとることもできる。

　　　　　　自由財産拡張制度の運用基準の適用例（大阪地裁）

　この適用例は、破産者が以下の設例の各財産を有しており、そのすべてについて、破産者が自由財産拡張申立てを行っていることを前提とする。

1　設例1
　　現金30万円、保険解約返戻金20万円、自動車20万円
　（あてはめ）
　　すべて拡張相当（運用基準1）。
2　設例2

345

(巻末資料) 同時廃止および自由財産拡張基準全国調査の結果

　　現金30万円、保険解約返戻金50万円
　（あてはめ）
　　保険解約返戻金について、拡張を認めることが相当でない事情が存しないと認められるとき、拡張相当（運用基準2）。
3　設例3
　　現金30万円、保険解約返戻金20万円、株式20万円
　（あてはめ）
　　保険解約返戻金は拡張相当（運用基準1）。株式は、特段の事情がない限り拡張不相当（運用基準3）。
4　設例4
　　現金50万円、保険解約返戻金20万円、自動車20万円、退職金予定額の8分の1の額20万円
　（あてはめ）
　　運用基準1によれば、すべて拡張相当と思われるが、自由財産の合計額が110万円で99万円を超えるため、すべてを拡張相当とすることはできない。破産者又は申立代理人と協議して、例えば、自動車を拡張の対象外とするなどの措置をとる（運用基準4）。
　　なお、保険解約返戻金が2口（15万円1口、5万円1口）あるような場合は、1口分（15万円）だけ拡張の対象外とする方法もある（運用基準4の注3）。
　　また、自動車のみ換価した上、得られた金銭から換価費用等を控除して、破産者の自由財産合計額が99万円に満つるまで返還するという措置も採り得る（運用基準4の注4）。
5　設例5
　　現金40万円、保険解約返戻金20万円、自動車30万円、退職金予定額の8分の1の額20万円
　（あてはめ）
　　自動車について、拡張を認めることが相当でない事情があるときは、これは換価対象になるので（運用基準2）、残った財産はすべて拡張相当

（運用基準1）。

　これに対し、拡張を認めることが相当でない事情が存しないときは、運用基準1及び2に照らすと、すべて拡張相当のようにみえるが、その場合の合計額が110万円となり99万円を超えるので、設例4と同様の処理をすることとなる（運用基準4）。

②　東京地裁の基準は、基本的に民事局案をベースにし、基準3－(1)を削除しているが、柔軟な運用を行っていると聞く。

③　大阪地裁の基準は、民事局案がベースにあるが、現金を含め99万円を一応の上限とし、現金以外の預金や自動車などの6ジャンルについて20万円基準を設け、この範囲内であれば黙示の拡張決定があったものとする（基準1）。これを超えた場合でも、99万円の範囲内で原則拡張相当とし、例外的に拡張不相当とする（基準2・必要性の審査）。6ジャンル以外の財産と新たに発見された財産は、原則拡張不相当とし、例外的に拡張相当とする（基準3・不可欠性の審査）。99万円を超える場合は、原則拡張不相当とし、例外的に拡張相当とする（基準4・不可欠性の審査）。特徴としては、6ジャンルについて、99万円の範囲内であれば、各ジャンルについて20万円基準を超えていても原則拡張相当としている点である。これを言い方は悪いが、「ぶっこみ99万円」と称している。なお、合計99万円を超える事案で、破産管財人の意見が99万円までの拡張相当という場合には、99万円を超える部分を財団組入れさせることにより99万円の拡張を認めるという柔軟な運用も行っている。

　大阪地裁の基準の民事局案との違いの大きな点は、99万円の範囲内であれば、原則換価をしないので、原則換価としながら金銭返還も認めるという迂遠性・不都合性を克服しているところにある。

(3)　他庁の動向（項目20、21）

　前述した大阪地裁の基準は、大阪高裁管内だけでなく、他庁にも影響を及ぼしている（静岡、名古屋、福井、山口、大分）。さらにこれを進めて、基準の1つ目である20万円基準をなくし、ぶっこみ99万円を基準としている庁もある（以下「99万円基準」という。和歌山、富山、広島、秋田）。

　民事局案および東京地裁の基準は、多くの庁で基本的な基準として採用されているが、各庁において事情に応じた修正を加えているようである（〈図表2〉は、上記民事局案、東京地裁の基準、大阪地裁の基準および99万円基準の4つの基準のどれに近いかという分類をしたものである）。

347

(巻末資料) 同時廃止および自由財産拡張基準全国調査の結果

〈図表 2 〉 自由財産拡張基準の内容

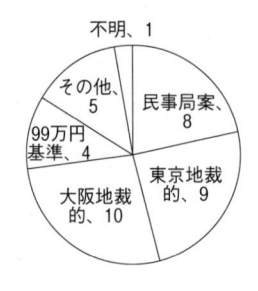

- 不明、1
- その他、5
- 99万円基準、4
- 大阪地裁的、10
- 東京地裁的、9
- 民事局案、8

他に特徴的なところは、山形地裁では、100万円を基準としている。また、高松地裁では、事情により50万円を超える範囲についても換価するとしているようである。

いまだ明確な基準が決まっていない庁もある（検討中のところも多いようである）が、破産管財人によって判断が区々となるおそれがあり、申立代理人の立場としても予測可能性の見地から不都合であり、一定程度の基準は作成されたほうがよいのではないかと思われる。そのうえで、柔軟な運用が行われることが望ましい。

いわゆる新・管財手続の導入により、一定の放棄基準を作成し、換価をせずに破産者に一定の財産が残ることを認めてきた庁（もちろん趣旨はまったく異なり、当時は換価の手間を省くというものであったが、実質的には自由財産の拡張的な運用を行ってきた）と、従前どおりすべて換価すべしとしてきた庁を比べると、自由財産拡張制度への親和性のような観点で違いが生じているのではないかとも考えられる。

(4) 設例の検討（項目22～26）

この 5 つの設例は、大阪地裁の基準（**資料 3** ）における適用例を各地の基準の場合にどうなるかをアンケートしたものである。

前述のように各地でさまざまな基準はあるが、破産管財人の判断が硬直化しないならば（すなわち一定程度の拡張を認めるという意見に統一されれば）、ある程度同一の結果になるのではないかと思われる。その意味では、大阪地裁の基準や99万円基準を参考にされたい。

(5) 黙示の決定が明示の決定か

民事局案が黙示の決定を提案したことから、ほとんどの庁では、基準内の場合は黙示の拡張決定があったものとされている。大阪地裁では、基本的に破産管財人がチェックし、問題がないと判断した時点で拡張があったとして、預金通帳等を破産者に返還するようにしている（ただ、自動車については、いつ拡張したかを明示するために破産者から書面を得ている）。

全件明示の拡張決定を行うことになっている庁（静岡、大津、和歌山）や弁護士側の要請がある場合には、問題のない事案においても明示の拡張決定を行うこ

とになっている庁もある（京都）。
(6) 自由財産拡張のための管財事件新類型（項目27）
　後述する同時廃止基準との関係で、同時廃止基準を超えるため管財対象事件となるが、管財事件における自由財産拡張基準によれば、拡張相当という結論が予測される事案について、予納金をさらに低廉化させる庁がある（広島では15万円。大分では「ミニミニ管財（ｅ管財）」として12万円）。この場合の破産管財人の職務は実質上自由財産拡張申立てについてチェックをするのみということになる。ただ、破産管財人の職務については、個人再生委員のように限定した職務を定めることはできないので、法的には他の事件とまったく同様の義務を負うことになる点に注意が必要である（大阪では、弁護士側の反対により導入を見送った経緯がある）。

3　同時廃止基準の各地の特徴と分析
(1) 自由財産拡張基準と連動していないのが実態
　同時廃止基準と前述の自由財産拡張基準は、基本的に連動していないのが実態と思われる。同時廃止基準は、新法とは別に歴史的な経過のなかで作り上げられてきたものであり、各地の事情により大きく異なっている。弁護士側としては、同時廃止基準についても自由財産拡張制度が新設された趣旨は大いに影響すると考えているので、以下の各地の状況を参考に議論を深めたいところである。
(2) 同時廃止事件と管財事件の区別（項目１、２）
　同時廃止事件と管財事件という区別をした場合、同時廃止事件のなかには、純粋にそのまま同時廃止となる事件と、一定程度の財産があるため同時廃止のための按分弁済を行う事案がある。同時廃止と管財事件の峻別基準といった場合、この３つのパターンの区別ということになるが、各地で区々である。
　背景事情として、破産者に財産を保有させてはいけないとの考え方が抜け切らない点もあるように思われる。この点は、新法が自由財産拡張制度という破産者の経済的更生の機会を立法的に認めたのであるから、意識の改革が必要であろう。また、管財事件が増えてもよいと判断するか、増えるのは困ると判断するかという政策判断もあり、東京地裁のように破産管財人の給源も確保できている大規模庁においては、管財事件が増えても事件処理が可能であると判断していると思われる（平成15年の全破産宣告数のうち、破産管財人選任率は、全国平均が約9.8％に対し、東京地裁は約33％である）。ただ、他の庁においては、新法になったからといって管財事件が増えてもよいとの判断にはなっていないと思われるため、

（巻末資料）　同時廃止および自由財産拡張基準全国調査の結果

<図表 3 >　同時廃止基準（総論）

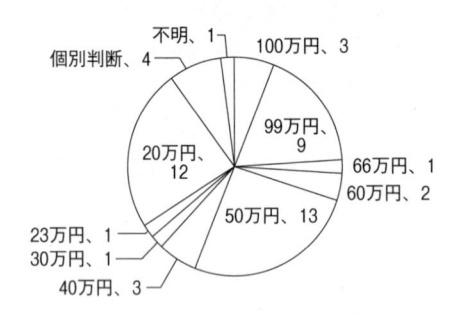

不明、1
100万円、3
個別判断、4
99万円、9
20万円、12
66万円、1
60万円、2
50万円、13
23万円、1
30万円、1
40万円、3

※ 1　総額基準があるところは総額のみで分類
※ 2　個別基準のみのところは、基本的に現金の基準を除く（同じ場合もある）
※ 3　基準には「以下」と「未満」があるが分類としてはまとめている（他の図も同じ）

同時廃止による処理をどの範囲でどのように行うかが問題となる。

(3)　純粋な同時廃止事案の基準（項目 1、2）

同時廃止事件と管財事件の区別は、単に「破産財団をもって破産手続の費用を支弁するのに不足する」（新法216条1項）か否かであるとして、管財事件の最低予納金額以上の財産があるかを原則的な基準とする庁がある。とくに東京地裁は、個別の資産で20万円以上ある場合には、原則として管財事件とされる。他にも20万円（横浜、さいたま、千葉、新潟）、50万円（静岡）と各地で自然人の場合の最低予納金額の違いに連動しているようである。

ただ、基本的には、管財事件の最低予納金額と連動するわけではなく、同時廃止事件の独自の基準を設けている庁が多いようである（**<図表 3 >** は、総額基準があるところは総額のみで分類し、個別基準のみのところは、基本的に現金の基準を除いて分類している）。

今回の自由財産拡張制度新設に伴い、自由財産拡張基準と同時廃止基準が連動することを認めたと思われる庁もある（前橋、富山）。前述した「ぶっこみ99万円」を同時廃止基準でも実現したものであり、参考となる。

(4)　現　金（項目 3）

現金について、平成16年 4 月の改正民事執行法の施行に伴い、差押禁止枠が66万円まで拡大し、新法により平成17年 1 月から自由財産として99万円まで拡大した。これに伴い、同時廃止においても多くの庁で現金は99万円以下について保有を認めているようである（**<図表 4 >** 参照）。

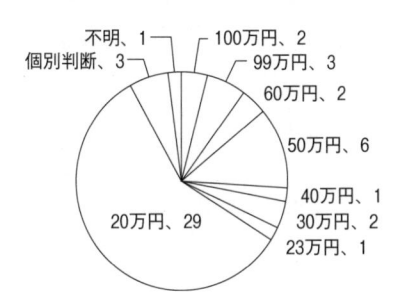

〈図表4〉 現金（同時廃止）　　〈図表5〉 預貯金（同時廃止）

図表4の内訳：不明、1／119万円、2／100万円、3／20万円、7／50万円、6／99万円、26／60万円、2／23万、1／個別判断、2

図表5の内訳：不明、1／100万円、2／99万円、3／60万円、2／50万円、6／40万円、1／30万円、2／23万円、1／20万円、29／個別判断、3

　特徴的なところでは、99万円を超過した場合の按分弁済との関係で合計119万円以下の保有を認める庁もある（仙台）。100万円とする庁もある（山形）。
　これに対し、同時廃止において保有を認める現金を20万円とする庁もあるようである（東京、横浜、福島、旭川）。

(5) 現金と預貯金の関係（項目3、4）

　法文上、現金のみが自由財産とされている関係上、各庁において、預貯金は現金と同視されていないようである（〈図表5〉参照）。この点、実際の生活の場では、現金と預貯金の違いはほとんどなく、預貯金も財布代わりとして利用されている。自由財産拡張制度を新設するにあたり、中間試案段階では、預貯金の自由財産化が検討されたが、法文化が困難であるとの立法技術上断念された経緯もある。これらの観点から現金と預貯金を同視することが検討され、預貯金も同様に扱う庁もある（岡山は現金と合算して99万円以下との基準。他にも全資産合計で判断する庁もある）。

(6) 退職金見込額の評価方法（項目9）

　退職金見込額の評価方法については、支給予定額の8分の1で評価することでほぼ統一されたようである（富山は原則4分の1で評価し、事案により減額もあるとしている）。

(7) 同時廃止のための按分弁済（項目15、16）

　従前、同時廃止基準を超える財産を有している場合に、その財産を換価して按分弁済することにより同時廃止とする運用が行われてきた。新法施行後も従前どおり同時廃止のための按分弁済を継続している庁が多いが（〈図表6〉参照）、新法施行を契機にこの運用を廃止し、原則として管財事件とする庁もある（京都、広島）。

（巻末資料）　同時廃止および自由財産拡張基準全国調査の結果

<図表6>　同時廃止のための按分弁済

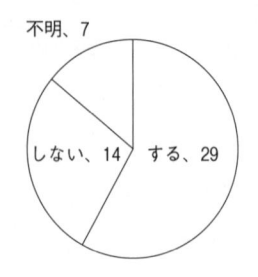

不明、7
しない、14
する、29

<図表7>　按分弁済の内容

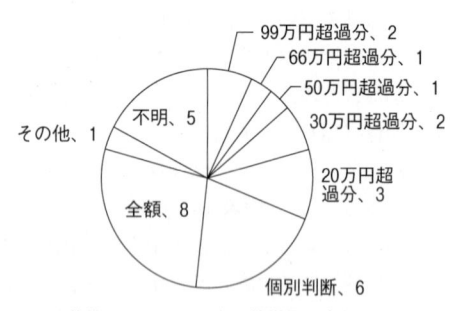

99万円超過分、2
66万円超過分、1
50万円超過分、1
30万円超過分、2
20万円超過分、3
個別判断、6
全額、8
その他、1
不明、5

※基準はさまざまであり特徴的な金額で分類

　按分弁済する際の基準については、従前から一定額（20万円基準が多い）を超えた場合、その全額について按分弁済することを求められてきた。たとえば、大阪地裁における同時廃止のための按分弁済基準では、現金は99万円超の場合、超過部分だけ按分弁済するが、預貯金、保険解約返戻金、自動車や退職金（支給見込額の8分の1で評価）が20万円以上の場合、原則としてその全額について按分弁済を要する。自由財産拡張制度新設の趣旨との関係上不都合であるとして、新法施行前から裁判所と協議を継続しているが、現時点では運用基準の変更はなく、今後も協議を続ける予定である。

　この点、一定額を超えた場合も超過分のみを按分弁済することで足りるとする庁が地方を中心に増えている（<**図表7**>参照）。柔軟度により違いが生じていると思われるが、現金を除く一定額の多いところから、99万円（前橋、富山）、66万円（松山）、50万円（山口）、30万円（岡山、松江）、20万円（新潟、岐阜、佐賀）となっているので、参考になるであろう。

352

（巻末資料）　同時廃止および自由財産拡張基準全国調査の結果

〈図表8〉　免責のための積立・按分弁済

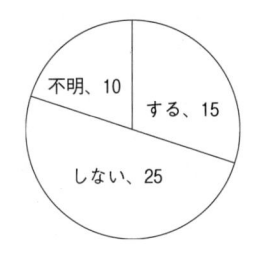

不明、10
する、15
しない、25

(8)　直前の現金化（項目17）

　各地でかなり議論されているところであり、否認対象行為である、免責不許可事由に該当するといった疑問が呈されていたが、否認対象行為でないことは明らかとなり、免責不許可事由となるのかという議論が行われているが、有用の資に充てた場合だけでなく、充てる予定の場合も含め、一定程度の現金化は責められないので、逆に現金化せずとも保有できるように同時廃止基準を改めるべきである。

(9)　免責のための積立・按分弁済（項目18）

　財産はないが、免責不許可事由が相当程度存するため、一定額を積み立てさせたうえ、按分弁済することで裁量免責とする運用が行われてきたが、破産管財人を選任し、20万円程度まで積立（予納金の分納）ができれば、裁量免責するという免責観察型・免責調査型の導入もあり、これを行わない庁が増えている（東京、大阪をはじめ新・管財手続を実施してきた庁に多い。〈図表8〉参照）。

(10)　免責審尋期日

　一覧表のなかにはない項目であるが、新法が免責審尋期日を任意化したことから、同時廃止事件においても免責審尋期日を開催しない庁がある（京都、神戸、福岡、札幌）。従前から感銘力のある免責審尋期日を求めてきたところであり、再考を促したいところである。

4　今後の展開について

(1)　基準の改善に向けて

　新法が自由財産拡張制度を新設したことから、各地でさまざまな議論が繰り広げられ、一定の基準ができた。ただ、新法事件はまだ始まったばかりであり、個別具体的な事件処理のなかからさらなる基準の改定がされるであろう。また、同時廃止基準をどう考えるかについては、背景にある価値観の対立も根深いものが

あることから、容易に改善されないおそれがあるが、議論を重ねることにより全国的な改善の余地は十分にあると考える。ただ、現状では、たとえば、生命保険解約返戻金が50万円のみある場合を想定すればよいが、50万円全部の按分弁済により同時廃止とするか、最低20万円の予納金（各地で異なるが）で管財事件とし自由財産の拡張決定を受けるかで、債務者の手元に残る財産に違いが生じることがありうる（さらには、これが純粋な同時廃止事案となれば、全部債務者の手元に残ることになる）。

(2) その他の問題点

今回の全国調査は、同時廃止基準および自由財産拡張基準について行ったが、新法により租税債権の一部破産債権化と労働債権の一部財団債権化が認められたことによる区別の仕方や担保件消滅制度の運用等、まだまださまざまな問題点がある。

(3) 全国的な議論と情報交換を

これまでは前述した大阪の小規模管財メーリングリストが全国ネットとしての機能を果たしてきたが、平成17年5月以降、全倒ネットに管理を移行することで、さらに全国的な議論や情報交換を行う場ができた（全倒ネットのメーリングリストへの参加については、全倒ネットのホームページ（http://www.zentoh-net.com/）から加入していただく）。ぜひこの場も活用し、各地の運用改善に役立ててほしい。それが、よりよき破産手続の運用に繋がることを期待している。

参考文献（基本的に新法に関する文献を刊行順に掲記）
・日本弁護士連合会倒産法制検討委員会編『要点解説 新破産法』（商事法務、平成16年10月）
・小川秀樹編著『一問一答 新しい破産法』（商事法務、平成16年11月）
・小川秀樹『ケースでわかる新破産法』季刊「事業再生と債権管理」別冊 No. 3（金融財政事情研究会、平成16年11月）
・別冊NBL編集部編『新破産法の実務Q＆A』（商事法務、平成16年11月）
・今中利昭・今泉純一『実務 倒産法講義』（民事法研究会、平成16年11月）
・木内道祥・小松陽一郎編『新破産法Q＆A』（青林書院、平成16年12月）
・大阪地方裁判所・大阪弁護士会新破産法検討プロジェクトチーム編『破産管財手続の運用と書式』（新日本法規、平成16年12月）
・東京弁護士会編『入門 新破産法 上・下』（ぎょうせい、平成16年12月）
・小川秀樹ほか著『概説 新破産法』（金融財政事情研究会、平成16年12月）

(巻末資料) 同時廃止および自由財産拡張基準全国調査の結果

- 「特集 裁判実務からみた新破産法」(季刊「事業再生と債権管理」平成17年1月5日号、金融財政事情研究会)(全国倒産処理弁護士ネットワーク第3回全国大会シンポジウム『東京・大阪・名古屋3地裁の新運用方針』の報告と、広島、福岡、仙台、札幌、高松および那覇各地裁の運用が紹介されている)。
- 安木健、四宮章夫、小松陽一郎、中井康之編著『新版 一問一答 破産法大改正の実務』(経済法令研究会、平成17年1月)
- 全国倒産処理弁護士ネットワーク編『論点解説新破産法 上・下』(金融財政事情研究会、平成17年2月)
- 最高裁判所事務総局民事局監修『条解破産規則』(法曹会、平成17年2月)
- 東京弁護士会弁護士研修センター運営委員会編『新破産法 破産法・破産規則・改正民事再生法等の解説』(商事法務、平成17年3月)
- その他にも、各庁で破産管財人向けマニュアルが作成されている。

(巻末資料) 同時廃止および自由財産拡張基準全国調査の結果

(別表) 同時廃止および自由財産拡張運用基準調査結果（平成17年5月31日現在）

高　裁	東　京	
地裁番号	1	2
項目番号　項　　目	東京地裁本庁	横浜地裁本庁
1　同時廃止運用基準（総論）	個別の資産ごとに20万円以上の資産がない場合同時廃止が可能	資産20万円以下程度で、財団に関する調査、免責に関する調査等が不要の場合（これら以外は小規模管財事件となる）
2　個別の基準（原則として換価を要しない範囲）	各項目ごとに20万円未満	各20万円以下
3　現　金	20万円未満	20万円以下
4　預貯金	20万円未満	20万円以下
5　保険の解約返戻金	20万円未満	20万円以下
6　積立金	20万円未満	20万円以下
7　賃借保証金・敷金	居住用家屋については換価不要	換価不要
8　貸付金・求償金・売掛金等	20万円未満	20万円以下
9　退職金見込額	8分の1が20万円未満	8分の1が20万円以下
10　不動産	オーバーローン1.5倍以上	オーバーローン1.5倍以上
11　自動車	20万円未満	20万円以下または減価償却期間（普通自動車6年または軽自動車・商用車4年）を経過したもの
12　動　産	20万円未満	20万円以下
13　家財道具	換価不要	換価不要
14　電話加入権	換価不要	換価不要
15　同廃基準を超える場合の按分弁済の運用	按分弁済は行っていない（管財手続による）	行っていない
16　按分弁済の基準		

（巻末資料）　同時廃止および自由財産拡張基準全国調査の結果

	3	4	5
	さいたま地裁本庁	千葉地裁本庁	水戸地裁本庁
	個別の資産項目ごとに20万円以上の資産がない場合同時廃止（20万円以上50万円未満の現金や給与等振込口座預金については例外もありうる）。財産調査の必要性等が認められる場合は管財事件となることもある	予納金（最低20万円）を捻出できるか、不動産等換価すべき財産があるか、負債額が5000万円以上あるか、法人の代表者ないし事業者であったか、財産関係の不透明性があるか、等を基準に事案に応じて判断する	事案によるが、資産総額50万円（清算価値50万円）以下であれば、同時廃止可能
	各項目ごとに20万円未満	原則として民事局案に従う	厳密な個別基準は設定していない
	20万円未満	99万円以下	
	20万円未満	20万円以下	
	20万円未満	20万円以下	
	20万円未満	20万円以下	
	居住用家屋の敷金は原則換価不要	原則として換価不要	
	20万円未満	回収可能性がない場合は換価不要	
	8分の1が20万円未満	8分の1が20万円以下	
	オーバーローン1.5倍以上	原則換価する。ただし、オーバーローン1.5倍以上で放棄が可能	オーバーローン1.5倍以上（事案により考慮あり）
	20万円未満または減価償却期間（普通自動車6年、軽自動車3年）を経過したもの	20万円以下	
	差押禁止財産は換価しない	原則として換価する	
	原則換価不要	原則として換価不要	
	原則換価不要	原則として換価不要	不要
	行っている	申立人ないし代理人による按分弁済は認めない。管財手続による	原則として行っていない
	個別の資産項目ごとの財産の合計が20万円以上となる資産があ		

357

(巻末資料) 同時廃止および自由財産拡張基準全国調査の結果

項目番号	項　　目	東京地裁本庁	横浜地裁本庁
16			
17	申立て前に預金や保険を現金化した場合の取扱い	同時廃止基準に影響しない	同時廃止基準に影響しない。ただし、現金化の経緯につき合理的な理由がなく、財団調査を要するときは管財事件とする（その結果費消額相当額を新得財産から財団に組み入れてもらうこともありうる）
18	免責不許可事由がある場合の積立方式	積立は行わない（管財手続の「免責調査型」による）	積立は行わない（管財事件となる）
19	法人の同時廃止	認めない	認めない（管財事件となる）
20	自由財産拡張制度の運用基準の有無	有（運用基準のペーパー有）	川崎支部・有（運用基準のペーパー有）
21	運用基準の概要	預金、保険、自動車、退職金1／8は、各20万円以下は拡張、電話、敷金はすべて拡張（基準1） 上記以外は原則換価 例外は管財人の意見による（基準2） 換価した財産と換価しない財産の合計が99万円以下は、管財人の意見により拡張して金銭返還が可能（基準3） この基準によるのが不相当な事案は、別途管財人の意見により判断（基準4）	横浜本庁については、個別の基準を用意せず、管財人の意見を聞いて、裁判所が個別に判断する
22	設例1（単位：万円）（現金30保険20自動車20）	すべて換価しない（基準1）	すべて換価しない
23	設例2（単位：万円）（現金30保険50）	保険は管財人の意見（基準2）	保険は原則として換価する
24	設例3（単位：万円）（現金30保険20株式20）	株式は管財人の意見による（基準2）	株式は原則として換価する

(巻末資料) 同時廃止および自由財産拡張基準全国調査の結果

さいたま地裁本庁	千葉地裁本庁	水戸地裁本庁
る場合であっても、当該各資産の合計が50万円未満となるときは、任意配当後同時廃止可能		
同時廃止基準に影響しない	現金化される前の財産があったものとして扱う。現金化に合理的な理由がなく、消費額が不相当であれば新得財産から充当する	原則として同時廃止基準に影響しない
原則として行わない(管財事件となる)	申立人ないし代理人による積立方式は行わない	
認めない	認めない	認めない
有(運用基準のペーパー有)	有	事案による
さいたま地裁基準	原則として民事局案に従う	
原則としてすべて換価しない(換価基準1(1)適用)	拡張相当	
現金は原則として換価しない(換価基準1(1)適用)保険は原則換価、例外拡張相当(換価基準2(1)適用)	保険は管財人の意見を聞いて判断	
現金と保険は原則換価しない(換価基準1(1)適用)株式は原則換価、例外拡張相当(換価基準2(1)適用)	株式は拡張不相当	

359

（巻末資料）　同時廃止および自由財産拡張基準全国調査の結果

項目番号	項　目	東京地裁本庁	横浜地裁本庁
25	設例4（単位：万円）（現金50保険20自動車20退職金1／8・20）	管財人の意見による（基準4の可能性あり）	すべて換価しない
26	設例5（単位：万円）（現金40保険20自動車30退職金1／8・20）	管財人の意見による（基準4の可能性あり）	自動車は原則として換価する
27	その他参考になる事項		
28	備　考	参考文献「新・管財事務の手引き（新破産法対応版）」（2005年1月作成）	参考文献「破産管財人の手引き2005」（2005年3月発行）会員向け管財人マニュアルを弁護士会会員向けホームページにて公開中

高　裁		東　京	
地裁番号		6	7
項目番号	項　目	宇都宮地裁本庁	前橋地裁本庁
1	同時廃止運用基準（総論）	事案によるが、資産総額50万円以下であれば、同時廃止。ただし、特別の事情がある場合は、50万円超であっても同時廃止とすることも認める	清算価値の総額が99万円以下なら同時廃止
2	個別の基準（原則として換価を要しない範囲）	4〜8については個別基準はなく、事案毎の個別判断	清算価値の総額が99万円を超えない部分については、すべて自由財産として扱う。清算価値の算出は、下記に記載がある以外は、実質評価額で行う
3	現　金	99万円以下	
4	預貯金	個別判断	
5	保険の解約返戻金	個別判断	
6	積立金	個別判断	
7	賃借保証金・敷金	個別判断	
8	貸付金・求償金・売掛金等	個別判断	
9	退職金見込額	8分の1	見込額の8分の1を計上

(巻末資料) 同時廃止および自由財産拡張基準全国調査の結果

さいたま地裁本庁	千葉地裁本庁	水戸地裁本庁
原則としてすべて換価しない（換価基準1(1)適用）ただし、管財人の意見により換価の可能性あり（換価基準4適用）	99万円を超える部分は換価するただし、管財人の意見を聞いて換価しないことができる	
自動車以外は原則として換価しない（換価基準1(1)適用）自動車は原則換価、例外拡張相当（換価基準2(1)適用）	99万円を超える部分は換価するただし、管財人の意見を聞いて換価しないことができる	
参考文献「破産管財人の手引き（新破産法対応版）」2005年3月発行	協議中東京地裁に近い運用か	勉強会で協議中

8	9	10
静岡地裁本庁	甲府地裁本庁	長野地裁本庁
以下の最低予納金を用意できるかどうか⇒個人＝50万円、法人＝70万円	基本的に財産50万円超は管財事件とする。ただし特別の事情がある場合は同時廃止とすることを認める	旧法下と変わらず。財産総額30万円～50万円以下なら同時廃止
2～14⇒個別基準はなく、事案ごとの個別判断		原則各20万円以下は換価不要
個別判断		20万円以下
個別判断		20万円以下
個別判断		見込額20万円以下
個別判断		20万円以下
個別判断		居住用建物の場合は換価不要
個別判断		20万円以下
個別判断		8分の1が20万円以下

361

(巻末資料)　同時廃止および自由財産拡張基準全国調査の結果

項目番号	項　目	宇都宮地裁本庁	前橋地裁本庁
10	不動産	オーバーローン1.3倍以上。ただし、事案により考慮する	
11	自動車	初年度登録6年以上または4年を経過したもの	
12	動　産	差押禁止財産は換価不要	
13	家財道具	原則として換価不要	
14	電話加入権	換価不要	
15	同廃基準を超える場合の按分弁済の運用	原則として行う	行う
16	按分弁済の基準	同時廃止基準を超えたときに原則として按分弁済	超過分を申立人（代理人）の責任で按分弁済
17	申立て前に預金や保険を現金化した場合の取扱い	現金化される前の財産があるものとして扱う	個別事情により判断
18	免責不許可事由がある場合の積立方式	行わない	
19	法人の同時廃止	原則として認めない	原則として認めない
20	自由財産拡張制度の運用基準の有無	無	有
21	運用基準の概要		換価しないことが相当である財産については、破産管財人は、裁判所との協議のうえ、当該財産を財団に組み入れないことができる。この場合、その財産の範囲で自由財産の拡張の裁判があったものとして取り扱う

（巻末資料）　同時廃止および自由財産拡張基準全国調査の結果

静岡地裁本庁	甲府地裁本庁	長野地裁本庁
個別判断		同廃基準ではオーバーローン1.5倍基準があるが、管財事件になった場合には1.5倍要件によらず原則換価する。ただし換価困難等の具体的事情により換価不要（財団放棄）とする
個別判断		初年度登録から普通車6年、軽・商用車4年以上経過車は査定不要。それより新しい車につき処分見込額が20万円以下。ただし柔軟な扱いをする
個別判断		20万円以下
個別判断		換価不要
個別判断		換価不要
原則として従前どおり行う		原則として行わない
20万円程度が一応の目安だが、事案により個別判断が原則		
原則として按分弁済の対象となる		同廃判断に影響しない
事案に応じて裁判官の積立額指示、積立、按分弁済、免責決定もある		行わない
原則として認めない		原則として認めない
有	有（運用基準のペーパー有）	有
現金を含め99万円を一応の上限に、預金、保険、自動車、退職金1／8は、各20万円以下は拡張相当敷金は原則拡張相当 上記4つが各20万円超は、原則拡張相当、例外拡張不相当 上記四つ以外や新たに発見された財産は、原則拡張不相当、例外拡張相当 99万円超は原則拡張不相当、例外拡張相当	民事局案と同じ	個別基準（3～14）によって換価等しない場合には、その範囲内で自由財産拡張の裁判があったものとして取り扱う。個別基準以外の財産について、管財人の意見を聞いて相当と認め換価しない場合にも自由財産拡張の裁判があったものと取り扱う

(巻末資料)　同時廃止および自由財産拡張基準全国調査の結果

項目番号	項　　目	宇都宮地裁本庁	前橋地裁本庁
22	設例1（単位：万円） （現金30保険20自動車20）		換価不要
23	設例2（単位：万円） （現金30保険50）		換価不要
24	設例3（単位：万円） （現金30保険20株式20）		換価不要
25	設例4（単位：万円） （現金50保険20自動車20退職金1／8・20）		合計99万円になるまで換価。
26	設例5（単位：万円） （現金40保険20自動車30退職金1／8・20）		同上
27	その他参考になる事項		
28	備　考		

高　裁		東　京	大　阪
地裁番号		11	12
項目番号	項　　目	新潟地裁本庁	大阪地裁本庁
1	同時廃止運用基準（総論）	本庁）現金20万円まで、他の資産は20万円未満長岡・三条支部）現金99万円まで、他は本庁と同一	各資産20万円未満かつ合算99万円以下であれば按分弁済なく同時廃止が可能
2	個別の基準（原則として換価を要しない範囲）	現金を除き各項目ごとに20万円未満	現金を除き原則各20万円未満
3	現　金	20万円未満	99万円以下
4	預貯金	20万円未満	20万円未満
5	保険の解約返戻金	20万円未満	20万円未満
6	積立金	20万円未満	20万円未満
7	賃借保証金・敷金		滞納賃料および60万円を控除した額が20万円未満
8	貸付金・求償金・売掛金等		回収見込みがない場合
9	退職金見込額	8分の1が20万円未満	8分の1が20万円未満

(巻末資料) 同時廃止および自由財産拡張基準全国調査の結果

静岡地裁本庁	甲府地裁本庁	長野地裁本庁
		換価不要
		原則換価。ただし自由財産拡張取扱いの余地あり
		換価不要
		合計99万円を超える部分は換価。ただし自由財産拡張取扱いの余地あり
		同上
自由財産拡張決定書を作成する		
		定期的に協議会を継続中

	13	14	15
	京都地裁本庁	神戸地裁本庁	奈良地裁本庁
	各資産20万円以下かつ合算99万円以下であれば同時廃止が可能	各資産20万円未満であれば按分弁済なく同時廃止が可能（財産の総額が100万円を超えたり、管財相当であれば同時廃止不可）	一応大阪地裁本庁に準ずる。ただし、破産財団をもって破産手続費用の支出が可能か否かおよび各事件の個別事情により判断する
	現金を除き原則各20万円以下	現金を除き、原則各20万円未満	現金を除き原則20万円未満であるが、事案ごとに例外あり
	99万円以下	99万円以下	99万円以下
	20万円以下	相殺対象でない預貯金の合計が20万円未満	20万円未満
	20万円以下	20万円未満	20万円未満
	20万円以下	20万円未満	20万円未満
	不相当に高額でない限り換価不要	滞納賃料および60万円を控除した額が20万円未満	滞納賃料および60万円を控除した額が20万円未満
	回収見込みがない場合	回収見込みがない場合	回収見込みがない場合
	8分の1が20万円以下	8分の1が20万円未満	8分の1が20万円未満

365

(巻末資料) 同時廃止および自由財産拡張基準全国調査の結果

項目番号	項　目	新潟地裁本庁	大阪地裁本庁
10	不動産	オーバーローン1.2倍以上	オーバーローン1.5倍以上（価格により別途考慮あり）
11	自動車	20万円未満	20万円未満
12	動産	20万円未満	20万円未満
13	家財道具	差押禁止財産と判断	差押禁止財産と判断
14	電話加入権	20万円未満	20万円未満
15	同廃基準を超える場合の按分弁済の運用	従前どおり行う	従前どおり行う
16	按分弁済の基準	現金は99万円超過分を按分弁済 現金以外は各20万円超過分をそれぞれ按分弁済	現金は99万円超過分を按分弁済 現金以外は各20万円以上は全額を按分弁済 現金・現金以外（20万円未満）の合計99万円超は超過分を按分弁済
17	申立て前に預金や保険を現金化した場合の取扱い	有用の資に充てる場合を除き按分弁済の対象となる可能性あり	有用の資に充てる場合を除き按分弁済の対象となる可能性あり
18	免責不許可事由がある場合の積立方式	行わない	純粋本人申立てを除き行わないようになった 免責観察型に移行した
19	法人の同時廃止	認めない	認めない
20	自由財産拡張制度の運用基準の有無	無	有（運用基準のペーパー有）
21	運用基準の概要		現金を含め99万円を一応の上限に預金、保険、自動車、敷金、退職金、電話は、各20万円以下は拡張相当（基準1） 上記6つが各20万円超は、原則拡張相当・例外拡張不相当（基準2・必要性の審査）

(巻末資料) 同時廃止および自由財産拡張基準全国調査の結果

京都地裁本庁	神戸地裁本庁	奈良地裁本庁
オーバーローン1.5倍以上(ケースによりそれ以下でも可能)	オーバーローン1.5倍以上	オーバーローン1.5倍以上(価格により別途考慮あり)
20万円以下	20万円未満	20万円未満
20万円以下	20万円未満	20万円未満
差押禁止財産と判断	差押禁止財産と判断	差押禁止財産と判断
20万円以下	特に定めなし	20万円未満
新法ではやめる	従前どおり行う	従前どおり行う
	現金は99万円超過分を按分弁済 敷金は滞納賃料および60万円を控除後に余剰があり、かつ余剰が20万円を超える場合は、余剰全額を按分弁済 現金・敷金以外は各20万円以上は全額を按分弁済	大阪地裁本庁に準じ従来の基準より66万円の額を99万円に変更するのみ。 (骨子)(1)現金は99万円まで按分弁済の対象としない。 (2)現金以外の財産(預貯金、保険解約返戻金等)につき20万円未満は按分弁済の対象としない。当該財産が20万円以上の場合はその全額を按分弁済の対象とする。 (3)現金および現金以外の財産(20万円未満のものに限る)につきその合計額が99万円を超える場合は超過部分につき按分弁済の対象とする
生活費、手続費用等当然に拡張が認められる場合はOK、それ以外は免責調査型、財産調査型として管財も	有用の資に充てる場合を除き按分弁済の対象となる可能性あり	
新法ではやめる。免責調査型に移行。	行わない(申立人から申出があれば行う場合がある)	実施する場合もある
認めない	認めない	認めない
有(運用基準のペーパー有)	有(運用基準処理要領有)	有(原則大阪地裁本庁基準どおり)
基本的には大阪と同じ	原則論は大阪とほぼ同じ。ただし、拡張の範囲と管財人報酬との調整の結果として自由財産の拡張範囲が異なる場合もある。S管財処理要領あり。	現金を含め99万円を一応の上限に預金、保険、自動車、敷金、退職金、電話は、各20万円以下は拡張相当(基準1) 上記6つが各20万円超は、原則拡張相当・例外拡張不相当(基準2・必要性の審査)

367

(巻末資料)　同時廃止および自由財産拡張基準全国調査の結果

項目番号	項　目	新潟地裁本庁	大阪地裁本庁
21			上記6つ以外や新たに発見された財産は、原則拡張不相当・例外拡張相当（基準3・不可欠性の審査） 99万円超は原則拡張不相当・例外拡張相当（基準4・不可欠性の審査）
22	設例1（単位：万円） （現金30保険20自動車20）		すべて拡張相当（基準1）
23	設例2（単位：万円） （現金30保険50）		原則拡張相当（基準2）
24	設例3（単位：万円） （現金30保険20株式20）		保険は拡張相当（基準1） 株式は原則拡張不相当（基準3）
25	設例4（単位：万円） （現金50保険20自動車20退職金1／8・20）		合計110万円のため原則99万円枠内になるよう調整（基準4）
26	設例5（単位：万円） （現金40保険20自動車30退職金1／8・20）		自動車は原則拡張相当（基準2）だが、合計110万円のため設例4と同様
27	その他参考になる事項		弁護士側は、同廃にも自由財産拡張的な運用を求めている。申立て前の現金化を問題視すべきでないと主張。協議継続中
28	備　考		参考文献 「破産管財手続の運用と書式」（2004年12月発行　新日本法規出版）

	高　裁	大　阪	
	地裁番号	16	17
項目番号	項　目	大津地裁本庁	和歌山地裁本庁
1	同時廃止運用基準（総論）	大阪に準ずる。ただし、資産総額150万円程度までであれば、事前の按分弁済をして同時廃止事件として扱う可能性がある	破産財団をもって破産手続費用を支弁するのに不足するか各裁判官が個別に判断する（自由財産拡張制度とは別問題）

（巻末資料） 同時廃止および自由財産拡張基準全国調査の結果

京都地裁本庁	神戸地裁本庁	奈良地裁本庁
		上記6つ以外や新たに発見された財産は、原則拡張不相当・例外拡張相当（基準3・不可欠性の審査） 99万円超は原則拡張不相当・例外拡張相当（基準4・不可欠性の審査）
ほぼ大阪に同じ	同上	すべて拡張相当（基準1）
ほぼ大阪に同じ	同上	原則拡張相当（基準2）
ほぼ大阪に同じ	同上	保険は拡張相当（基準1） 株式は原則拡張不相当（基準3）
ほぼ大阪に同じ	同上	合計110万円のため原則99万円枠内になるよう調整（基準4）
ほぼ大阪に同じ	同上	自動車は原則拡張相当（基準2）だが、合計110万円のため設例4と同様
拡張裁判の裁判書省略方針には、弁護士会が反対した結果、申立代理人または管財人が裁判書を求めた場合には決定がなされることになった		今後も裁判所と随時協議予定
裁判所作成のマニュアルと書式集あり		

名古屋		
18	19	20
名古屋地裁本庁	津地裁本庁	岐阜地裁本庁
個別の資産ごとに30万円未満かつ合算で40万円（通常の管財事件の最低予納額）未満であれば、按分弁済なく同時廃止が可能	個別の資産ごとに20万円以下かつ合算で30万円未満であれば按分弁済なく同時廃止が可能	現金99万円、各資産20万円以下かつ現金以外の各資産合計20万円以下であれば按分弁済なく同時廃止が可能

369

(巻末資料) 同時廃止および自由財産拡張基準全国調査の結果

項目番号	項　目	大津地裁本庁	和歌山地裁本庁
2	個別の基準（原則として換価を要しない範囲）	現金を除き原則各20万円未満	事案により個別に判断
3	現　金	99万円以下	事案により個別に判断
4	預貯金	20万円以下	事案により個別に判断
5	保険の解約返戻金	20万円以下	事案により個別に判断
6	積立金	全額換価（有価証券と同様）	事案により個別に判断
7	賃借保証金・敷金	滞納賃料および50万円を控除した額が20万円以下	事案により個別に判断
8	貸付金・求償金・売掛金等	回収見込みがない場合	回収見込みがない場合 事案ごとに個別に判断
9	退職金見込額	8分の1が20万円を超えない範囲	8分の1評価のうえ事案ごとに個別に判断。ただし、2年以内に退職見込みである場合は4分の1評価とする
10	不動産	①オーバーローンで、固定資産税評価額の1.5倍を超えるもの ②不動産鑑定士との協議で、独自に設けている簡易査定制度を利用した査定において、被担保債権額が評価額を超える場合（1.0倍基準）	評価額の1.0倍
11	自動車	20万円。なお、初年度登録から、軽自動車で4年、普通自動車で7年（新車の本体価格が300万円を超えるものを除く）をすぎたものは査定も不要。営業用自動車は、4年以上を経過したものは換価不要	事案により個別に判断。なお、新車の車輌本体価格が300万円以上となる車種を除き、国産普通乗用自動車で初年度登録後7年以上経過したもの、軽自動車・商用の普通自動車で初年度登録5年以上経過したものについては査定不要

(巻末資料)　同時廃止および自由財産拡張基準全国調査の結果

名古屋地裁本庁	津地裁本庁	岐阜地裁本庁
各30万円未満である	各20万円以下	現金を除き各20万円以下
99万円以下	99万円に満つるまで	99万円以下
30万円未満	20万円以下	20万円未満
30万円未満	20万円以下	20万円以下
30万円未満	基準なし	
特に定めていない。事案に応じて個別判断	居住用なら限定なし	居住継続の場合同廃可
30万円未満		
8分の1が20万円未満	8分の1が20万円以下	8分の1が20万円未満
①建物の担保する被担保債権額が固定資産税評価額の1.5倍以上の場合、土地の担保する被担保債権額が固定資産税評価額の2倍以上の場合は、それぞれ不動産価格の資料（以下②～④）の提出は要しないで無価値とみなす②不動産価格の資料が近隣の不動産業者2名の時価に関する査定書の場合はオーバーローン基準1.5倍以上③不動産執行手続中の最低売却価格を証明する書面の場合は、被担保債権額が最低売却価額の2倍以上④不動産鑑定士作成の鑑定評価書の場合は1.2倍以上	オーバーローン1.5倍以上	オーバーローン1.5倍以上（事情により別途考慮あり）
①所有権留保がない（残債がない）場合、30万円未満。ただし、処分価格の判断で日本製は減価償却期間（乗用車5年、軽自動車・商用車4年）を経過していれば原則無価値とみなす。②所有権留保がある（残債がある）場合、所有者に引き揚げさせる、あるいは引き揚げ処理し	20万円以下（償却期間を経過したもの〔乗用車6年、トラック等4年〕については無価値とする）	20万円以下 ①普通小型は初年度登録7年経過、軽、商用は5年経過で無価値と判断してよい ②中型、大型については業者査定等により評価

371

(巻末資料) 同時廃止および自由財産拡張基準全国調査の結果

項目番号	項　目	大津地裁本庁	和歌山地裁本庁
11			
12	動　産	20万円以下	事案により個別に判断
13	家財道具	20万円以下	差押禁止財産
14	電話加入権	常識的な数であれば、何口あっても換価不要	事案により個別に判断
15	同廃基準を超える場合の按分弁済の運用	行う	行っている
16	按分弁済の基準	大阪と同じ。なお、按分弁済額が少額の場合などは裁判官の裁量で判断	事案により個別に判断
17	申立て前に預金や保険を現金化した場合の取扱い	有用の資に充てた場合には問題としない	特に取り決めないが、申立費用に充てるため現金化した場合は経過の報告が必要
18	免責不許可事由がある場合の積立方式	従前どおり	同時廃止手続で行わない（免責調査型簡易管財）
19	法人の同時廃止	原則として認めない	認めない
20	自由財産拡張制度の運用基準の有無	有	有（運用基準のペーパー有）

(巻末資料)　同時廃止および自由財産拡張基準全国調査の結果

名古屋地裁本庁	津地裁本庁	岐阜地裁本庁
ない（無価値と評価した）ことの確認をとり、それを示す資料の提出を持って同時廃止処理		
特に定めはないが、高価品等は（所有権留保のある場合とない場合）は自動車と同様の処理	差押禁止物	一般的なものは同廃化（購入価格20万円除く）
差押禁止財産と判断	換価しない	一般的なものは同廃化（購入価格20万円以上除く）
特に定めなし	1本	1本は同廃可
行っている		従前どおり行う
上記個別の基準を超える場合は換価し、原則全額按分弁済。個別の基準を超えないが合算40万円超の場合は、原則管財事件となるが、 ①「同時廃止事件チェック報告書」の提出 ②現在判明以上の財団の形成が今後期待できず ③管財人が行わなければならないような業務のないときは、その資産換価・処分価格相当額積立等して、全額按分弁済同時廃止可 債務者の資産総額は100万円までを一応の目処、100万円超の場合であっても、債権者間に著しい不公平が生じるおそれがない場合には同時廃止可		現金は99万円超過分を按分弁済 現金以外は合計額が20万円を超える部分を按配弁済
有用の資に充てる場合を除き按分弁済の対象となる	有用の資に充てた場合には問題としない	有用の資に充てる場合を除き按分弁済の対象となる可能性あり
行っている。一部免責観察型管財事件に移行		行うことがある
2004年4月から原則認めないが、一定の基準を満たすものは同時廃止とすることができる	認めない	
有（運用基準のペーパー有）	有（裁判所作成の破産管財の手引きあり）	協議中

373

(巻末資料)　同時廃止および自由財産拡張基準全国調査の結果

項目番号	項　　目	大津地裁本庁	和歌山地裁本庁
21	運用基準の概要	基本的には大阪と同じ	拡張の上限は原則99万円分（現金を含む）。拡張の対象は預貯金・積立金・保険解約返戻金・自動車・破産者居住用不動産の賃借保証金・電話加入権・退職金（1／8または1／4の評価）。なお、拡張の判断は事案により個別に行うので、一律的な基準は設定していない。
22	設例1（単位：万円）（現金30保険20自動車20）	すべて拡張相当	原則は拡張相当
23	設例2（単位：万円）（現金30保険50）	すべて拡張相当	原則は拡張相当
24	設例3（単位：万円）（現金30保険20株式20）	大阪と同じ	株式は原則拡張不相当、その他は原則拡張相当
25	設例4（単位：万円）（現金50保険20自動車20退職金1／8・20）	大阪と同じ。どの資産を自由財産として残すか調整	原則99万円までの枠内で拡張対象財産の選択可能
26	設例5（単位：万円）（現金40保険20自動車30退職金1／8・20）	申立人と管財人との調整により、どの資産を自由財産として残すか選択のうえ、その限度で拡張相当	原則99万円までの枠内で拡張対象財産の選択可能
27	その他参考になる事項	自由財産拡張裁判は、全件決定する	財産の種類ごとの枠は設けず、管財人が事案ごとに意見書を提出する。裁判所は拡張決定する
28	備　考		大阪地裁の運用基準も参考に、弁護士会と協議のうえ、実施要領を作成

(巻末資料) 同時廃止および自由財産拡張基準全国調査の結果

名古屋地裁本庁	津地裁本庁	岐阜地裁本庁
現金を含め99万円を一応の上限に、預貯金、生命保険解約返戻金、自動車、敷金債権（控除あり）、電話、退職金1／8については、その評価額が各20万円以下は拡張相当（基準1） 上記6つの評価額が各20万円超は、原則拡張不相当・例外拡張相当（基準2・不相当の審査） 上記6つ以外及び新たに発見された財産は、原則拡張不相当・例外拡張相当（基準3・必要不可欠の審査） 99万円超は原則拡張不相当・例外拡張相当（基準4・管財人による特段の事情の調査結果を審査）	東京地裁基準に近い	大阪基準に近いが微妙に相違する
原則は拡張相当	すべて換価しない	必要性の基準により拡張可
原則は拡張相当	保険は管財人の意見	必要性の基準により拡張可
株式は原則拡張不相当、その他は原則拡張相当	株式は管財人の意見による	保険は必要性の基準により拡張可、株式は不可欠性の基準により拡張可
原則99万円までの枠内で拡張対象財産の選択可能	管財人の意見による	99万円までは必要性の基準により拡張可、これを超える部分は不可欠性の基準により拡張可
原則99万円までの枠内で拡張対象財産の選択可能	管財人の意見による	自動車は不可欠性の基準により拡張可、その余は必要性の基準により拡張可
裁判所は申立て前の現金化を問題視すると明言		危機時期以降の換金行為は否認権等の成否を調査のうえ財団組入れを検討
参考文献 「全訂　破産管財書式集」（2004年12月発行）	裁判所作成の手引あり（「手引」に記載のない書式は、名古屋の書式案を標準とする）	協議中

375

(巻末資料) 同時廃止および自由財産拡張基準全国調査の結果

高　裁	名古屋	
地裁番号	21	22
項目番号　項　目	福井地裁本庁	金沢地裁本庁
1　同時廃止運用基準（総論）	①継続反復して生計を維持できる程度の収入が得られない債務者（事業者、法人代表者除く）であって資産総額99万円未満の場合、②継続反復して生計を維持できる程度の収入が得られる債務者（事業者、法人代表者除く）であって個別の資産ごとに20万円未満かつ資産総額45万円未満であれば按分弁済なく同時廃止が可能	現金99万円以下、各資産20万円未満かつ合算99万円以下であれば按分弁済なく同時廃止が可能（各資産項目別に20万円以上は全額を按分弁済、合算99万円を超える場合は超過分を按分弁済）
2　個別の基準（原則として換価を要しない範囲）	現金を除き各20万円以下	現金は99万円以下、現金以外の財産は各20万円未満
3　現　金	99万円以下	99万円以下
4　預貯金	20万円未満	20万円未満
5　保険の解約返戻金	20万円未満	20万円未満
6　積立金	20万円未満	20万円未満
7　賃借保証金・敷金	滞納賃料および60万円を控除した額が20万円未満	定めなし
8　貸付金・求償金・売掛金等	20万円未満または回収見込みがない場合	回収見込みがない場合
9　退職金見込額	8分の1が20万円未満	8分の1が20万円未満
10　不動産	①不動産価格の資料が近隣の不動産業者2名の時価に関する査定書の場合はオーバーローン基準1.0倍以上、②不動産鑑定士作成の鑑定評価書の場合は1.0倍以上、③不動産執行手続中の	オーバーローン1.5倍以上

(巻末資料) 同時廃止および自由財産拡張基準全国調査の結果

	広　島	
23	24	25
富山地裁本庁	広島地裁本庁	山口地裁本庁
現金・預貯金・各種解約返戻金・退職金見込額・自動車・電話加入権を合わせた合計額が99万円以下であれば同時廃止が可能	①資産総額が60万円を超えない場合は同時廃止事件とする ②業者査定価格が5000万円を超える不動産所有の場合は、被担保債権の残額にかかわらず原則として同時廃止事件とする ③軽微とはいえない免責不許可事由がある場合には、原則として管財事件とする ④不明朗な財産処分、否認対象行為が認められる場合には、原則として管財事件とする	各資産合算50万円未満であれば按分弁済なく同時廃止が可能。資産合計額が50万円以上150万円以下の場合には（財産隠匿等の事情が疑われない限り）申立人の選択に従って、①按分弁済を行ったうえで同時廃止か、②20万円の予納金を収めたうえで管財事件処理か決める
個別資産ごとの基準は設けない	個別資産ごとの基準は特に設けない	現金を除き原則各20万円以下
99万円以下	合算60万円以下	99万円以下
現金・預貯金・各種解約返戻金・退職金見込額・自動車・電話加入権を合わせた合計額が99万円以下	合算60万円以下	20万円以下
4に同じ	合算60万円以下	20万円以下
4を準用する	合算60万円以下	20万円以下
敷金的賃借保証金と敷金は返還要素に不確定要素があるためゼロ評価する、その他のものは同廃基準財産としない（原則として管財事件または按分弁済）	現住居の敷金については資産に含めない	居住用家屋の敷金・保証金返還請求権が20万円以下
同廃基準財産としない（原則として管財事件または按分弁済）	合算60万円以下	回収見込みがない場合
4に同じ（原則として退職金見込額の4分の1－事案により減額もありうる－を基準とする）	合算60万円以下（8分の1で評価）	8分の1（退職が直近の場合には4分の1）が20万円以下
オーバーローンで固定資産評価額の1.5倍以上のとき（事情により別途考慮する）	オーバーローンで固定資産評価額の1.5倍以上または業者査定額の1.3倍以上（価格により別途考慮あり）。なお、②の判断に際し、固定資産評価額4000万円以上の場合には、業者査定を	査定書による価格と比較してオーバーローンであること（価格により別途考慮あり）

377

(巻末資料)　同時廃止および自由財産拡張基準全国調査の結果

項目番号	項　目	福井地裁本庁	金沢地裁本庁
		最低売却価格を証明する書面の場合は被担保債権額が最低売却価格の1.2倍以上、④宅地・建物の担保する被担保債権額が固定資産税評価額の1.5倍以上の場合は、それぞれ不動産価格の資料（①〜③）の提出は要しないで無価値とみなす	
11	自動車	①所有権留保がない場合、20万円未満。ただし、処分価格の判断にあたり日本製の場合は原価償却期間（乗用車5年、軽自動車・商用車4年）を経過していれば原則として無価値とみなす　②所有権留保がある場合、所有者に引き揚げさせ、あるいは引き揚げ処理しない（無価値と評価した）ことの確認できる資料の提出を持って同廃処理をする	20万円未満。なお購入時価格が300万円以上の普通乗用自動車で初年度登録8年以上、同300万円未満の普通乗用自動車で初年度登録6年以上、軽自動車は、初年度登録から4年以上経過したものについては換価不要
12	動　産	20万円未満。ただし所有権留保あるものは自動車と同様の処理	20万円未満
13	家財道具	債務者および家族の生活に欠くべからざる衣類家具寝具は、差押禁止財産	差押禁止財産と判断
14	電話加入権	特に定めなし	原則として換価を要しない
15	同廃基準を超える場合の按分弁済の運用	行っている	行っている
16	按分弁済の基準	上記の基準を超える場合、原則として換価して全額を按分弁済。ただし按分弁済率が僅少な場合その他按分弁済が相当でない場合は按分弁済なく同廃処理することもできる	現金は99万円超過分を按分弁済　現金以外は各20万円以上は全額を按分弁済　現金・現金以外（20万円未満）の合計99万円超は超過分を按分弁済
17	申立て前に預金や保険を現金化した場合の取扱い	申立て前6カ月以後または受任通知前3カ月以後に現金化した場合は残現金を換価前の資産とみなす。ただし無収入、医療費の必要など申立人の経済生活の維持・再生のため必要がある場合は資産としてカウントしない	現金としては取り扱わず、解約や売却などの前の状態を前提に按分弁済の要否を判断する

378

(巻末資料)　同時廃止および自由財産拡張基準全国調査の結果

富山地裁本庁	広島地裁本庁	山口地裁本庁
	要する。 業者査定5000万円を超える不動産は原則管財とする	
4に同じ	合算60万円以下。なお、新車購入価格300万円以下で初年度登録後6年以上経過した物については、査定書なくして時価0と評価	20万円以下
同廃基準財産としない（原則として管財事件または按分弁済）		20万円以下
差押禁止財産と判断		差押禁止財産と判断
4に同じ	1本は資産に含めない	20万円以下
行うことがある	原則として認めない（旧法下の運用を変更）	従前どおり行う
99万円を超える部分を按分弁済		資産合計額が50万円以上150万円以下の場合に、50万円超過分を按分弁済を行ったうえで同時廃止
99万円を超える部分を按分弁済	99万円を超える部分については按分弁済。99万円までは、原則として現金でなかったとしても自由財産拡張の裁判で対応するため、現金化に実益なし	有用の資に充てる場合を除き按分弁済の対象となる可能性あり

379

（巻末資料）　同時廃止および自由財産拡張基準全国調査の結果

項目番号	項　目	福井地裁本庁	金沢地裁本庁
18	免責不許可事由がある場合の積立方式	行っている	免責不許可事由の程度が著しい場合に限って行う
19	法人の同時廃止	原則認めないが、一定の基準を満たすものは同時廃止とすることができる	原則認めない（管財がある）
20	自由財産拡張制度の運用基準の有無	有（運用基準のペーパー有）	有（運用基準のペーパー有）
21	運用基準の概要	現金を含め99万円を一応の上限に 預金、保険、敷金（控除あり）、退職金1／8は、各20万円以下、自動車、電話は各一つのみ拡張相当（基準1）上記6つが各20万円超の場合は、原則拡張相当・例外拡張不相当（基準2・必要性の審査）上記6つ以外や新たに発見された財産は、例外なく拡張不相当（基準3） 99万円超は原則拡張不相当・例外拡張相当（基準4・不可欠性の審査）	現金を含めた99万円以下を一応の上限に 預金、保険、自動車、退職金1／8は、各20万円以下は拡張、電話、敷金はすべて拡張 上記以外は原則換価、例外は管財人の意見による この基準によるのが不相当な事案は、別途管財人の意見により判断
22	設例1（単位：万円） （現金30保険20自動車20）	すべて拡張相当（基準1）	すべて換価しない
23	設例2（単位：万円） （現金30保険50）	拡張を認めることが相当でない事情（改めて新規に保険加入することが困難でないのに20万円を超える返戻金がある場合など）がないと認められるときは、拡張相当（基準2）	保険は管財人の意見による
24	設例3（単位：万円） （現金30保険20株式20）	保険は拡張相当（基準1）、株式は拡張不相当（基準3）	株式は管財人の意見による
25	設例4（単位：万円） （現金50保険20自動車20退職金1／8・20）	原則99万円までの枠内で拡張対象財産の選択可能（基準4）	管財人の意見による

(巻末資料) 同時廃止および自由財産拡張基準全国調査の結果

富山地裁本庁	広島地裁本庁	山口地裁本庁
行うことがある	行っている	従来どおりきわめて例外的な場合に行っている
原則として認めないが、財産がないことが明らかな場合には認めることもある	認めない	認めない
有（運用基準のペーパー有）	有（運用基準のペーパー有）	有（運用基準のペーパー有）
現金・預貯金・各種解約返戻金・退職金見込額・自動車・電話加入権を合わせた総額が99万円以下のものは換価しない－管財人が決め、裁判所に報告する	拡張の上限は原則99万円分（現金を含む） 現住居の敷金、電話加入権1本、家財道具および動産（高価品を除く）以外の財産で管財人が組入れしない財産の指定をしたもの（破産手続費用は含まない）	現金を含め99万円を一応の上限に 預金、保険、自動車、居住用の敷金、保証金、退職金1／8（例外的に4分の1）、電話権は、各20万円以下は拡張相当（基準1） 上記6つが各20万円超は、原則拡張相当・例外拡張不相当（基準2・必要性の審査） 上記6つ以外や新たに発見された財産は、原則拡張不相当・例外拡張相当（基準3・不可欠性の審査） 99万円超は原則拡張不相当・例外拡張相当（基準4・不可欠性の審査）
現金・保険解約返戻金・自動車が99万円以内なのですべて拡張相当	すべて拡張相当	すべて拡張相当（基準1）
現金・保険解約返戻金が99万円以内なのですべて拡張相当	原則拡張相当	原則拡張相当（基準2の例外に当たらない限り）
現金・保険は99万円以内なのですべて拡張相当、株式は拡張不相当	拡張相当	保険は拡張相当（基準1） 株式は原則拡張不相当（基準2）
総額99万円枠内になるよう調整した範囲で拡張相当	合計110万円のため99万円超の部分を財団組入れ	合計110万円のため原則99万円枠内になるよう調整（基準4）

381

(巻末資料) 同時廃止および自由財産拡張基準全国調査の結果

項目番号	項　目	福井地裁本庁	金沢地裁本庁
26	設例5（単位：万円）（現金40保険20自動車30退職金1／8・20）	原則99万円までの枠内で拡張対象財産の選択可能（基準4）	管財人の意見による
27	その他参考になる事項		特になし
28	備　考	弁護士会の倒産問題委員会において、上記基準に疑問・要望があるとして裁判所に協議を申し入れており、今後変更の可能性あり	裁判所からの破産手続の取扱要領のペーパーあり

高　裁	広　島	
地裁番号	26	27
項目番号　項　目	岡山地裁本庁	鳥取地裁本庁
1　同時廃止運用基準（総論）	次の3要件を充足するものについては同時廃止とする。①現預金の総額が99万円（自由財産）以下、②財団財産の総額が30万円以下、③管財人による調査等が不要であると認められること	財産合計額100万円未満
2　個別の基準（原則として換価を要しない範囲）	なし	
3　現　金	預貯金と合算して99万円以下	合算100万円未満
4　預貯金	現金と合算して99万円以下	合算100万円未満
5　保険の解約返戻金	他の財団財産と合算して30万円以下	合算100万円未満
6　積立金	他の財団財産と合算して30万円以下	合算100万円未満
7　賃借保証金・敷金	他の財団財産と合算して30万円以下	合算100万円未満

(巻末資料) 同時廃止および自由財産拡張基準全国調査の結果

富山地裁本庁	広島地裁本庁	山口地裁本庁
総額99万円枠内になるよう調整した範囲で拡張相当	合計110万円のため99万円超の部分を財団組入れ	自動車が拡張相当（基準2）の場合には、合計110万円のため設例4と同様に調整
特になし	もっぱら自由財産拡張のための事件は予納金15万円（本庁の場合）	資産総額が50万円超150万円までの範囲で、申立代理人側に原則として選択を認めたのが特徴的
退職金見込額については8分の1にすべく検討中とのこと	参考文献 「季刊事業再生と債権管理」107号（2005年1月5日号）74頁以下	

	福　岡	
28	29	30
松江地裁本庁	福岡地裁本庁	佐賀地裁本庁
原則、資産総額100万円を超えない場合は同時廃止とする（事前の按分弁済基準有）。不明朗な財産処分、否認対象行為が認められた場合で、資産の総額が100万円を超える見込みがある場合には、原則として管財事件とする	開始決定時の債務者が有する(1)から(9)までの財産の総額が50万円未満で、かつ、申立人が債務者（自然人に限る）によりされた場合(1)現金（弁護士への預け金を含む）、(2)預貯金、(3)生命保険解約返戻金、(4)自動車、(5)居住用家屋以外の敷金返還請求権、(6)電話加入権、(7)退職金債権の8分の1、(9)動産または債権（有価証券その他の財産を含む）	各資産合算50万円未満であれば按分弁済なく同時廃止が可能。資産合計額が50万円以上200万円以下の場合には（財産隠匿等の事情が疑われない限り）申立人の選択に従って、①按分弁済を行ったうえで同時廃止か、②管財事件処理か決める
合算して資産総額100万円を超えない場合という基準のみ	最高裁判所民事局案に準じる。合計については99万円を超えることがありうる	現金を除き原則各20万円以下
	99万円に満つるまでの現金	99万円以下
	20万円以下	20万円以下
	20万円以下	20万円以下
	該当類型なし	8と合算で20万円以下
	居住用建物の敷金は換価をしない	換価を要しない

383

(巻末資料)　同時廃止および自由財産拡張基準全国調査の結果

項目番号	項　　目	岡山地裁本庁	鳥取地裁本庁
8	貸付金・求償金・売掛金等	他の財団財産と合算して30万円以下	回収見込みがない場合
9	退職金見込額	他の財団財産と合算して30万円以下（8分の1基準はない）	8分の1が20万円以下
10	不動産	他の財団財産と合算して30万円以下（オーバーローンの基準は固定資産評価額の1.2倍以上）	オーバーローン
11	自動車	他の財団財産と合算して30万円以下	合算100万円未満
12	動　産	他の財団財産と合算して30万円以下	合算100万円未満
13	家財道具	差押禁止財産と判断	換価を要しない
14	電話加入権	他の財団財産と合算して30万円以下（個人の場合事実上無視する）	換価を要しない
15	同廃基準を超える場合の按分弁済の運用	自由財産拡張がなされるべき具体的事情の疎明があるときに認める	
16	按分弁済の基準	破産財団総額から30万円を控除した金額を上限として任意配当を命じる	

(巻末資料) 同時廃止および自由財産拡張基準全国調査の結果

松江地裁本庁	福岡地裁本庁	佐賀地裁本庁
	該当類型なし	6と合算で20万円以下
	支給見込額の8分の1相当額が20万円以下である退職金債権、支給見込額の8分の1相当額が、20万円を超える退職金債権の8分の7	8分の1が20万円以下
業者査定価格が5000万円を超えない不動産（農地、山林および原野を除く）を所有している場合は、被担保債権の残額と固定資産評価額の1.2倍の額、または業者査定価格を基準として算出する 農地、山林および原野を所有している場合は、被担保債権の残額と固定資産評価額、または業者査定価格を基準として算出する 業者査定が5000万円を超える不動産を所有している場合には、被担保債権の残額にかかわらず原則として管財事件とする	オーバーローン1.3倍以上	20万円以下
	合算50万円以下（初年度登録から5年以上経過したものは原則として財団を構成しない）	20万円以下
	差押禁止財産以外は換価	20万円以下
	差押禁止財産と判断	差押禁止財産と判断
	換価を要しない	換価を要しない
資産総額が50万円超100万円以下の場合の清算配当についての定めあり	原則として行わない	従前どおり
資産総額が50万円超100万円以下の場合には、30万円超の部分を清算配当させ、その報告書が提出された後に同時廃止の決定をする	破産管財事件として処理する	資産合計額が50万円以上200万円以下の場合に、現金の99万円を超える部分、20万円を超える財産を換価して按分弁済を行ったうえで同時廃止

385

（巻末資料）　同時廃止および自由財産拡張基準全国調査の結果

項目番号	項　目	岡山地裁本庁	鳥取地裁本庁
17	申立て前に預金や保険を現金化した場合の取扱い	預金の現金化は許容するが、現預金以外については、現金化の必要性が認められないときは免責不許可とする可能性がある	
18	免責不許可事由がある場合の積立方式	なし	
19	法人の同時廃止		認めない
20	自由財産拡張制度の運用基準の有無	無	無（運用基準作成中）
21	運用基準の概要	1に同じ	
22	設例1（単位：万円）（現金30保険20自動車20）		すべて拡張相当
23	設例2（単位：万円）（現金30保険50）		拡張相当
24	設例3（単位：万円）（現金30保険20株式20）		保険は拡張相当 株式は拡張不相当
25	設例4（単位：万円）（現金50保険20自動車20退職金1／8・20）		原則として100万円の範囲内で拡張を認める
26	設例5（単位：万円）（現金40保険20自動車30退職金1／8・20）		原則として100万円の範囲内で拡張を認める

(巻末資料) 同時廃止および自由財産拡張基準全国調査の結果

松江地裁本庁	福岡地裁本庁	佐賀地裁本庁
		有用の資に充てる場合を除き按分弁済の対象となる可能性あり
定めなし	実施していない	従来どおりきわめて例外的な場合に行っている
定めなし	認めない	従前のとおり、一定の場合には認める
有（運用基準のペーパー有）	有（運用基準のペーパー有）	無（未定）
最高裁民事局案と同じ（いつの案かは不明）	換価基準により換価しない財産は、自由財産拡張の裁判があったものとして取り扱う。換価基準に該当しない財産については、自由財産拡張の裁判により処理する。換価基準2により原則的に換価すべきとされる財産については、99万円までの金銭が自由財産とされたことを考慮し、①債務者に残すことになる財産の総額が99万円以下である場合には換価基準で処理し、②債務者に残すことになる財産の総額が99万円を超える場合には自由財産拡張の裁判により処理する	

387

（巻末資料） 同時廃止および自由財産拡張基準全国調査の結果

項目番号	項　目	岡山地裁本庁	鳥取地裁本庁
27	その他参考になる事項		
28	備　考		

高裁		福　岡	
地裁番号		31	32
項目番号	項　目	長崎地裁本庁	大分地裁本庁
1	同時廃止運用基準（総論）	事案によるが、差押禁止財産を除き、個別の資産ごとに30万円以下かつ合計50万円以下で同廃可能	現金99万円以下かつ現金以外の各資産合計40万円未満であれば按分弁済なく同時廃止が可能
2	個別の基準（原則として換価を要しない範囲）	上記1のとおり	現金以外に各資産ごとの個別の同廃基準はない
3	現　金	99万円に満つるまで	99万円以下
4	預貯金	上記1のとおり	
5	保険の解約返戻金	上記1のとおり	
6	積立金	上記1のとおり	
7	貸借保証金・敷金	商業用を除き、換価不要	
8	貸付金・求償金・売掛金等	回収見込みがない場合	
9	退職金見込額	見込額が8分の1について上記1のとおり	
10	不動産	オーバーローン1.2倍以上	
11	自動車	高級車を除き上記1のとおり。ただし、普通自動車の場合は新規登録から6年以上、軽自動車、自動二輪車の場合は新規登録から4年以上経過したものは換価不要	
12	動　産	上記1のとおり	

(巻末資料) 同時廃止および自由財産拡張基準全国調査の結果

松江地裁本庁	福岡地裁本庁	佐賀地裁本庁
		資産総額が50万円超200万円までの範囲で、申立代理人側に原則として選択を認めたのが特徴的
	福岡県弁護士会・福岡県弁護士協同組合発行『新破産法実務』（福岡地方裁判所破産再生係と福岡県弁護士会倒産業務支援センターの共同編集）	

33	34	35
熊本地裁本庁	鹿児島地裁本庁	宮崎地裁本庁
現金・預金・保険解約返戻金等換価が容易な財産総額が23万円未満の場合、按分弁済なく同時廃止が可能	合算50万円以下	合算60万円未満
退職金を除く資産を合算して23万円を超えないという基準		
合算23万円未満	合算50万円以下	合算60万円未満
合算23万円未満	合算50万円以下	合算60万円未満
合算23万円未満	合算50万円以下	合算60万円未満
合算23万円未満	合算50万円以下	合算60万円未満
合算23万円未満	合算50万円以下	合算60万円未満
合算23万円未満	合算50万円以下	合算60万円未満
8分の1が23万円未満	合算50万円以下（8分の1でみる）	合算60万円未満（8分の1で評価）
オーバーローン1.5倍を超える		オーバーローン1.3倍以上
合算23万円未満。ただし、初年度登録から5年経過したものは、外車・排気量2500ccを超えるものでない限り、処分見込価格を0円とみなす		合算60万円未満。ただし、初年度登録から7年経過したものは、外車・排気量2500ccを超えるものでない限り、処分見込価格を0円とみなす
合算23万円未満		合算60万円未満（差押禁止除く）

(巻末資料)　同時廃止および自由財産拡張基準全国調査の結果

項目番号	項　目	長崎地裁本庁	大分地裁本庁
13	家財道具	差押禁止財産と判断	
14	電話加入権	換価不要	
15	同廃基準を超える場合の按分弁済の運用	行っている	行う
16	按分弁済の基準	事案ごとに裁判官との協議による	①保有財産総額が40万円以上99万円未満 (1)現金のみの場合は同廃 (2)現金とそれ以外を合計して99万円未満の場合は、現金以外の財産部分から、適宜換価または積立をさせ、任意配当をして同廃 ②保有財産総額が99万円以上 (1)現金のみ99万円以上の場合は、超過額を按分弁済して同廃 (2)現金とそれ以外の財産を合計して99万円以上の場合は原則として管財事件だが、保有財産のうち現金が大半を占めるような場合には適宜按分弁済をして同廃もありうる
17	申立て前に預金や保険を現金化した場合の取扱い	申立て直前の換価によって得られた現金については、自由財産と考えない	事情を聴取し、悪質性が少ない場合は、破産手続開始決定時には、形式的に自由財産である現金であるとして不問にする 一方、破産財団を減少させるためにあえて多額の資産を現金化するなど、悪質度が高い場合には、破産財団の減少行為として法252条1項1号の免責不許可事由に当たる可能性を考慮する。場合によっては、裁量免責のため、債権者に対する按分弁済を指示することも考えられる。
18	免責不許可事由がある場合の積立方式	行う場合あり	積極的には行わない傾向 ただし、裁判官によっては、短期間での積立を行うこともある
19	法人の同時廃止	原則認めない	認めない

(巻末資料) 同時廃止および自由財産拡張基準全国調査の結果

熊本地裁本庁	鹿児島地裁本庁	宮崎地裁本庁
差押禁止財産と判断		合算60万円未満（差押禁止除く）
換価しない		
按分弁済は行っていない（小規模管財手続による）		
ケースバイケースで判断する		
積立は行わない（小規模管財手続の「免責調査型」による）		
認めない		

(巻末資料)　同時廃止および自由財産拡張基準全国調査の結果

項目番号	項目	長崎地裁本庁	大分地裁本庁
20	自由財産拡張制度の運用基準の有無	有	有（運用基準のペーパー有）
21	運用基準の概要	預金、保険、自動車、退職金1／8は、各20万円以下は拡張、電話、敷金はすべて拡張（基準1） 上記以外は原則換価 例外は管財人の意見による（基準2） 換価した財産と換価しない財産の合計が99万円以下は、管財人の意見により拡張して金銭返還が可能（基準3） この基準によるのが不相当な事案は、別途管財人の意見により判断（基準4）	裁判所は、開始決定からその決定確定後1月を経過するまでの間の破産者の申立てにより、管財人の意見を聴き判断する 判断時期は、財産調査に時間がかかり、管財人が意見を述べることができない場合や、拡張を求める対象が比較的高価で十分な検討が望まれる場合などを除き、原則財産状況報告集会前まで 法は職権での拡張を認めてはいるが、拡張制度が破産者に対する恩典的な制度であることを踏まえ、原則申立てがあった場合にのみ判断し、職権による拡張の判断はしない
22	設例1（単位：万円） （現金30保険20自動車20）	すべて換価しない（基準1）	すべて拡張相当
23	設例2（単位：万円） （現金30保険50）	保険は管財人の意見による（基準2）	原則拡張相当。ただし、破産者の会計収入に相当程度の余裕が生じている等、相当でない事情がある場合は拡張を認めないこともありうる
24	設例3（単位：万円） （現金30保険20株式20）	株式は管財人の意見による（基準3）	保険は拡張相当 株式は原則拡張不相当
25	設例4（単位：万円） （現金50保険20自動車20退職金1／8・20）	管財人の意見による（基準4の可能性あり）	合計110万円のため申立人が対象財産を選んで原則99万円の範囲で拡張を認める。ただし、99万円超の場合でも、個別事情によって拡張を認める場合あり
26	設例5（単位：万円） （現金40保険20自動車30退職金1／8・20）	管財人の意見による（基準4の可能性あり）	自動車も原則拡張相当だが、合計110万円のため設例4と同様
27	その他参考になる事項		現在、2カ月に1度弁護士会と裁判所とで協議中 自由財産拡張のためのミニミニ管財（e管財）を新類型として

392

(巻末資料)　同時廃止および自由財産拡張基準全国調査の結果

熊本地裁本庁	鹿児島地裁本庁	宮崎地裁本庁
有	特に決めていないが必要に応じて判断する	有
民事局案を基本とする		民事局案と同じ
すべて拡張相当		
現金は拡張相当、保険は管財人の意見による		
現金および保険は拡張相当、株式は管財人の意見による		
管財人の意見による		
自動車は原則換価、その他は管財人の意見による		
現在裁判所と弁護士会において定期的に運用等について協議を行っている		

393

(巻末資料) 同時廃止および自由財産拡張基準全国調査の結果

項目番号	項　目	長崎地裁本庁	大分地裁本庁
			実施（予納金12万円＋官報広告費）
28	備　考		参考資料 「破産事件運用方針（弁護士用）」

高　裁		福　岡	仙　台
地裁番号		36	37
項目番号	項　目	那覇地裁本庁	仙台地裁本庁
1	同時廃止運用基準（総論）	（参考文献によると従前と変わらないようであるが、内容未確認）	各資産20万円未満 ただし保管現金99万円以上の場合99万円を控除した額と他の資産の合計が20万円未満または保管現金を除く資産の合計が40万円未満
2	個別の基準（原則として換価を要しない範囲）		おおむね各20万円未満
3	現　金		119万円未満
4	預貯金		20万円未満
5	保険の解約返戻金		20万円未満
6	積立金		20万円未満
7	賃借保証金・敷金		資産とみない
8	貸付金・求償金・売掛金等		該当項目なし
9	退職金見込額		8分の1が20万円未満
10	不動産		オーバーローン1.5倍以上
11	自動車		20万円未満
12	動　産		20万円未満
13	家財道具		差押禁止財産と判断

(巻末資料) 同時廃止および自由財産拡張基準全国調査の結果

熊本地裁本庁	鹿児島地裁本庁	宮崎地裁本庁

38	39	40
福島地裁本庁	山形地裁本庁	盛岡地裁本庁
現金を除く財産の合計が40万円以下	同時廃止運用基準を特に明確にしていない ただし、債務者財産の換価に関する基準を設けているので、それをもとに個別的に対応することになると思われる（あえて明確な基準を設けないことにしている）	自由財産拡張基準をベースに個別対応 申立代理人が可能な限り按分弁済したうえで同廃処理する事案が多い
現金を除き原則各20万円以下	基準あり	
119万円以下（ただし、99万円超の部分は他の財産と合算で判断）	100万円以下	
20万円以下	20万円以下	
20万円以下	20万円以下	
20万円以下	特にないが、預貯金と同様か	
20万円以下	自由財産とする 金額の設定はない	
回収見込みがない場合	特にない	
8分の1が20万円以下	8分の1が20万円以下 8分の1が20万円を超えるときは8分の7	
オーバーローン1.5倍超	なし	
20万円以下	処分見込価額が20万円以下	
20万円以下	特にないが、差押えを禁止されている動産	
差押禁止財産と判断	通常の生活に必要な家財道具	

395

(巻末資料)　同時廃止および自由財産拡張基準全国調査の結果

項目番号	項目	那覇地裁本庁	仙台地裁本庁
14	電話加入権		考慮しない
15	同廃基準を超える場合の按分弁済の運用		行っていない
16	按分弁済の基準		
17	申立て前に預金や保険を現金化した場合の取扱い		不明または不自然な現金化については管財事件とする
18	免責不許可事由がある場合の積立方式		積立は行わない
19	法人の同時廃止		認めない
20	自由財産拡張制度の運用基準の有無	有	有（振り分け基準）
21	運用基準の概要	民事局案を基本に実状に合わせて修正予定（検討中）	現金を含め99万円を一応の上限に、預貯金、生命保険解約返戻金、自動車、退職金1／8は各20万円以下は拡張相当（基準1） 上記4つが各20万円超は原則換価・例外拡張（基準2） 上記4つおよび換価を要しない敷金・電話加入権以外の財産は原則換価（基準3） 99万円超は拡張不可（基準4）
22	設例1（単位：万円）（現金30保険20自動車20）		すべて拡張相当
23	設例2（単位：万円）（現金30保険50）		保険は例外拡張（基準2）
24	設例3（単位：万円）（現金30保険20株式20）		株式は換価、その他は拡張相当
25	設例4（単位：万円）（現金50保険20自動車20退職金1／8・20）		99万円を超えるので枠内に調整
26	設例5（単位：万円）（現金40保険20自動車30退職金1／8・20）		自動車は原則換価、換価すれば他は拡張相当、自動車例外拡張なら調整

(巻末資料) 同時廃止および自由財産拡張基準全国調査の結果

福島地裁本庁	山形地裁本庁	盛岡地裁本庁
20万円以下	自由財産として考慮	
基本的には行っていない	不明	行っている
	不明	
	特に基準はないが、協議会で話題にはなった	
基本的には行っていない	従前は行っていた	
認めない	認める	
有（運用基準のペーパー有）	有（運用基準のペーパー有）	有（運用基準のペーパー有）
預金、保険、自動車、退職金1／8は、各20万円以下は拡張、電話、敷金は換価不要のため拡張ではない（基準1−1） 上記以外は原則換価 例外は管財人の意見による（基準1−2） 換価した財産と換価しない財産の合計が99万円以下は、管財人の意見により拡張して金銭返還が可能（基準2） この基準によるのが不相当な事案は、別途管財人の意見により判断（基準3）	民事局案を基本に100万円基準に	
すべて換価しない（基準1−1）		
保険は管財人の意見（基準1−2）		
株式は管財人の意見による（基準1−2）		
管財人の意見による（基準3の可能性あり）		
管財人の意見による（基準3の可能性あり）		

(巻末資料) 同時廃止および自由財産拡張基準全国調査の結果

項目番号	項　目	那覇地裁本庁	仙台地裁本庁
27	その他参考になる事項		今後も協議会継続の予定
28	備　考	参考文献 「季刊事業再生と債権管理」 2005年1月5日号106頁以下	裁判所作成「破産管財業務マニュアル（改訂版）」、弁護士会作成「破産申立マニュアル」 参考文献「季刊事業再生と債権管理」2005年1月5日号88頁以下

高　裁	仙　台	
地裁番号	41	42
項目番号	項　目	秋田地裁本庁	青森地裁本庁
1	同時廃止運用基準（総論）	資産20万円未満	資産20万円以上
2	個別の基準（原則として換価を要しない範囲）	20万円未満	20万円以下
3	現　金	99万円以下	99万円未満
4	預貯金	20万円未満	20万円以下
5	保険の解約返戻金	20万円未満	20万円以下
6	積立金	20万円未満	20万円以下
7	貸借保証金・敷金	換価不要	換価不要
8	貸付金・求償金・売掛金等	20万円未満	管財人の意見による
9	退職金見込額	8分の1が20万円未満	8分の1が20万円以下
10	不動産	オーバーローン1.5倍以上	管財人の意見による
11	自動車	20万円未満	20万円以下または初年度登録後6年、軽自動車・商用自動車で初年度登録後4年経過したもの
12	動　産	20万円未満	20万円以下
13	家財道具	破産財団を構成しない	換価不要
14	電話加入権	換価不要	換価不要

398

(巻末資料) 同時廃止および自由財産拡張基準全国調査の結果

福島地裁本庁	山形地裁本庁	盛岡地裁本庁
	99万円のところを100万円としている点が特徴的	管財人候補者の確保がむずかしいため、管財事件は本格的なものに限られる
郡山支部では、本庁と異なり、管財にしても換価する財産がない場合には原則として同廃とする考え方		

札　幌		
43	44	45
札幌地裁本庁	函館地裁本庁	旭川地裁本庁
資産20万円以下程度	資産50万円以下程度 ただし、固定的な基準ではなく、柔軟な運用がなされている 個別財産の基準はない	個別の資産ごとに20万円を超える資産がない場合同時廃止が可能
20万円以下		各20万円以下
99万円以下		原則として20万円以下
20万円以下		合計20万円以下
20万円以下		合計20万円以下
20万円以下		預貯金との合計で20万円以下
20万円以下		事例ごとの判断
20万円以下		合計20万円以下。20万円を超えるが回収見込みがない場合
8分の1が20万円以下	8分の1で評価	8分の1が20万円以下
オーバーローン1.2倍以上	オーバーローンで無価値と評価か	オーバーローン1.44倍以上
20万円以下または減価償却期間5年を経過したもの	5年経過していれば原則無価値と評価	合計20万円以下
20万円以下		事例ごとの判断
20万円以下		差押禁止動産とみなす
原則換価不要	原則財産と評価せず	原則として換価不要

399

(巻末資料) 同時廃止および自由財産拡張基準全国調査の結果

項目番号	項目	秋田地裁本庁	青森地裁本庁
15	同廃基準を超える場合の按分弁済の運用	原則として行わない	行っている
16	按分弁済の基準		個別の資産が20万円を超える場合で、同廃事件として処理するためには、按分弁済を行っている
17	申立て前に預金や保険を現金化した場合の取扱い	管財事件とする	同廃基準に影響しない
18	免責不許可事由がある場合の積立方式	行わない	積立は行わない、簡易管財手続による
19	法人の同時廃止	原則として認めない	認めない
20	自由財産拡張制度の運用基準の有無	有	有（債務者財産換価に関する基準）
21	運用基準の概要	財産の換価等を要しない場合については、その範囲内で自由財産拡張の裁判があったものとして取り扱う。ただし、その合計額は保有現金を含めて99万円を超えることができないものとする。財産の換価等をした場合において、自由財産拡張の裁判があったものとみなされた額および債務者が保有している現金の合計額が99万円に満たない場合には、管財人の意見を聞いて、換価等により得られた金銭の一部を債務者に返還することができる	民事局案を基本としたペーパー有り
22	設例1（単位：万円）（現金30保険20自動車20）	原則は拡張相当	すべて換価しない
23	設例2（単位：万円）（現金30保険50）	原則は拡張相当	保険は管財人の意見
24	設例3（単位：万円）（現金30保険20株式20）		すべて換価しない

(巻末資料) 同時廃止および自由財産拡張基準全国調査の結果

札幌地裁本庁	函館地裁本庁	旭川地裁本庁
行っている	事案により柔軟な運用を行っている	行っていない。管財事件に移行
個別の資産が20万円以上の場合で、同廃事件として処理するためには、按分弁済を行っている自由財産拡張の趣旨を踏まえ、場合によっては換価せずに同時廃止処理をすることも検討中		なし
事情について申立書で説明する		原則として許されない（現金化前の形で評価）
積立は行わない	免責許可前の任意配当実施	行っていない
認めない（実例がない）	認めない	認めない
明確な基準なし	明確な基準なし	有（運用基準のペーパー有）
必要性に応じ判断 ただ、従前の換価基準である20万円以下の場合は拡張の裁判があったものとみなす	民事局案を地域性で修正の方向か	預金、保険、自動車、退職金1／8は、各20万円以下は拡張、電話、敷金はすべて拡張（基準1） 上記以外は原則換価 例外は管財人の意見による（基準2） 換価した財産と換価しない財産の合計が99万円以下は、管財人の意見により拡張して金銭返還が可能（基準3） この基準によるのが不相当な事案は、別途管財人の意見により判断（基準4）
拡張の裁判があったものとみなす		すべて換価しない（基準1）
原則拡張相当		保険は管財人の意見（基準2）
株式は管財人の意見による。保険は原則拡張相当		株式は管財人の意見による（基準2）

401

(巻末資料)　同時廃止および自由財産拡張基準全国調査の結果

項目番号	項　目	秋田地裁本庁	青森地裁本庁
25	設例4（単位：万円） （現金50保険20自動車20退職金1／8・20）		すべて換価しない
26	設例5（単位：万円） （現金40保険20自動車30退職金1／8・20）		自動車は管財人の意見による
27	その他参考になる事項		
28	備　考		

高裁		札　幌	高　松
地裁番号		46	47
項目番号	項　目	釧路地裁本庁	高松地裁本庁
1	同時廃止運用基準（総論）	全財産の価値が100万円程度までの場合	50万円以下は原則同廃 50万円を超え99万円を超えない場合は按分弁済・裁量で同廃 99万円以上は原則管財事件
2	個別の基準（原則として換価を要しない範囲）	20万円以下	
3	現　金	20万円以下	99万円のみは原則同廃 ただし申立て1年以内に現金化は番号17へ
4	預貯金	20万円以下	20万円以下
5	保険の解約返戻金	（解約返戻金相当額の分配）20万円以下	20万円以下
6	積立金	20万円以下	番号8含む
7	賃借保証金・敷金	換価不要	滞納賃料を控除した債権額が20万円以下
8	貸付金・求償金・売掛金等	とくに指導なし	資料により回収困難は評価額0

(巻末資料) 同時廃止および自由財産拡張基準全国調査の結果

札幌地裁本庁	函館地裁本庁	旭川地裁本庁
合計99万円を超えているので、具体的事件ごとの判断		管財人の意見による（基準4の可能性あり）
具体的事件ごとの判断		管財人の意見による（基準4の可能性あり）
	同廃、按分弁済、自由財産拡張、予納金のいずれも柔軟な運用を行っている	
参考文献 「季刊事業再生と債権管理」2005年1月5日号96頁以下		

48	49	50
徳島地裁本庁	高知地裁本庁	松山地裁本庁
項目番号3、4、5、6、8、9、10、11、12を総合して50万円以下であること	債務者や財産の現状等を勘案して裁判所が個別決定する（おおむね50万円で運営されているようである）	合計99万円超は原則管財事件 各資産20万円以下かつ合算66万円以下であれば按分弁済なく同時廃止が可能 電話加入権は無価値と評価
各20万円以下		現金を除き原則各20万円以下 電話加入権は1本に限らない
他に財産なければ50万円以下	99万円以下は、財団を構成しない。99万円超は超過部分が財団を構成。原則として申立代理人の預り現金は、全額財団組入れ	99万円以下
同上	20万円未満	20万円以下
同上	20万円未満	20万円以下
同上	（預貯金に準ずると思われる）	20万円以下
居住用なら限定なし	居住用であれば、財団を構成しない	居住用なら限定なし
他に財産なければ50万円以下	（出資金等に準ずると思われる）	原則換価であるが、回収見込みによる

403

（巻末資料） 同時廃止および自由財産拡張基準全国調査の結果

項目番号	項　　目	釧路地裁本庁	高松地裁本庁
9	退職金見込額	8分の1（20万円以上は分配）	8分の1が20万円以下（支給が具体化していれば4分の1評価もある）
10	不動産	オーバーローンの場合換価なし同時廃止	オーバーローン1.2倍以上（鑑定士評価もしくは複数業者の最高額）宅地などは固定資産評価額2倍以上
11	自動車	ローンなしで20万円以下の場合換価	処分見込額20万円以下　5年経過の軽自動車・原則7年経過の国産車は、0
12	動　産	20万円以下	差押禁止財産か否かで判断
13	家財道具	20万円以下	同上
14	電話加入権	換価不要	1本分除外
15	同廃基準を超える場合の按分弁済の運用	行っていない	事案による
16	按分弁済の基準	財産内容により申立て時面談までの間に破産者の裁量による判断で行う	50万円を超え99万円までの範囲のうち現金部分を除く範囲で、一部または全部を清算等実施または実施せずに同廃
17	申立て前に預金や保険を現金化した場合の取扱		釈明して1年以内現金化で、必要性・相当性が不明の場合は現金化前の資産保有と取り扱う
18	免責不許可事由がある場合の積立方式	特になし	特になし
19	法人の同時廃止	わからない	裁判所の定める要件を満たす場合は、例外的に同廃を認める
20	自由財産拡張制度の運用基準の有無	明確な基準なし	有（運用基準のペーパー有）

(巻末資料)　同時廃止および自由財産拡張基準全国調査の結果

徳島地裁本庁	高知地裁本庁	松山地裁本庁
8分の1が50万円以下で他に何も財産が存在しない場合	原則8分の1（20万円未満の場合財団を構成せず）。ただし、既支給の場合は全額が、開始決定時に退職したが、未支給の場合は、最低4分の1が財団構成	8分の1が20万円以下
オーバーローン1.2倍以上（業者2者の見積り要）	破産財団を構成する。オーバーローン1.5倍以上でも任意売却を検討し、任意売却の可能性がない場合は、債権者集会で放棄する	オーバーローン1.2倍以上（競売の場合最低売却価格の1.5倍以上）
他に財産がなければ50万円以下	20万円未満。特段の事情がなければ日本製の自動車の場合、普通車で初年度登録後7年、軽自動車・商用の普通車ならば5年で無価値と評価する	20万円以下
同上	（家財道具に準ずると思われる）	基準なし
差押禁止財産	一般的な家財道具は財団を構成しない。ただし、事業用資産と区別がつかないような場合で20万円以上となるときは財団を構成	換価不要
限定なし	財団を構成しないが、早期に財団から放棄する	価値がないものとして扱う
従前どおり	従前どおり	従前どおり行う
50万円を超える場合には裁判所と協議して按分弁済額を決定する。画一的な基準はないが、売掛金などは回収額全額を任意配当に回す	個別事案による	現金を除き66万円超過分を按分弁済
破産申立費用として説明ができない程度の額なら任意配当の原資となる可能性あり	裁判所は、現金化に対して抑止的な意見であるが、運営は未定	使途明細の提出を求め、場合によっては按分弁済の対象とすることがある
任意配当を勧められる可能性あり	とくに指導なし	基準なし
認められた例があるがきわめて例外的	なし	原則管財事件とする
有（運用基準のペーパー有）		有（運用基準のペーパー有）

405

(巻末資料)　同時廃止および自由財産拡張基準全国調査の結果

項目番号	項　目	釧路地裁本庁	高松地裁本庁
21	運用基準の概要		換価不要財産については原則拡張相当。ただし評価額が現金を含め99万円を超える場合は換価また、事情により50万円を超える範囲についても管財人の意見を聞いて換価 事情によっては管財人の意見を聞いて現金および換価不要財産を含め総額99万円の範囲内で換価しない場合あり
22	設例1（単位：万円） （現金30保険20自動車20）		すべて拡張相当
23	設例2（単位：万円） （現金30保険50）		原則拡張不相当、ただし経済的再生に必要不可欠で相当な場合管財人の意見を聞いて拡張
24	設例3（単位：万円） （現金30保険20株式20）		保険は拡張相当 株式は原則拡張不相当。ただし、項目23参照
25	設例4（単位：万円） （現金50保険20自動車20退職金1／8・20）		99万円を超える範囲について換価、事情があれば管財人の意見を聞いて50万円を超える範囲も換価
26	設例5（単位：万円） （現金40保険20自動車30退職金1／8・20）		同上
27	その他参考になる事項	同廃基準は変更されていないようである（上記基準は前回の同廃全国調査時のもの）	
28	備　考	管財人協議会で協議中 支部ごとに基準は区々 基準のペーパーは配布されてない	参考文献 「季刊事業再生と債権管理」 2005年1月5日号100頁以下

(巻末資料) 同時廃止および自由財産拡張基準全国調査の結果

徳島地裁本庁	高知地裁本庁	松山地裁本庁
民事局案の3(1)（換価後20万円を返還可）の基準を削除したほかは、基本的に民事局案どおり		民事局案を基本とする電話加入権は価値のないものとして扱う
すべて拡張相当（基準1）		すべて拡張相当
原則拡張相当（基準2）		原則拡張相当
保険は拡張相当（基準1）株式は原則拡張不相当（基準3）		保険は拡張相当株式は原則拡張不相当
合計110万円のため原則99万円枠内になるよう調整（基準4）		すべて換価を要しない財産に該当するが、合算で99万円を超えるため、明示の自由財産拡張の決定を要する
自動車は原則拡張相当（基準2）だが、合計110万円のため設例4と同様		自動車を除き、換価を要しない財産に該当するが、合算で99万円を超えるため、明示の自由財産拡張の決定を要する
		同時廃止基準額と自由財産拡張制度の取扱いが不明確ではないかとの弁護士会からの主張あり

407

【執筆者一覧】

小松陽一郎

昭和23年5月12日生　昭和55年弁護士登録（大阪弁護士会）

日本弁護士連合会倒産法制等検討委員会委員

立命館大学法科大学院教授

関西大学法科大学院客員教授

〒530-0005　大阪市北区中之島2-2-2　ニチメンビル（平成20年1月からビル名が「大阪中之島ビル」に変更）8階

小松法律特許事務所　TEL06-6221-3355／FAX06-6221-3344

宇賀神　徹

昭和37年10月10日生　平成5年弁護士登録（大阪弁護士会）

大阪弁護士会総合法律相談センター運営委員会副委員長

大阪弁護士会消費者保護委員会前副委員長

〒530-0047　大阪市北区西天満2-9-14　北ビル3号館203号

うかがみ法律事務所　TEL06-6316-8881／FAX06-6316-8882

鈴木　嘉夫

昭和35年5月9日生　平成10年弁護士登録（大阪弁護士会）

日本弁護士連合会消費者問題対策委員会幹事

大阪弁護士会消費者保護委員会前副委員長

〒530-0047　大阪市北区西天満3-2-9　翁ビル4階

竹村・鈴木法律事務所　TEL06-6361-8155／FAX06-6361-8156

新宅　正人

　　昭和48年1月27日生　平成12年弁護士登録（大阪弁護士会）
　　大阪弁護士会消費者保護委員会委員
　　〒541-0041　大阪市中央区北浜2-1-3　北浜清友会館9階
　　新宅法律事務所　TEL06-6233-7474／FAX06-6233-7475

髙橋　敏信

　　昭和49年3月8日生　平成11年弁護士登録（大阪弁護士会）
　　大阪弁護士会消費者保護委員会副委員長
　　〒530-0047　大阪市北区西天満4-8-2　北ビル本館2階201号
　　中嶋・髙橋法律事務所　TEL06-6311-0777／FAX06-6311-0776

野村　剛司

　　昭和45年8月19日生　平成10年弁護士登録（大阪弁護士会）
　　日本弁護士連合会倒産法制等検討委員会委員
　　大阪弁護士会消費者保護委員会委員
　　〒530-0047　大阪市北区西天満4-3-4　御影ビル2階
　　なのはな法律事務所　TEL06-6311-7087／FAX06-6311-7086

破産法の理論・実務と書式〈消費者破産編〉〔第2版〕

平成19年11月11日　第1刷発行
平成21年5月27日　第2刷発行

定価　本体4,200円（税別）

編　　者　個人再生実務研究会
発　　行　株式会社　民事法研究会
印　　刷　株式会社　太平印刷社
発 行 所　株式会社　民事法研究会
　　　　〒150-0013　東京都渋谷区恵比寿 3-7-16
　　　　　〔営業〕TEL03 (5798) 7257　FAX03 (5798) 7258
　　　　　〔編集〕TEL03 (5798) 7277　FAX03 (5798) 7278
　　　　　http://www.minjiho.com/　info@minjiho.com

落丁・乱丁はおとりかえします。　ISBN978-4-89628-421-8 C3032 ¥4200E
カバーデザイン　袴田峯男

◆施行令・施行規則等を織り込み、全面施行までの被害救済実務に対応できる最新版！

実務のための新貸金業法〔第2版〕
──クレサラ被害者の救済と支援のために──

日本司法書士会連合会 編

A5判・951頁・定価　5,880円（税込、定価5,600円）

本書の特色と狙い

▶グレーゾーン金利の廃止や総量規制など、多重債務問題の抜本的解決へ向けて大改正された貸金業法、利息制限法、出資法について、クレサラ被害救済にあたってきた司法書士が詳解！

▶貸金業法施行令・施行規則、利息制限法施行令、出資法施行令、総合的監督指針、自主規制基本規則など、最新の情報に基づき改訂し、来るべき全面施行まで万全に対応できる！

▶第1部では、小野秀誠教授による「新貸金業法の位置づけと概要」を収録し、今までの法改正と裁判例の展開を概観し、平成18年改正の全体像と意義、課題を把握することができる！

▶第2部では、被害救済の実務の視点から重要なテーマ別に分け、具体的取引事例を設定した図解も用いて、改正の内容を条文ごとに施行令・施行規則も織り込み、わかりやすく解説！

▶資料編には、改正法だけでなく、貸金業法施行令・施行規則の各施行段階の条文が一目でわかる改正対照表等を追録！　複雑な段階施行による条文が迅速に検索可能！

▶被害救済・支援にあたる弁護士、司法書士、行政機関、研究者、裁判所関係者等の必携書！

本書の主要内容

第1部　新貸金業法の位置づけと概要
Ⅰ　はじめに／Ⅱ　従来の展開／Ⅲ　従来の立法、裁判例の展開／Ⅳ　2006年（平成18年）改正の経緯／Ⅴ　2006年（平成18年）改正の概要／Ⅵ　残された問題、制限金利の低減化

第2部　実務からみた新貸金業法
第1章　施行スケジュールと見直し規定
第2章　金利体制の適正化
第3章　ヤミ金融・日賦貸金業者等に対する規制
第4章　書面交付に係る規定の整備等
第5章　みなし弁済
第6章　指定信用情報機関
第7章　総量規制
第8章　行為規制
第9章　貸金業の適正化
第10章　カウンセリング

第3部　資料編
貸金業法段階施行改正対照表／貸金業法施行令(抄)段階施行改正対照表／貸金業法施行規則段階施行改正対照表／利息制限法改正対照表／利息制限法施行令／出資法改正対照表／出資法施行令　ほか

発行　**民事法研究会**

〒150-0013　東京都渋谷区恵比寿3-7-16
（営業）TEL. 03-5798-7257　FAX. 03-5798-7258
http://www.minjiho.com/　info@minjiho.com

◆日々の実務に即役立つノウハウと訴訟で
使える理論・書式・記載例を満載！

〔増補改訂版〕
任意整理・過払訴訟の実務

芝　豊・宮内豊文 著

Ａ５判・408頁・定価　3,150円（税込、本体3,000円）

本書の特色と狙い

▶債務整理の主要な解決方法である任意整理について、相談の受付方法から、債権調査、貸金業者への取引経過開示請求、開示拒否業者への対応、和解交渉と和解案の作成方法までの実務の進め方を、現場で即活用できる具体的な書式を織り込み、徹底的に解説！

▶取引経過の一部しか開示しない貸金業者に対する過払金返還請求訴訟について、取引初日債務残額ゼロ計算による訴え提起の考え方と訴状の具体例、予想取引経過に基づく訴訟の考え方と訴状の具体例、また、過払金返還請求訴訟の各論点についても、保険金の支払いがある場合、早期完済特約、消滅時効、事業譲渡への対応などを追録して、指針を明示！

▶依頼者の実質的な経済的更生のためのコミュニケーションのとり方、信頼関係の築き方、報酬の考え方から、債務整理後の清算の方法まで、実務でヒントとなるノウハウを開示！

▶クレサラ問題に取り組む司法書士はもとより、同種事件に携わる裁判所関係者、弁護士、消費生活センター・行政の担当者にとっても至便の書！

本書の主要内容

第1部　任意整理
—相談から和解契約まで—
　第1章　相談から受任まで
　第2章　債権調査と交渉
　第3章　債務整理方針決定と対応

第2部　任意整理に関する若干の論点
　第1章　取引経過の開示義務
　第2章　みなし弁済規定の厳格解釈

第3部　過払金返還請求訴訟
—具体的な主張と書式—
　第1章　訴えの提起
　第2章　訴え提起にかかわる論点
　第3章　訴え提起後の論点

●参考資料
　広島地判平成16・8・3
　金融庁事務ガイドライン（抄）
　貸金業法（平成18年改正後）　ほか

発行　民事法研究会

〒150-0013　東京都渋谷区恵比寿3-7-16
（営業）TEL. 03-5798-7257　　FAX. 03-5798-7258
http://www.minjiho.com/　　info@minjiho.com